Karl Simpfendörfer   Verlust der Liebe

W0188608

*Warum denn ließest du mich
aus dem Mutterschoß kommen?*
Ijob 10,18

VIA·VERITAS·VITA

Karl Simpfendörfer

KARL SIMPFENDÖRFER

Verlust der Liebe

Mit Simone de Beauvoir
in die Abtreibungsgesellschaft

CHRISTIANA-VERLAG STEIN AM RHEIN

Meinen Eltern

Bildteil: Arnold Guillet

Bildlegenden:
Erste Umschlagseite: Junges Ehepaar. Die junge Frau ist hochschwanger und steht kurz vor der Entbindung. Zärtlich aneinandergeschmiegt erwarten Mann und Frau den Dritten im Bunde: das Kind, das dann wenige Tage später als Frucht ihrer Liebe das Licht der Welt erblickt (Bild vierte Umschlagseite).

Fotonachweis:
Erste und vierte Umschlagseite: Guido Guillet, Thalwil-Zürich
Keystone Press Zürich: 49, 50
Europäische Ärzte-Aktion Ulm: 67, 68, 117, 118, 151, 152
Badenia-Verlag Karlsruhe: 93, 166, 204 (diese Zeichnungen von Säuglingen stammen von Schwester Alfredis Uhl O.P. aus dem St. Marienkrankenhaus Karlsruhe, entnommen ihrem Buch «Am Morgen des Lebens», 5. Auflage, Badenia-Verlag.)

1. Auflage 1990: 1.–5. Tausend
© CHRISTIANA-VERLAG
CH-8260 STEIN AM RHEIN/SCHWEIZ

Alle Rechte, auch das Übersetzungsrecht, vorbehalten.
Druck: «Ostschweiz» Druck+Verlag AG, St. Gallen
Printed in Switzerland

CIP-Titelaufnahme der Deutschen Bibliothek
Simpfendörfer, Karl:
Verlust der Liebe: mit Simone de Beauvoir in die Abtreibungsgesellschaft/Karl Simpfendörfer. – 1. Aufl., 1.–5. Tsd. – Stein am Rhein: Christiana-Verl., 1990
ISBN 3-7171-0935-9

Inhalt

Vorwort

Die vorliegende Untersuchung befaßt sich mit der Frage der Massenabtreibung und damit mit dem größten ethischen Problem der Gegenwart. Zu diesem Thema ist in den letzten Jahrzehnten manches Buch erschienen. Nur wenige Veröffentlichungen weisen freilich jenes erfreulich hohe Maß an ethischer Klarheit auf, das die vorliegende Studie kennzeichnet. Wer diese Untersuchung liest, bekommt einen umfassenden Einblick in die grausame Wirklichkeit der Abtreibungsgesellschaft und wird vor die Herausforderung gestellt, sich der Mentalität und Praxis dieser lebensfeindlichen Gesellschaft entgegenzustellen und für eine Gesellschaftsordnung einzutreten, die das menschliche Leben von der Empfängnis bis zum natürlichen Tod achtet und mit allen zur Verfügung stehenden Mitteln schützt.

Abgesehen von der ethischen Wegweisung und der beachtlichen Informationsbreite zur Abtreibungsfrage, die das Buch für den Leser bereithält, liegt seine besondere Bedeutung darin, daß es die geistige Verwurzelung der Abtreibungsgesellschaft in der vom atheistischen Philosophen Sartre inspirierten Existenzialphilosophie Simone de Beauvoirs offenlegt, die durch ihr Buch «Das andere Geschlecht» zur ideologischen Wegbereiterin der gegenwärtigen feministischen Bewegung wurde. Die Untersuchung macht einerseits den pseudowissenschaftlichen, realitätsfernen und zutiefst lebensfeindlichen Charakter der von Beauvoir vertretenen Weltanschauung deutlich und zeigt andererseits auf, in welch erschreckendem Maße der neuere Feminismus als Ideologie der Inhumanität und Lebensvernichtung begriffen werden muß. Angesichts der allzu häufig verharmlosenden und wohlwollenden Betrachtung des gegenwärtigen Feminismus macht das Buch zu Recht darauf aufmerksam, daß diese ideologische Strömung ganz im Sinne ihrer geistigen Mutter Simone de Beauvoir mit erbarmungsloser, geradezu nihilistischer Rücksichtslosigkeit das «Recht» auf Abtreibung propagiert und daher in hohem Maße für den gegenwärtigen Kindermord verantwortlich zu machen ist. Simpfendörfers Buch entlarvt den Feminismus als menschenverachtende und zutiefst verbrecherische Ideologie, die – solange sie das Lebensrecht des ungeborenen Kindes zur Disposition stellt – den entschlossenen Widerstand all derer verlangt, denen die Menschenwürde und ein (die Gebote Gottes respektierendes) humanes Ethos am Herzen liegt.

Es wäre sehr zu wünschen, daß diese Untersuchung in einer Zeit nie dagewesener «Gesetzlosigkeit» (2. Thess 2,3) möglichst vielen Lesern zum Erkennen der «Zeichen der Zeit» und zur Klarheit und Eindeutigkeit im ethischen Urteil verhilft!

Dr. theol. Werner Neuer (Gomaringen)

Danksagung

An dieser Stelle möchte ich all jenen danken, ohne die dieses Buch kaum hätte entstehen können.

Besonders meiner Verlobten Anna-Maria Ehrmann bin ich dankbar für ihre große Geduld und mannigfache Unterstützung bei diesem Projekt, dessen Ausarbeitung sich über Jahre hinzog. Besonderen Dank schulde ich auch meinem Freund Dr. Werner Neuer für das Redigieren des Manuskripts und für sein Vorwort sowie für seinen umsichtigen Rat. Ohne seine freundschaftliche Begleitung wäre mir vieles verborgen geblieben, vieles hätte mich entmutigen können.

Meiner guten Freundin Claudia Brandstetter danke ich herzlich für ihre kenntnisreiche und engagierte Teilhabe besonders an der ersten Hälfte des Buches und für das Tippen der Arbeit.

Für die konstruktive Kritik und vielfältige Anregungen bin ich meinen Schwestern, all meinen Freunden und Bekannten zu Dank verpflichtet, die mir halfen, eine immer genauere Vorstellung von dem Thema Abtreibung und seiner Tragweite zu erhalten. Sie versorgten mich mit Informationen und Hinweisen und mußten zum Teil vergeblich auf ihre entliehenen Bücher warten, da das Werk unversehens fast unüberschaubare Dimensionen angenommen hatte. Es mußten deshalb viele Fakten bewußt unerwähnt bleiben, die dennoch nicht vergessen wurden, sondern mittelbar als Erkenntnisgewinn in dieses Buch Eingang gefunden haben.

Für das Nachwort bin ich Prof. Anselm Günthör sehr verbunden. Auch möchte ich meiner Dankbarkeit darüber Ausdruck verleihen, daß es Menschen gibt, wie z.B. den Arzt Dr. Siegfried Ernst, die im Verborgenen oder öffentlich unbestechlich und uneigennützig der Wahrheit und damit letztlich dem Schutz aller Menschen vor Verfolgung und Tod dienen. Alle unabdingbaren Voraussetzungen für dieses Werk verdanke ich meinen Eltern. Sie haben den größten Anteil an diesem Buch, was man kaum in Dank ausdrücken kann.

I

Simone de Beauvoir

Als Schriftstellerin fand sie schon früh bei einer großen Leserschaft Beachtung. Als Lebensgefährtin des Philosophen Jean-Paul Sartre erhielt sie internationale Popularität. Als geistige Mutter der sozialrevolutionären Bewegung des Neuen Feminismus schließlich übte sie maßgeblichen Einfluß auf die neuere Geistes- und Kulturgeschichte aus.

Wer heute über Frauen und ihre Probleme redet, kommt an Simone de Beauvoir nicht vorbei.

Noch immer bestimmen ihre Gedanken weitgehend das Verständnis von der modernen Frau. Viele leiten ihr Selbstverständnis von ihr ab, so z.B. die deutsche Bundestags-Präsidentin Frau Süssmuth, die in einem Interview erklärte: *«Simone de Beauvoir ist mein Vorbild.»*[1]

Die unerhörte Berühmtheit von Person und Werk Beauvoirs veranlaßte die Feministin Alice Schwarzer im Rückblick auf das Jahr der Frau zu dem Statement, daß Beauvoirs theoretisches Werk «Das andere Geschlecht» zur *«Bibel des Feminismus»*[2] geworden sei. Diese ausgesprochen euphorisch klingende Beurteilung scheint die Bedeutung dieses Werkes nicht unrealistisch zu beschreiben. Denn auch Gegner radikaler feministischer Positionen, wie sie in diesem Buch vertreten werden, sind sich der epochemachenden Relevanz dieses Werkes bewußt. So schreibt beispielsweise Ursula Erler, die eine fundamentale Gegenposition zum heute dominanten Feminismus bezieht, daß «Das andere Geschlecht» den Grund gelegt habe für den Feminismus in Amerika und Europa.[3]

In der Beurteilung Beauvoirs als wichtigste ideologische Wegbereiterin des radikalen Feminismus schließe ich mich Anhängern und Gegnern des neueren Feminismus an: An das theoretische Werk Simone de Beauvoirs über die Frau reicht kein anderes feministisches Werk auch nur entfernt heran. Sein früher Erscheinungszeitpunkt, sein multidimensionaler Ansatz und seine philosophische Tiefe und nicht zuletzt seine spezifischen Inhalte machen es zum unvergleichlichen radikal-feministischen Vorläufer. Mag ein im Anspruch konkurrierendes Werk auch eines der genannten Kriterien übertreffen, aufs Ganze gesehen enthält nur «Das andere Geschlecht» diese charakteristischen Merkmale.

Das schon 1949 erschienene Buch wird also mit Recht als Hauptwerk des Feminismus bezeichnet. Für seine Verbreitung hat die große Popularität von Simone de Beauvoir gesorgt. Bereits 1952 erschien es in englischer Sprache in den USA und erfuhr große Publizität. Da Simone de Beauvoir schon zu Anfang der 60er Jahre die meistübersetzte französische Schriftstellerin mit zudem den höchsten Auflageziffern war[4], erscheint mit Recht glaubhaft, was sie selbst über den ursächlichen Einfluß des «Anderen Geschlechts» äußerte:

«Ich habe die amerikanische feministische Literatur gelesen, mit militanten Mitgliedern der Bewegung korrespondiert, bin einigen von ihnen begegnet und war glücklich, als ich erfuhr, daß der neue amerikanische Feminismus sich auf Le deuxieme Sexe (= «Das andere Geschlecht»: Anm. d. Verf.) beruft. 1969 hat die Taschenbuchauflage 750.000 Exemplare erreicht.»[5]

Das komplexe philosophische Hauptwerk des Feminismus ist ohne die Kenntnis von Beauvoirs Leben kaum zu verstehen. Den Schlüssel zum Verständnis dieses epochalen Werkes liefert aber die Beobachtung, daß ihre Beziehung zu dem existentialistischen Philosophen Jean-Paul Sartre nicht nur prägenden Einfluß auf ihr Schaffen hatte, sondern weitgehend ursächlichen Charakter für ihr gesamtes Werk. Anhand dieser Tatsache wird es möglich sein, zu klären, wie Simone de Beauvoir Aussagen entwickeln konnte wie die folgende:

«Man kommt nicht als Frau zur Welt, man wird es.»[6] Auch Beauvoirs Auffassung, daß Frauen durch Mutterschaft und Familienleben versklavt würden, wartet auf Erklärung. Ebenso ihre Forderung nach völliger Freigabe der Abtreibung. Dieses Ziel des Beauvoirschen Feminismus wird neben der Behandlung einiger anderer zentraler Elemente im Vordergrund des Interesses dieser Untersuchung stehen. Denn die theoretische Fundierung eines Rechts auf Abtreibung, wie es in «Das andere Geschlecht» geschieht und durch den neueren Feminismus weitgehend verwirklicht werden konnte, verneint einen absoluten Wert des Menschen, mit allen darin enthaltenen Konsequenzen.

Zunächst wollen wir uns deshalb mit Sartres Einfluß auf seine Weggefährtin befassen und damit seine überragende Bedeutung für das Hauptwerk des Feminismus klarmachen. Hierdurch wird die vollständige Klärung der Beauvoirschen Lehre erst ermöglicht. Denn ohne die Beziehung Beauvoirs zu Sartre wäre dieses sozial-revolutionäre Buch niemals entstanden.

«So war es Sartre, der – nach Schilderungen der Beauvoir – den Vorschlag machte, sie solle eine Studie über die Frau schreiben»[7], hat die Soziologin Mary Evans herausgefunden.

Sartre gab nicht allein den Anstoß für dieses Buch, sondern steuerte auch seine existentialistische Philosophie bei, so daß man Sartre und seine Gedanken in hohem Maß kennenlernt, wenn man Beauvoir liest.

Bei der Interpretation des Entstehens und der Aussagen des «Anderen Geschlechts» dürfen auch die Gefühle Beauvoirs für Sartre nicht außer acht gelassen werden, denn die Beziehung zu Sartre muß im Ganzen als wichtigster Faktor für Person und Werk Beauvoirs erachtet werden. Simone de Beauvoir selbst faßte die Bedeutung Sartres für ihr Leben in folgende Worte:

«Das hervorragendste Erlebnis meines Lebens ist die Begegnung mit Sartre».[8]

Alice Schwarzer kommentierte diese Beziehung in einem Interview mit den beiden:

«Sie sind nun schon vierzig Jahre ein Paar, aber Sie haben dabei versucht, nicht so zu leben wie die anderen, Dinge wie Besitz, Eifersucht, Treue, Monogamie zu überwinden. Von vielen sind Sie wegen Ihrer Lebensweise kritisiert worden, viele haben versucht, Ihnen nachzueifern. Bewußt oder nicht sind Sie so etwas wie ein Ideal geworden, ein Vorbild für viele Paare, vor allem für Frauen. Sie haben sich nach Ihrer Theorie, Ihrer Praxis, nach Ihrem Leben orientiert.»[9]

Diese kurze Zusammenfassung charakterisiert die Beziehung selbst und ihre Bedeutung, das Beispielgebende dieser «Liebesbeziehung in Freiheit» für viele Menschen. Dabei gestaltete sich dieses «Verhältnis in Freiheit» als eine wachsende Belastung für Beauvoir, ein Umstand, der bis heute fast völlig ignoriert wird.

Simone de Beauvoir war aber angesichts gewisser entzaubernder Tatsachen um so mehr bemüht, die ihr unerträglichen Seitensprünge Sartres herunterzuspielen, um die unvermeidlichen Mißklänge und Belastungen vielmehr als Beweis gegenseitigen Vertrauens zu werten:

«...er erzählte mir all seine Geschichten, selbst die Details. Zum Beispiel die Geschichte mit Wanda: Über alles, was er empfand, hielt er mich Tag für Tag auf dem laufenden, über seine Krisen und Leidenschaften...».

Von Alice Schwarzer gefragt: *«Tat das nicht weh?»*, antwortete Beauvoir:

«Nein. Wir hatten ein vollständiges gegenseitiges Vertrauen ineinander. Jeder wußte, daß der andere der wichtigste Mensch in seinem Leben ist – was auch immer kommen mag.»[10]

Das Vertrauen Beauvoirs zu Sartre konnte sich auf die Pakte stützen, die beide zu Anfang ihrer Beziehung geschlossen hatten und die durch die Vorschläge Sartres bestimmt waren. Nicht nur völlige Freizügigkeit bei der «Partnerwahl» sicherten sie sich zu, um der Enge der Konventionen zu entgehen, auch Lüge und Eifersucht sollten in ihrer Beziehung von vornherein ausgeschlossen sein.

Simone de Beauvoir schreibt:

«*Wir schlossen einen weiteren Pakt: Weder würden wir einander je belügen noch etwas voreinander verbergen.*»[11]

Dieses Versprechen wird zu Recht kritisiert, da es in seiner Verwirklichung scheiterte:

«*Obwohl Simone de Beauvoir über den Pakt geschrieben hat, den sie und Sartre eingingen, demnach keiner den anderen anlügen würde, erinnert sich Todd, daß Sartre eines Tages, als er ihn fragte, wie er es fertigbringe, zwischen seinen vielen Affären mit anderen Frauen, seinen amours contingentes, zu navigieren, zur Antwort gab, daß er sie anlog. Das sei, wie Sartre erklärte, einfacher und aufrichtiger. ‚Du lügst sie alle an?‘ fragte Todd nach. ‚Alle‘, antwortete Sartre mit einem Lächeln. ‚Même au Castor?‘ ‚Surtout au Castor!‘*»[12] (‚Selbst Beauvoir?‘ ‚Vor allem Beauvoir!‘: Anm. d. Verf.)

II

Die Psychologie der «Liebesbeziehung in Freiheit»

von Sartre und Simone de Beauvoir und ihre Bedeutung
für Leben und Werk Beauvoirs

> *«Zweifellos ist es bequemer, in blinder Unterwerfung*
> *zu leben, als an seiner Befreiung zu arbeiten: auch die*
> *Toten sind der Erde besser angepaßt als die Lebenden.»*
>
> *Simone de Beauvoir,*
> *in «Das andere Geschlecht»*

Zum großen und ungläubigen Erstaunen ihrer Zeitgenossen entwarf Simone de Beauvoir ein Frauenbild, das in seiner radikalen Abkehr vom traditionellen Verständnis der Frau einmalig ist. Der Entwurf einer von Ungleichheit und Weiblichkeit befreiten Frau findet in der Biographie Beauvoirs eine augenscheinliche Parallele. Weshalb ursprünglich-weibliche Charakteristika durch Beauvoir geächtet, ja geradezu stigmatisiert wurden, kann anhand ihrer Lebensgeschichte rekonstruiert werden.

Zwar wird oft von ihren Biographen wie z.B. der Soziologin Mary Evans behauptet, die Einflüsse ihres Elternhauses hätten der Entwicklung dieser feministischen Sicht von der Frau stark Vorschub geleistet[13], aber wesentlicher und für ihren gesamten Lebensweg und ihr Werk absolut prägend war ihre Beziehung zu dem Philosophen Jean-Paul Sartre. Er hatte bekanntlich nicht nur die Anregung zu «Das andere Geschlecht» gegeben, sondern lieferte den gesamten philosophischen Unterbau für die Werke Simone de Beauvoirs. Darüberhinaus übte Sartre tiefgreifenden Einfluß auf die Psyche Beauvoirs aus.

Die Liebesbeziehung zwischen Sartre und Simone de Beauvoir legte es ihnen unter anderem nahe, sich gegenseitig zu inspirieren, wobei Sartre in allen philosophischen Dingen dominierte. Seinen geistigen Vorrang auf diesem Gebiet beschrieb Simone de Beauvoir so:

«Sicher, in der Philosophie war er schöpferischer als ich. Seine Überlegenheit in dieser Domäne habe ich immer anerkannt. Was also die Philosophie Sartres angeht, da war ich seine Anhängerin, denn ich habe den Existentialismus ja auch zu meiner Sache gemacht. Wir haben allerdings immer sehr viel gemeinsam darüber diskutiert, so manches zusammen erarbeitet.»[14]

In Simone de Beauvoirs autobiographischen Romanen wird deutlich, daß sie über die philosophische Führerschaft Sartres hinaus auch seine Lebensphilosophie anerkannte, die sie zumindest zu Anfang ihrer gemeinsamen Beziehung auch zu der ihren machte. Beispielsweise beschreibt sie in ihrem Roman «Sie kam und blieb» eben eines jener amourösen Dreiecksverhältnisse, das zwischen Simone de Beauvoir, Sartre und einer Dritten existierte.

Schließlich ist die vierbändige Autobiographie Beauvoirs eine Fundgrube von Daten, die nicht nur erlauben, Leben und Persönlichkeitsentwicklung Beauvoirs unter dem Einfluß Sartres zu betrachten, sondern auch Rückschlüsse zu ziehen über ihren geistig-psychischen Zustand beim Verfassen des feministischen Hauptwerkes «Das andere Geschlecht».

Mit den Romanen, Abhandlungen, Interviews und ihrer Autobiographie stehen eine Fülle von Informationen über ihr Leben zur Verfügung, die uns eine sehr genaue und gleichzeitig authentische Rekonstruktion des Entstehungszusammenhangs von «Das andere Geschlecht» mit der Biographie Beauvoirs ermöglichen.

Durch die weitgehende Beschränkung auf die Auswertung von Simone de Beauvoirs eigenen Äußerungen über ihr Leben kann man die Objektivität der Ausführungen gefährdet sehen. Der Rückbezug auf authentisch-beauvoirsche Quellen birgt tatsächlich die Gefahr der Subjektivität ihrer

Autorin. Deshalb sollen hier in erster Linie Daten verwendet werden, die einfach zu objektivieren sind. Es sind dies z. B. markante Lebensdaten, die als objektive Tatsachen erachtet werden dürfen, da Simone de Beauvoir selbst einer gewissen Kontrolle ihrer Mitmenschen ausgesetzt war, die entsprechende Erlebnisse und Schicksale mit ihr teilten. Außerdem können Beurteilungen und Wertungen eigener Gefühle, Motive und Handlungen dann konkret in diese Ausführungen eingehen, wenn sie einer Plausibilitätsprüfung unterzogen wurden und als wahrscheinlich gelten können. Bei diesem Verfahren ist es unerläßlich, auf allgemeinmenschliche Erfahrungen und Kenntnisse psychosozialer Mechanismen zurückzugreifen. Es sind hier in erster Linie Ereignisse mit entsprechendem Außenbezug gemeint, d.h. Vorkommnisse, die die Autorin nicht nur zu einer gewissen Genauigkeit zwangen, sondern sie als eine reagierende und nachempfindende Beobachterin fremder Handlungen und eigener Gefühle darstellen.

Meinem Vorgehen liegt also folgender Gedankengang zugrunde: Wenn es gelänge, die in klar beschriebenen Lebenssituationen empfundenen Gefühle Beauvoirs zu verstehen und kritisch nachzuvollziehen, wäre es möglich, Ursachen-Wirkungs-Zusammenhänge aufzuzeigen, die zu einer Beurteilung sowohl der Ausgangssituation als auch deren psychischer und schriftstellerischer Verarbeitung führten. Über ihre Situation als Weggefährtin Sartres gibt uns Simone de Beauvoir besonders in ihrer Autobiographie genaue Auskunft; aber bei entsprechend sensibler Beobachtung auch «Das andere Geschlecht» und ihre Romane. Damit sind uns die Voraussetzungen gegeben, eine tiefere psychologische Deutung des Werks von Beauvoir anzugehen.

A. DAS LIEBESVERHÄLTNIS VON BEAUVOIR UND SARTRE – ÄUSSERLICH BETRACHTET

Für Freunde und Bekannte und später auch für eine große Öffentlichkeit bot das Paar von Beauvoir und Sartre ein außergewöhnliches Bild, denn ihr Umgang und das gemeinsame Leben war von auffällig unkonventioneller Art[15]. So siezte sich das Paar, ohne je auf das vertrauliche «Du» überzuwechseln.

Eine weitere Eigentümlichkeit war ihre Art zu wohnen. Simone de Beauvoir und Sartre wohnten nie auf Dauer in einer gemeinsamen Wohnung. Im Gegenteil war es für sie nicht ungewöhnlich, in Hotels je ein Einzelzimmer zu bewohnen, wenn auch keine äußere Veranlassung hierfür bestand. Simone de Beauvoir erläuterte:

«...fast immer haben wir im selben Hotel gewohnt, manchmal auf demselben Flur, im selben Hotel. Aber dennoch bedeutete das eine große Unabhängigkeit.»[16]

Dieses Arrangement sicherte beiden die größten Freizügigkeiten, und man darf feststellen, daß sich Sartre praktisch unter den Augen Beauvoirs mit anderen Frauen «traf».[17]

Auch auf anderen Gebieten hatten die beiden eigenartige Vorstellungen, die ihr Leben prägen sollten. Zur Illustration ihres Verhältnisses zueinander wie auch zu Kindern mag folgender Auszug aus einem Interview von Alice Schwarzer mit Simone de Beauvoir und Sartre dienen:

Schwarzer: *«Und die Entscheidung – wenn es eine gab – kein Kind zu haben? Oder war das ganz selbstverständlich für Sie beide?»*

Beauvoir: *«Für mich war das ganz selbstverständlich. Nicht etwa, weil ich Kinder verabscheut hätte... Als ich noch sehr jung war und daran dachte, eine bürgerliche Ehe mit meinem Cousin Jacques einzugehen, hätte das auch Kinder bedeutet. Aber meine Beziehung zu Sartre war solcher Art – auf einer intellektuellen Basis und nicht auf einer institutionellen, familiären oder was auch immer –, daß ich nie den Wunsch nach einem Kind hatte. Ich hatte keine große Lust, eine Reproduktion von Sartre zu haben – mir genügt*

er selbst! –, und auch keine Lust, eine Reproduktion von mir zu haben: ich genügte mir. Ich weiß nicht – hat sich die Frage für Sie gestellt, Sartre?»
Sartre: *«Ich dachte nicht daran, ein Kind zu haben, als ich jung war.»*[18]
Es bleibt also festzuhalten, daß sowohl Sartre als auch Beauvoir wesentliche Dinge entgingen, die das Erleben und die Gefühlswelt der meisten Menschen tiefgreifend prägen. Trotzdem wurde ihr unkonventionelles Beispiel einer «Liebesbeziehung in Freiheit» zum Vorbild einer Vielzahl von Menschen der Nachkriegsgenerationen. Sartres linksgerichtete Ideen und seine außergewöhnliche Popularität steigerten ihn bekanntlich zum Symbol der Protestgeneration der späten 60er Jahre, was dazu beitrug, daß seine Beziehung zu Beauvoir von vielen Menschen als nachahmenswert empfunden wurde.

B. TATSACHENMATERIAL ZUR PERSÖNLICH-KEITSENTWICKLUNG BEAUVOIRS

Die Memoiren Simone de Beauvoirs ermöglichen, ihr Leben und ihre Persönlichkeitsentwicklung detailliert zu verfolgen. Beispielsweise wird genau ersichtlich, wie es zu ihrer «Liebesbeziehung in Freiheit» mit Jean Paul-Sartre kam, wie sich diese Beziehung konkret für ihr Leben auswirkte und wie Beauvoir letztlich zu dem wurde, was sie für viele Menschen heute noch darstellt: die große Feministin. Das Schicksal Simone de Beauvoirs, die selber von sich sagte: «Mein wichtigstes Werk ist mein Leben»,[19] soll hier noch einmal in wesentlichen Stationen nachvollzogen werden. Dadurch wird es möglich, Simone de Beauvoir und ihren Feminismus näher kennenzulernen und beurteilen zu können.

1. Kindheit und Jugend von Simone de Beauvoir 1908 bis 1929[20]

Simone de Beauvoir wurde ihren Eltern 1908 als erstes Kind geboren. Bis zum Beginn des Schulkindalters versuchte die kleine Simone, ihrem Willen durch Wutanfälle Nachdruck zu verleihen. Später scheinen sich die Wutanfälle gelegt zu haben, wie sie selber berichtet.

In der Schule stach das intelligente und etwas scheue Mädchen durch besondere Leistungen als wißbegierige Musterschülerin hervor. Schon als Mädchen, schreibt Beauvoir, habe sie den ausgesprochenen Wunsch gehabt, eine berühmte Schriftstellerin zu werden.

Simone bewunderte Menschen, die wie ihre Freundin Zaza ihr überlegen waren. Zaza war ohne Zweifel, wie auch Simone erkannte, die selbstbewußtere, gewandtere Persönlichkeit der beiden. Das Verhältnis der Mädchen war am Anfang ihrer Bekanntschaft recht einseitig; wie Zaza Simone später, als sie enge Freundinnen geworden waren, gestand, hatte sie ihr damals wenig Beachtung geschenkt und sie über Jahre hinweg überhaupt nicht als echte Freundin betrachtet, während Simone von der Existenz dieser Freundschaft unbedingt ausging.

Die Familie ließ das begabte Mädchen studieren, da Ehrgeiz, Leistung und Rationalität zu dem geistigen Ethos der Familie gehörten.

Im letzten Jahr ihres Philosophiestudiums lernte Simone de Beauvoir Sartre kennen. Sie bereiteten sich beide auf den Abschluß an der Sorbonne und auf die Aggrégation an der Ecole Normale Supérieure vor, eine Eignungsprüfung für Studenten, die durch besondere Leistungen der geistigen Elite Frankreichs zugerechnet werden. Noch in diesem Alter (von 21 Jahren) gab sich Beauvoir schwärmend ihren Zukunftsbildern hin, die sie als bedeutende Persönlichkeit und Schriftstellerin zeigten. Sie kam in Kontakt mit Sartres Gruppe und war sogleich fasziniert von deren Respektlosigkeit und Fundamentalopposition allem Althergebrachten und bürgerlichen Werten gegenüber.

21

Simone de Beauvoir beschreibt ihr Kennenlernen Sartres, der ihr in den Vorlesungen als besondere Persönlichkeit aufgefallen war, am Ende ihres ersten Memoirenbandes. Mit Sartre führte sie lange Gespräche:

«Wir sprachen von unendlich vielen Dingen, vor allem aber über ein Thema, das mich mehr als jedes andere interessierte, nämlich über mich.»[21]

Eine weitere wichtige Tatsache kommt im folgenden Abschnitt zum Ausdruck:

«Da er zwei Jahre älter war als ich – und zwar zwei Jahre, die er wohl ausgenutzt hatte – und sehr viel früher einen viel günstigeren Start gehabt hatte, wußte er über alle Dinge besser Bescheid. Die wahre Überlegenheit aber, die er sich selber zuerkannte und die auch mir in die Augen sprang, war die ruhevolle, besessene Leidenschaft, die ihn zu seinen künftigen Büchern drängte.»[22]

Sartre stellte sich ihr in jenen Tagen der ersten Bekanntschaft als eine Art Sozialrevolutionär dar, der weder heiraten noch Familie haben wollte. Die Begründung für seine Andersartigkeit sah Beauvoir in seinem überragenden Intellekt, da ihm schon damals (im Alter von 23 Jahren) eine vollständige, neue Philosophie vorschwebte. Simone de Beauvoir zweifelte nicht daran, daß Sartre eines Tages ein philosophisches Werk von Gewicht schreiben würde. Das imponierte ihr. Mehr noch, sie war voller Bewunderung für ihn und seine Gewißheit zukünftiger eigener Größe.

2. Simone de Beauvoir als junge Frau 1929 bis 1934

Bis zum Abschluß ihres Studienfaches Philosophie hatte Simone de Beauvoir zu Hause bei den Eltern gewohnt. Nun stand sie an der Schwelle zur Unabhängigkeit des Erwachsenenlebens, was sie in einem ausgesprochenen Hochgefühl erwartete. In diesem letzten Jahr ihres Studiums war sie oft mit Jean-Paul Sartre und dessen Gruppe zusammen. Ihre Beziehung entstand, als sich Simone de Beauvoir am Übergang von der Jugendlichen zur jungen

Erwachsenen befand. Nach erfolgreicher Prüfung (Aggrégation), die Simone de Beauvoir hinter Sartre (der zum zweiten Mal antrat) als Zweitbeste ihres Jahrgangs ablegte,[23] fuhr sie mit ihrer Familie auf den Familienlandsitz in die Landschaft des Limousin. Sartre folgte der Familie nach, und sie trafen sich heimlich und genossen die Stunden zu zweit. Das euphorische Hochgefühl der verliebten jungen Frau wird deutlich in den Anfangssätzen ihres zweiten Memoirenbandes, der den Titel trägt «In den besten Jahren» («La force de l'age»):

«*Als ich im September 1929 wieder nach Paris kam, berauschte mich vor allem meine Freiheit. Seit meiner Kindheit hatte ich von ihr geträumt, wenn ich mit meiner Schwester 'große Mädchen' spielte. Ich habe schon gesagt, wie leidenschaftlich ich sie auch als Studentin ersehnte. Plötzlich besaß ich sie, bei jeder meiner Bewegungen staunte ich von neuem, wie leicht ich mich fühlte. Wenn ich morgens die Augen öffnete, strampelte und jauchzte ich vor Freude.*»[24]

Diese Euphorie verdankte sie besonders den hochgespannten Erwartungen, die sie in Sartre setzte:

«*Erst als Mitte Oktober Sartre nach Paris kam, fing mein neues Leben wirklich an.*»[25]

Sartre ist also der besondere Grund ihrer Freude und ihres Sehnens.

Der Ablösungsprozeß Beauvoirs von der Familie begann sich nun zu vollenden. Sie hatte neue, vielversprechende Perspektiven, die ihr ein neues, glückliches Leben verhießen.

Nun kam es in dieser Situation zu einem Erlebnis, das für ihr weiteres Leben grundlegende Bedeutung behalten würde.

a. Simone de Beauvoirs Pakt mit Sartre

Sartre machte bald verständlich, daß er nicht die Absicht habe, monogam zu leben. Simone de Beauvoir schreibt:
«*Seiner Meinung nach sollte der Schriftsteller, der Ge-*

schichtenerzähler, dem ‚Baladin' von Synge gleichen: nirgends läßt er sich endgültig nieder. Und bei niemandem. Sartre war nicht zur Monogamie berufen; er war gern in Gesellschaft von Frauen, die er weniger komisch fand als Männer. Er war nicht bereit, mit 23 Jahren für immer auf die Freuden der Abwechslung zu verzichten. ‚Bei uns beiden', erklärte er mir unter Anwendung seines Lieblingsvokabulars, ‚handelt es sich um eine notwendige Liebe: es ist unerläßlich, daß wir auch die Zufallsliebe kennenlernen.' Wir waren von gleicher Art, und unser Bund würde so lange dauern wie wir selbst; er bot jedoch keinen Ersatz für den flüchtigen Reichtum der Begegnungen mit anderen Wesen. Warum sollten wir freiwillig auf die Skala der Überraschungen, der Enttäuschungen, der Sehnsüchte, der Freuden verzichten, die sich uns anboten? Auf unseren Spaziergängen beschäftigten wir uns auführlich mit diesem Thema.»[26]

Der aufmerksame Leser kann bei der Lektüre dieser Zeilen sehr schön nachvollziehen, wie es Sartre geschickt verstand, seinem Wunsch nach freiem Umgang mit anderen Frauen den nötigen Spielraum zu sichern. Er knüpfte an einer literarischen Figur an, um seine Bestimmung zum Schriftsteller und damit auch seine «notwendige» Ungebundenheit einsichtig zu machen, wohl wissend, daß sich auch Simone nach einer Schriftstellerkarriere sehnte. In ihren Memoiren klingt dieser Wunsch tatsächlich immer wieder an und weist auf die Tatsache, daß sie sich keineswegs mit einer Anstellung als Philosophielehrerin begnügen würde, sondern das ehrgeizige Projekt vor Augen hatte, eben ihr Idealbild einer berühmten Schriftsteller-Persönlichkeit zu verwirklichen.

Dieser kleine Abschnitt aus ihrer Autobiographie enthält eine Reihe klarer Belege für Sartres feines Gespür, wie er seine Daueruntreue zu inthronisieren hoffte.

Sehr einleuchtend mußte dem 21jährigen Mädchen das Argument erscheinen, daß sich ein junger Mensch nur schwierig abschließend und ausschließlich an eine andere Person binden könne. Zur sogenannten notwendigen Liebe, die dem Plan nach zweifellos und unerschütterlich zwischen ihr und Sartre herrschen sollte, sollte die Zufallsliebe treten, um nicht den Reichtum des Erlebens einzuengen und das Lebensgefühl abzuschnüren. Der Begriff «notwendige Liebe» enthält ein Versprechen. Sie, Simone de Beauvoir, sei die Einzige, die Erwählte. Die Affären, die Sartre sachte ankündigte, sollten nicht mehr sein als hübsches Beiwerk von nebensächlicher Bedeutung, mehr ein farbenreiches Spiel der Erfahrungen. Die Erklärung für dieses Versprechen folgt sogleich im nächsten Satz. Das Paar sei füreinander bestimmt, weil sie von derselben Art seien, und der Bund sollte, ein weiteres Versprechen, dauern bis zu ihrem Tode.

Diese ehernen Versprechen Sartres erinnern an das Zeremoniell der Eheschließung, da sie bestärken, daß er Simone de Beauvoir zu seiner Lebensgefährtin erküren und bis zum Tod (seine spezielle) Treue halten werde. Andererseits scheint Sartre geglaubt zu haben, die Einwilligung von Simone de Beauvoir nicht ohne Druckausübung zu erreichen, da er sie unmerklich vor die Entscheidung stellte, entweder auf seine Vorstellungen einzugehen oder, wegen ihres mangelnden Respekts vor seiner polygamen Natur, mit der Trennung oder mindestens Nichteingehung der Verbindung rechnen zu müssen. Es klingt kategorisch:

«Er war nicht bereit, mit 23 Jahren für immer auf die Freuden der Abwechslung zu verzichten.»

Im wohldosierten Einsatz von «Zuckerbrot und Peitsche» bewog Sartre Beauvoir, sich diesen die Würde ihrer Person in Mitleidenschaft ziehenden Wünschen zu fügen. Tatsächlich sollte Beauvoir aus der sogenannten Liebesbeziehung in Freiheit keinen Vorteil für ihr persönliches Wohl ziehen. Die Frage, die sich Beauvoir am Ende dieses Zitats stellt, sollte durch einen krassen Notstand ihres Lebens mit Sartre beantwortet werden. Etwas weiter heißt es:

«…Sartre schlug vor: ‚Schließen wir einen Zwei-Jahres-Pakt‘. Ich konnte es einrichten, diese zwei Jahre in Paris zu bleiben, und wir würden sie in möglichst engem Zusammenleben verbringen. Danach, so schlug er mir vor, sollte

auch ich mich um einen Posten im Ausland bewerben.
Wir würden einander zwei, drei Jahre nicht sehen und uns
dann irgendwo in der Welt wiedertreffen, in Athen z.B.,
um auf mehr oder weniger lange Sicht von neuem ein
mehr oder weniger gemeinsames Leben zu führen. Wir
würden einander nie fremd werden, keiner würde je verge-
bens an den anderen appellieren, und nichts würde dieser
Allianz den Rang ablaufen; aber sie dürfte weder in Zwang
noch in Gewohnheit ausarten. Um jeden Preis mußten wir
sie vor dieser Zersetzung bewahren. Ich willigte ein. Ich
gebe zu, daß die Trennung, die Sartre in Aussicht stellte,
mich erschreckte; aber sie lag verschwommen in der Fer-
ne, und ich hatte es mir zur Regel gemacht, mich nicht im
voraus mit Sorgen zu belasten. Wenn mich dennoch Angst
überfiel, hielt ich sie für Schwäche und bemühte mich, sie
zu unterdrücken ...»[27]

Es ist zu sehen, daß offenbar stets die Initiative von Sartre
ausging, getreu der Tatsache, daß Beauvoir seine Führung
(auch auf diesem Gebiet) anerkannte.

Angst hatte Simone de Beauvoir bei der Vorstellung, daß
ihre Verbindung eines Tages beendet sein würde. Bei aller
Geneigtheit für die skizzierte unkonventionelle Lebensführung war ihr eine Verdrängung der beängstigenden
Aussicht nur möglich, indem sie das Trennungsereignis in
die Zukunft verwies, in der es möglicherweise gar nicht
eintreten würde. Obwohl sich Sartre in Widersprüche begab, die in der Spannung zwischen seinem Treueverspre-
chen und der Terminierung der Beziehung liegen, willigte
Beauvoir in den Pakt mit Sartre ein. Seiner Autorität und
ihrer Fügsamkeit ist zu verdanken, daß seine *façon de vie*
die Richtschnur beider Leben wurde.

Auf Inhalte und Umstände dieses Paktes müssen wir nun
näher eingehen, weil er die Weichenstellung für das gesamte weitere Leben Beauvoirs signalisiert. Sartres Einfluß auf
Geist und Psyche von Simone de Beauvoir, also die Prä-
gung, die er ihrer gesamten Persönlichkeit verlieh, mit all
ihren Auswirkungen auf ihr Werk, können kaum überschätzt werden.

«Von den Freiheiten, die wir uns theoretisch zugestanden, sollte während der Dauer dieses Abkommens kein Gebrauch gemacht werden. Wir hatten vor, uns ohne Zögern und ohne Einschränkung der Neuartigkeit unserer Existenz hinzugeben. Wir schlossen einen weiteren Pakt: Weder würden wir einander je belügen noch etwas voreinander verbergen.»[27]

Nun, wie es mit diesem Versprechen bestellt war, konnten wir schon eingangs sehen. Jeder Kommentar erübrigt sich. Sartre tritt hier als listiger Unterhändler eigener Interessen auf. Durch die Eingehung der Pakte war die Grundkonzeption für ihr gemeinsames Leben festgeschrieben. Wie sie sich auswirkten, soll nun anhand von besonders relevanten Beispielen demonstriert werden. Hierbei sind die beschriebenen Vorfälle Schlüsselerlebnisse, die ganz bestimmte Folgen zeitigten und ihren Niederschlag unmittelbar im Werk Beauvoirs fanden.

b. Das «Trio» Beauvoir–Sartre–Olga

Im Jahr 1934 beginnt auf Veranlassung Sartres das Dreiecksverhältnis Beauvoir–Sartre–Olga. Olga war eine Schülerin aus der Klasse Beauvoirs. Lehrerin und Schülerin waren einander freundschaftlich zugetan. Sartre, der an der jugendlichen Olga Gefallen fand, machte Simone de Beauvoir den Vorschlag, ein «Trio» zu bilden. Beauvoir schildert, wie sie sich zunächst allein um das Mädchen kümmerte und wie nach und nach sich Sartre ganz offen um die lebensgierige, wilde Jugendliche bemühte, ja sogar vor den Augen Beauvoirs um sie warb.

Vom Standpunkt der Absolution, die ihm der Pakt verlieh, darf man Sartres Verhalten nicht als inkonsequent begreifen, wenn auch unter moralischen Gesichtspunkten ein eklatanter Egoismus in Sartres Handeln hervorsticht. Doch soll hier nicht die Beurteilung seines Verhaltens im Vordergrund stehen, sondern seine Auswirkung.

Olga, ein ungestümes, müßiggängerisches Mädchen,[29] übte auf Sartre offenbar große Anziehung aus, und als eine erste

Reaktion auf die sich anbahnende Affäre beweinte Simone de Beauvoir ihr Altern, obwohl sie erst 26 Jahre zählte.[30] Offensichtlich stieg in ihr die Furcht auf, Olga könnte Sartre mehr bedeuten als sie selbst. Trotzdem zeigte sie größtes Verständnis für Sartre. Rücksichtsvoll empfand sie Sartres Situation nach, in der er an ihre eigene Person gebunden und deshalb nicht mehr völlig frei war. Es klingt wie ein Vorwurf an die eigene Person und gleichzeitig als Rechtfertigung für dieses Dreiecksverhältnis, was Simone de Beauvoir hierzu schreibt. Sie stellte ihre Person ganz zurück, um Sartres Ansprüchen zu genügen, seinem Glück nicht im Wege zu stehen. Sie war in ihren Empfindungen tief gespalten. Einerseits war sie beunruhigt:

«Durch seine Verbissenheit, sie zu erobern, steigerte Sartre Olgas Wert ins Unendliche.»[31]

Andererseits war Beauvoir nach kurzem Widerstand bereit, sich selbst zu verleugnen:

«Ich befand mich im Mittelpunkt des Ganzen, und ich würde diesen souveränen Platz nicht an sie abtreten. Und doch gab ich allmählich nach. Mir lag zu sehr daran, mit Sartre völlig übereinzustimmen, und so sah ich eben Olga mit seinen Augen.»[32]

Simone de Beauvoir verdrängt den Konflikt, in den Sartre sie führte. Keineswegs darf angenommen werden, daß es ihr wenig ausmachte, sich zu diesem Verzicht persönlicher Ansprüche bereit zu erklären. Die Dreieraffäre, die z.T. groteske Züge annahm und für ihre Umgebung ein lächerliches Bild eines absurden Sympathienwettstreites ergab, schlug ihr auf die Psyche. Die ständige Verleugnung des Treueanspruches zu sich selbst zugunsten des verehrten Sartre überstieg Beauvoir bald, so daß sie in eine abwechselnd depressive und aggressive Stimmungslage geriet — eine leicht verständliche Reaktion auf die ständige Bedrohung, von Sartre eines Tages aufgegeben zu werden.

«...Sartre überließ sich ihr gegenüber den Wirren seiner Emotionen. Er hatte Anwandlungen von Unruhe, Wut und Freude, wie er sie mit mir nicht kannte. Mein Unbeha-

*gen ging über Eifersucht hinaus. Es gab Augenblicke, in
denen ich mich fragte, ob mein Glück nicht allein auf einer ungeheuren Lüge beruhe.»[33]*

Das Leiden Beauvoirs muß sehr groß gewesen sein. Der
diese Geschehnisse beschreibende Abschnitt ihrer Memoiren ist angefüllt mit entsprechenden Beschreibungen der
eigenen Verletztheit, des Mißtrauens und der Depressionen, die sie durchzustehen hatte.

In ihrem autobiographischen Roman «Sie kam und blieb»
(»L'invitée«), in dem sie diese Dreiergeschichte nachgestal-
tete, steigert sich die zweite Komponente ihrer Stimmungslage, die Aggression gegenüber ihrer Rivalin, bis zum Mord
an dem Eindringling, der das gemeinsame Glück des Paa-
res gefährdete. Simone de Beauvoir macht keinen Hehl
daraus, daß Sartre die Romanfigur Pierre ist, Olga Xaviere, und sie selbst Françoise, die Xaviere tötet.

Nebenbei ist zu bemerken, daß die Autorin sehr bemüht
war, die literarische Mordtat nicht als Eifersuchtstat erscheinen zu lassen. Sie sucht statt dessen und findet eine
scheinbar logisch-konsequente, philosophische Rechtfertigung, die in engem Verhältnis zu der existentialistischen
Vorstellung von Freiheit steht, um die Tat nicht als durch
Emotionen verursacht diskreditiert zu sehen. Der literarische Eifersuchtsmord und der Versuch, ihn rational zu
rechtfertigen, verdienen unsere Beachtung.

Das Erleben eklatanter Vernachlässigung und das Wissen
um die Existenz einer großen Gefahr durch Olga für das
persönliche Glück rief in Simone de Beauvoir akute Verlas-
sensängste hervor. Die hieraus entstandene depressive
Stimmungslage schildert Beauvoir mit unverhohlener
Deutlichkeit in ihrer eigenen Bewertung der durchlebten
Kränkungen. Selbst Sartres Ratschluß wird, ganz sachte
zwar, aber dennoch ausdrücklich kritisiert. Das Trio sei
sein Werk gewesen. Doch über diese Andeutung geht ihr
Bericht nicht hinaus. Die Verantwortlichkeit des Leidens
blieb in der Tendenz gegen die eigene Person (Beauvoirs)
gerichtet und nahm nach und nach den Charakter der
Selbstzerfleischung an. In Simone de Beauvoirs eigener

(Jahre später erfolgten) Beurteilung stellen die im Verlauf des Trios aufgetretenen körperlichen Symptome ihrer Krankheit die Flucht aus dem Trio dar.[34]

Sartres Verhalten ist als entscheidende Ursache für das Auftreten der Krankheitssymptome Beauvoirs zu sehen.

Auch Olga blieb von den negativen Wirkungen der Dreiergeschichte nicht unberührt. Es scheint, als habe sie versucht, die negativen Erscheinungen des Trio in irrationalen Affekten abzureagieren, die bis zur Selbstverstümmelung durch eine glühende Zigarette reichten.[35]

Die zerstörerische Kraft des Dreiergespanns wurde im gesundheitlichen Niedergang der beteiligten Frauen sichtbar.

c. Eine Zwischenphase

Simone de Beauvoir stellte grundlegende Bedürfnisse ihrer Person zugunsten Sartres zurück. Der Verzicht auf Anerkennung und Treue bedeutete eine Selbstaufgabe von Teilen der eigenen Person. Hierin lagen dann die Wurzeln für weitere Selbstwertprobleme, die von ihr Bewältigung verlangten. Das Leiden Beauvoirs an dem oben beschriebenen Trio fand etwa ab 1937 – zumindest oberflächlich betrachtet – ein jähes Ende, da Olga einen anderen Mann fand. Bis zum Ende des Zweiten Weltkrieges war das Leben von Simone de Beauvoir und Sartre von den Erschütterungen dieser Zeit geprägt. Sartre mußte an die Front, wurde Kriegsgefangener, aber bereits 1941 wieder entlassen.[36] Bis 1944 standen beide unter dem Eindruck der deutschen Besatzung, und Beauvoir scheint durch die Entlastung auf persönlich-emotionalem Gebiet aufgeblüht zu sein. Diese Zeit kann als Zwischenphase bezeichnet werden, da die Zerrüttung der Empfindungswelt Simone de Beauvoirs ein vorläufiges Ende gefunden hatte.

3. Simone de Beauvoir als gereifte Frau

a. Sartres Affäre mit M.

Eine weitere Episode der Leidensgeschichte Beauvoirs zeigt, daß Sartre seine Freiheiten im Rahmen des vertraglichen «Liebesverhältnisses in Freiheit» stark in Anspruch nahm. In gegensätzlichem Licht erscheint uns das Verhalten Beauvoirs, als zweiter Vertragspartner, die nur selten die Freiheiten ausschöpfte, die sich ihr boten. Ihre Liebesverhältnisse zu anderen Männern entsprangen nicht dem originären Bedürfnis ihrer Person nach neuen Liebschaften (zumindest läßt sich kein Anhaltspunkt dafür finden), sondern waren reaktiv zum Verhalten Sartres. Das zeigt die Affäre um die Rivalin M. sehr deutlich, die im nachfolgenden skizziert wird.

Gegen Ende des Zweiten Weltkrieges lernte Sartre in den USA eine Frau kennen und schätzen, die für Beauvoir erneut zur Bedrohung wurde:

«Nach seiner Rückkehr aus Amerika erzählte Sartre mir viel über die M. Ihre Zuneigung schien damals gegenseitig zu sein, und sie hatten vor, jedes Jahr drei bis vier Monate miteinander zu verbringen. Es war nicht die Trennung, die mich erschreckte, sondern seine Schilderung der mit ihr in New York verbrachten Wochen; er war so hingerissen, daß mir angst und bange wurde. Ich hatte angenommen, er habe sich vor allem durch das Romantische dieses Abenteuers verführen lassen. Plötzlich fragte ich mich, ob er nicht an M. mehr hänge als an mir. Ich hatte meinen zähen Optimismus eingebüßt: Mir konnte alles widerfahren.»[37]

Wie sehr Beauvoir von Unsicherheit und Befürchtungen umgetrieben wurde, verrät ihre Frage an Sartre:

«,Sagen Sie ehrlich: an wem hängen Sie mehr, an M. oder an mir?' - ,Ich hänge ungeheuer an M.', erwiderte Sartre, ,aber ich bin bei Ihnen'.»[38]

Daß sie diese Antwort kaum befriedigen konnte, fällt nicht schwer nachzuempfinden. Simone de Beauvoir formuliert in ihren Memoiren denn auch ganz offen, daß sie erneut die ganze Zukunft in Frage gestellt sah. So bahnte sich eine erneute Liaison Sartres an, und die Sorgen Simones um den Bestand ihrer Beziehung begannen von neuem. Im Jahr 1947 besuchte auch sie die USA. Von da nahmen die Dinge folgenden Lauf:

«In New York traf ich die M. Sie war im Begriff, nach Paris zu reisen, wo sie bis zu meiner Rückkehr bleiben wollte. Sie war so reizend, wie Sartre sie geschildert hatte, und hatte das hübscheste Lächeln der Welt.»[39]

Als sich Beauvoir am Ende ihres Aufenthalts wieder anschickte, nach Frankreich zurückzukehren, bat Sartre sie brieflich, ihre *«... Abreise zu verschieben, weil M. noch zehn Tage lang in Paris bleiben wolle.»*[40]

Welche Kränkung! In ihrer Sorge, M. würde sie ausstechen, fand Beauvoir in dieser Zumutung Sartres ihre schlimmsten Befürchtungen bestätigt. Sie selbst schien Sartre weniger wert zu sein als die «reizende» M.

In ihrem Kummer und ihrer Verlassenheit versuchte Simone de Beauvoir sich mit irgendeinem Mann zu trösten. Ein Freund in New York lehnte ab:

«... er wollte weder seine Frau belügen noch ihr ein Abenteuer gestehen: Also verzichteten wir.»[41]

Ein weiterer Versuch begann schließlich ganz vielversprechend. Die Beziehung zu dem Schriftsteller Nelson Algren hatte ihren Anfang gefunden. Als Simone de Beauvoir nach der unfreiwilligen Verlängerung ihres Aufenthalts nach Paris zurückkehrte, war M. weiter zugegen, und, *«um Reibungen zu vermeiden»*, mietete sich Beauvoir zusammen mit Sartre außerhalb von Paris in einem kleinen Hotel ein.

Es ist charakteristisch für Simone de Beauvoir, sich den Verhältnissen zu beugen, die durch Sartre eine eherne Legitimation erfahren haben. Trotz ihrer schmerzlichen Zurücksetzung und Demütigung kehrte sich ihre Kritik niemals effektiv gegen Sartre, eher belastete Simone de Beauvoir die eigene Person bis zum Bersten und setzte Dritte in ihrer Würde herab.[42]

Die Verdrängung ungelöster Beziehungsprobleme verursachte Angstzustände, die sie unter Zuhilfenahme von Medikamenten zu kurieren versuchte. Das Abklingen der Angstsymptome war aber nur von kurzer Dauer. Wiederholt griff Beauvoir zu Medikamenten. Es wird die Frage zu beantworten sein, welche Gefühlsregungen sie als Reaktion auf die unentwegten Kränkungen entwickelte und gegen wen sich eventuelle Antipathien – langfristig gesehen – richten würden.

1946 begann Beauvoir die Arbeit an ihrem berühmten theoretischen Hauptwerk «Das andere Geschlecht». Seine Vervollständigung fällt in die Zeit ihrer Liebesbeziehung zu Nelson Algren, der sie zur Frau nehmen wollte. Simone de Beauvoir geriet in diesen Tagen in einen tiefen Widerstreit der Gefühle, denn diese Beziehung stellte ihr das Leben einer Ehefrau mit Familie in Aussicht. Sie erlebte diese (allerdings kurzfristige) Bindung an Algren als beglückende und liebevolle Begegnung. Diese Beziehung war vielleicht die erste, sicher jedoch die letzte Chance für sie, das Leben an der Seite eines Mannes zu verbringen, der sie über alles schätzte und liebend verehrte. Von dieser Beziehung erfährt der Leser unter anderem aus Beauvoirs autobiographischem Roman «Die Mandarins von Paris». Wie sehr auch Nelson Algren sich engagierte, weil er alle Zeichen für die Echtheit der Gefühle bei Simone de Beauvoir zu sehen glaubte, kann man aus seiner Reaktion ersehen, die von Bitterkeit und Vorwürfen an die Adresse Beauvoirs erfüllt ist, nachdem Beauvoir ihn verließ. In einer ebenso scharfsinnigen wie harschen Kritik ihres dritten Memoirenbandes «Der Lauf der Dinge» verschafft er sich Luft von ihrem Betrug, indem er ihre Vorstellung von der Zufallsliebe als die Unfähigkeit charakterisiert, wirklich lieben zu können.

«Procurers are more honest than philosophers. They name this How-about-a-quickie-kid *gambit as ‚chippying' and regard the middle-class woman who indulges herself in it with less respect than they give the fireship who shoves a shiv into a faithless lover's anatomy. The true mutilation,*

to them, is not passion, but passionlessness; and loving too violently is a lesser affliction than being able to love only contingently. Because it means she is able to live only contingently.»[43]

(«Zuhälter sind ehrenhafter als Philosophen. Sie nennen das Angebot: ‚Wie wärs mit einem Quicky‘ ein Flittchen anmachen und betrachten die Frau der Mittelschicht, die darauf eingeht, mit weniger Respekt als den eifersüchtigen Liebhaber, der ein Messer in den Bauch einer treulosen Geliebten stößt. Für sie ist nicht Leidenschaft die eigentliche Verstümmelung, sondern Leidenschaftslosigkeit; und zu heftig zu lieben, gilt ihnen als geringeres Übel als nur zu Zufallsliebe fähig zu sein. Denn das bedeutet, daß sie nicht zu mehr als einem zufälligen Leben fähig ist.»)

Ob diese Kritikpunkte nur Inspirationen verletzten Stolzes sind, muß sich noch zeigen. Eine Bewertung dieser Aussagen läßt sich erst anstellen, wenn der Gesamtzusammenhang umschrieben ist. Es sei noch einmal auf die Entscheidungssituation hingewiesen, vor die sich Beauvoir gestellt sah, als sie sich ein zweites Mal bei Algren aufhielt.

«Die Briefe, die M. schrieb, waren düster. Nur unwillig war sie bereit gewesen, vier Monate mit Sartre zu verbringen, während ich mit Algren auf Reisen ging. Wenige Tage vor meinem Abflug schrieb sie, daß sie entschlossen sei, Sartre nicht wiederzusehen – jedenfalls nicht unter diesen Umständen. Ich wußte weder aus noch ein. Ich sehnte mich nach dem Zusammensein mit Algren, hatte aber schließlich bisher nur drei Wochen mit ihm gelebt. Ich wußte nicht, bis zu welchem Grade ich an ihm hing: ein wenig, sehr oder noch mehr? Die Frage wäre müßig gewesen, wenn die Umstände sie für mich entschieden hätten. Plötzlich aber stand ich vor einer Wahl: Da ich wußte, daß ich bei Sartre bleiben könnte, riskierte ich ein schlechtes Gewissen, das, wenn es nicht Algren gegenüber in Unmut umschlug, zumindest mir selber Verdruß bereiten würde. Ich traf eine halbe Entscheidung: zwei Monate statt vier. Algren rechnete damit, mich lange bei sich zu haben, und ich wagte nicht, ihm klipp und klar meine neuen Disposi-

tionen mitzuteilen. Ich wollte es mündlich mit ihm ord-
nen.»[44]
Simone de Beauvoir brachte es nicht fertig, Algren klaren
Wein einzuschenken. Wenn Algren sich getäuscht sah, hatte er allen Grund dazu. Bald bekam sie ein schlechtes Gewissen wegen dieses genauso rücksichtslosen wie ehrlosen
Handelns. Zwar behauptet sie:
*«Auch wenn es Sartre nicht gegeben hätte, wäre ich nicht
in Chicago geblieben...»*[45], was ihr aber nicht unbedingt
geglaubt werden muß, da sowohl ihre Abhängigkeit von
Sartre als auch die Symmetrie ihrer neuerlichen Liebesbeziehung zu Sartres Beziehung mit M. deutlich hervortritt.
Simone de Beauvoir hatte einen Weg gefunden, um sich
angesichts der Belastungen durch Sartres «Geschichten»
halbwegs in psychischem Gleichgewicht zu halten: die
Hingabe an die Fürsorge und das emotionale Engagement
eines anderen Mannes, den sie ja jederzeit wieder verlassen
konnte. Was sie bei Algren erlebte, entsprach wahrscheinlich genau dem, was sie sich als junge Frau von der Beziehung zu Sartre erhofft hatte. Doch als vierzigjährige Frau
konnte sie zwar diese «normale» Art des Glücks ganz offensichtlich empfinden, nicht mehr jedoch sich an die Person
Algrens binden. So, wie dieses Glück mit Nelson Algren
ihre «Liebesbeziehung in Freiheit» in Frage stellte und zur
Auflösung drängte, so stellte dieses «neue, gewöhnliche»
Liebesglück ihr gesamtes bisheriges Leben in Frage.
Wie sollte sie sich entscheiden? Was stand zur Auswahl?
Auf der einen Seite ein nach ihrer eigenen Aussage *«güti-
ger»* Mann, der sie heiraten wollte. Liebe, Ehe und ein
karges Leben waren das «einzige», was er zu bieten hatte.
Sartre dagegen war, einmal völlig abgesehen von ihrer fast
sklavisch wirkenden Bindung an ihn, der Garant ihrer eigenen Berühmtheit. Seine Philosophie des Existentialismus
begann sich bereits ab Mitte des 2. Weltkrieges einen un-
umstrittenen Platz in der westlichen Geisteswelt zu erobern.[46] Sich in seiner Aura zu bewegen, noch dazu als
bevorzugte Vertraute, ließ erwarten, an Ruhm und Ehre
zu partizipieren; zwar mit dem Risiko ständiger Erniedri-

gungen, doch immerhin nicht ohne Aussicht auf eine «Gegenleistung».

Simone de Beauvoir muß sich den Vorwurf der Falschheit und der Ausbeutung Algrens gefallen lassen. Da sie seine Absichten kannte und seinen Gefühlen entgegenkam, nahm sie seine Verletzung billigend in Kauf. Die Achtung vor ihrem Mitmenschen Algren kann also nicht groß gewesen sein. Zumindest ein Mangel an Takt und Verantwortungsgefühl müssen konstatiert werden. Die Ausbeutung Dritter im Rahmen des paktierten «Liebesverhältnisses in Freiheit» erklärt Beauvoir in ihren Memoiren und an anderer Stelle als verwerflich und ausdrücklich:

«Das war oft nicht sehr angenehm für sie. Unsere Beziehung ging wirklich ein wenig auf die Kosten dieser Dritten. Also ist diese Beziehung (zwischen ihr und Sartre: Anm. d. Verf.) *durchaus zu kritisieren, denn sie schloß ja auch manchmal ein, daß man sich den Leuten gegenüber nicht sehr korrekt benahm.»*[47]

Allerdings zogen sie nie Konsequenzen aus der Erkenntnis, daß andere ausgebeutet wurden. Mit dem Pakt zwischen Simone de Beauvoir und Sartre war also zugleich Rücksichtslosigkeit gegenüber Dritten etabliert.

C. ANALYSE DES ZUSAMMENHANGS VON PERSÖNLICHKEITSENTWICKLUNG UND WERK BEAUVOIRS

Aus dem Tatsachenmaterial der vorangegangenen Abschnitte kann die folgende Beschreibung sowohl der charakterlichen Veranlagung als auch des Werdegangs der Persönlichkeit Beauvoirs gewonnen werden. Von besonderem Interesse soll hierbei die Verknüpfung des literarischen Werks mit der Person Beauvoirs sein.

1. Die charakterliche Disposition Beauvoirs

Als ältestes Kind ihrer Eltern fühlte sich Simone de Beauvoir nach eigener Aussage von Natur aus *«vorne».* Ein

weiteres Faktum, das der Entwicklung eines gewissen narzißtischen Geltungsdrangs Vorschub leisten konnte, ist
darin zu sehen, daß die intelligente Simone in der Schule
durch eine schnelle Auffassungsgabe und große Wißbegier-
de hervorstach.

Meist war sie ihren Mitschülern überlegen. Allerdings darf
dieser Geltungsdrang, der sich (später) im Wunsch aus-
drückt, eine berühmte Schriftstellerin zu werden, ebensowenig überschätzt werden wie ihre kindlichen Wutanfälle
zur Durchsetzung ihres Willens. Denn, wie die Erfahrung
lehrt, sind kindliche Wutanfälle bis zu einem gewissen Maß
durchaus keine Verhaltensauffälligkeit. Das baldige Verschwinden dieser Wutanfälle ist eher ein Zeichen für die
Normalität ihrer Entwicklung. Da dieser Analyse im wesentlichen die Memoiren der Autorin zugrunde liegen,
verbietet sich die Behauptung von früh verfestigten Charaktereigenschaften ohnehin.[48] Bei der Zusammenschau
der Informationen über ihre Jugend mit Fakten ihres Erwachsenenlebens sind allerdings einige Schlüsse gerechtfertigt, die zu einer klar zu umschreibenden Disposition
führen. Hier sei zunächst eine verhaltensauffällige Erscheinung während ihrer Schulzeit genannt, die sich später in
gleicher Weise wiederholen sollte. Es ist die emotionale
Unterwerfung unter ihre Freundin Zaza. Simone de Beauvoir läßt keinen Zweifel an ihrer Bewunderung und ihrer
bedingungslosen Hingabe an die charakterstärkere Persönlichkeit ihrer Freundin, wenngleich in einer isolierten Betrachtung auch hierin die Normalität kindlicher Entwicklung feststellbar ist. Denn eine gewisse Zurücksetzung, die
in der Hingabe an die Freundin enthalten ist, tat der späteren Freundschaft zu Zaza offenbar keinerlei Abbruch. Insoweit kann in der fast unterwürfigen Haltung des Mädchens
die gewöhnliche Identitätssuche durch Identifikation mit
einem anderen gesehen werden. Es deutet sich hierin aber
auch an, daß Simone de Beauvoir nicht der geniale Ausnah-
memensch ist, als der sie heute gerne gesehen wird. Sie ist
es nämlich, die sich der vitaleren und natürlicheren Person
Zazas voller Bewunderung unterwarf, und nicht umge-

kehrt. Doch selbst das kann keine Veranlassung sein, in Simone de Beauvoir etwas anderes als ein normales Mädchen zu sehen, mit zweifellos überdurchschnittlichen Begabungen.

Die schulischen Leistungen wurden entsprechend dem Leistungsideal des Elternhauses gefördert und mit der Ermöglichung des Universitätsstudiums honoriert.

Schon in den 20er Jahren dieses Jahrhunderts studieren zu können bedeutete ein großes Privileg, das Beauvoir auch genossen zu haben scheint.

Zur völligen Eigenständigkeit fehlte dem Mädchen in der Anfangszeit des Studiums aber nicht nur die Unabhängigkeit von ihrem Elternhaus – so wohnte sie noch lange zu Hause, und ihre Eltern wirkten bei Wahl und Wechsel ihrer Studienfächer mit –, sondern es fehlte ihr bei der Begegnung mit Sartre auch die charakterliche Reife. Beispielsweise gibt sie sich noch zu dieser Zeit zusammen mit ihrer jüngeren Schwester ihren Phantasien vom Berühmtsein hin, was sie seit ihrer Kindheit tat.

Bis zum Zeitpunkt des Kennenlernens von Sartre scheinen sich tatsächlich leichte narzißtische Tendenzen anzudeuten, die nicht nur in ihren Wünschen zum Ausdruck kommen, eine berühmte Schriftsteller-Persönlichkeit zu werden, sondern auch in einem Hang zur Selbstbespiegelung:

«*Wir* (Beauvoir und Sartre: Anm. d. Verf.) *sprachen von unendlich vielen Dingen, vor allem aber über ein Thema, das mich mehr als alles andere interessierte, nämlich über mich.*»[49]

Es wird uns hierdurch nahegelegt, mindestens von einer gewissen narzißtischen Neigung auszugehen, welche der jungen Frau zu eigen ist.

Um den Aussagewert der (oben angeführten) Unterwerfung beurteilen zu können, muß sie mit Ereignissen verglichen und in Zusammenhang gebracht werden, die in ähnlicher Weise wiederholt geschahen. Eines dieser Ereignisse weist eine eigentümliche Übereinstimmung auf zu der im Kindesalter vollzogenen Unterwerfung Beauvoirs unter ihre Freundin Zaza. Sartre nahm in diesem erneuten Vor-

gang der Hingabe gewissermaßen Zazas Platz ein, wenngleich viel intensiver. Simone de Beauvoir notierte in ihren Memoiren den aufschlußreichen Satz:
«Zum ersten Mal in meinem Leben fühlte ich mich geistig von einem anderen beherrscht.»[50]

Die Anfangsphase der Beziehung zwischen Jean-Paul Sartre und Simone de Beauvoir ließ bald die mangelnde Reife Beauvoirs erkennen. Trotz oder wegen ihrer ichzentrierten Welterfahrung wurde ihr Verhältnis zu Sartre in Tendenz und Intensität durch eine Art ichschwacher Selbstaufgabe bestimmt, wenngleich sie im Laufe ihres Philosophiestudiums in ihrer intellektuellen Entwicklung voranschritt.
Das gleichzeitige Auftreten von Narzißmus und Ichschwäche ist (zunächst) als Ausdruck ihrer Jugendlichkeit zu betrachten. Man kann argumentieren, daß Beauvoir wie jeder Mensch in einer letzten unreifen Phase der Selbstfindung stand, in der sich jugendliche Arroganz mit Unsicherheit paart. Es mag deshalb nichts Unnatürliches sein, daß erneut eine sich unterwerfende Selbsthingabe geschieht, die allerdings über ein gesundes Maß der Anlehnung an eine andere Person hinausgeht.
Auf jeden Fall läßt sich hiermit erhärten, daß Simone de Beauvoir die Fähigkeit zur Selbstbehauptung ihrer Person nur in unterdurchschnittlichem Maße besaß. Gemessen an Sartre fühlte sich Simone de Beauvoir initiativschwach und ohne inneren Antrieb. Sartre war ihr praktisch in jeder Hinsicht weit überlegen. Nicht nur auf geistigem, sondern auch auf sexuellem Gebiet leitete er die unerfahrene Beauvoir an und eröffnete ihr die Welt geschlechtlichen Erlebens.
Durch Sartres spätere Kränkungen entstand ein Einfluß auf ihre Persönlichkeit, der ihre Neigung mangelnder Selbstachtung und selbstgerechter Überhebung forcierte und sich verfestigen ließ. Diese Wirkung Sartres auf Beauvoir ist ausschlaggebend für ihre gesamte Entwicklung: Er schrieb für Beauvoir das Spezifikum von Narzißmus bei gleichzeitiger Ichschwäche fest, das konstituierend und

natürlich für junge, unreife Menschen sein mag, krankhaft aber bei Erwachsenen.

Das Leben mit Sartre begünstigte nicht nur die Verfestigung dieser klar erkennbaren Anlagen, sondern rief neue Charaktereigenschaften hervor, die im folgenden näher betrachtet werden müssen, da sie Aufschluß geben über die Ursachen ihrer in vieler Hinsicht eigentümlichen Lebenseinstellung.

2. Verfestigung vorhandener und Entwicklung neuer Charaktereigenschaften

Macht man sich Sartres starken Einfluß auf Simone de Beauvoir bewußt, ist man geneigt, ihre Unterwerfung unter seine Paktbedingungen als notwendig zu erachten. Rekapitulieren wir deshalb die Umstände, in denen die Beziehung ihren Lauf nahm, so können Intensität und Wirkung von Sartres Einfluß genau eingeschätzt werden.

Plausibel ist die Reaktion der jungen Frau, die elterliche Orientierung eines bürgerlichen Wertsystems aufzugeben, um das Wertsystem der Altersgenossen zu übernehmen. Simone de Beauvoir spricht mit dem Unterton der Bewunderung über die anarchischen Gepflogenheiten und die unkonventionellen Ansichten der Mitglieder von Sartres Gruppe. Es lag also nichts näher, als sich der Gruppe anzupassen, zu der sie gehören wollte. Ihre Bewunderung für Sartre stützte sich nicht auf sein Äußeres, sondern auf die eigenartige Ausstrahlung des kleinen, schielenden Mannes. Ihrer Intelligenz dürfte sie es zu verdanken haben, ihn als bedeutenden Menschen mit großer Zukunft einzuschätzen. Sie erkannte wie nur wenige seinen Genius. Man kann zudem annehmen, daß die Aussicht auf Ruhm und Ehre ihrem jugendlichen Narzißmus schmeichelte. Ebenso kam ihr die Dominanz von Sartres Persönlichkeit entgegen, da sie sich in der Abwendung von zu Hause «getrost» an ihn und seine Autorität halten konnte. Eine erneute Unterwerfung, diesesmal unter Sartres Willen, ist aus diesen Gründen wahrscheinlicher denn je.

Erhärtend für diesen Gedankengang ist, daß Sartre Beauvoir nicht nur durch die Zurverfügungstellung einer geistigen Orientierung beschenkte, sondern auch, daß sich Beauvoir augenscheinlich in ihn verliebte, wodurch auch die psychisch-emotionale Dimension ihrer Person sich auf Sartre richtete. Nicht zuletzt durch die sexuelle Bekräftigung ihrer Beziehung erfuhr die Bindung an Sartre eine weitere Intensivierung.

Auf allen Gebieten menschlicher Existenz nahm also Sartre nach einiger Zeit einen unumschränkten Platz bei Beauvoir ein.

Ein weiteres forcierendes Moment, ihr altes Leben hinter sich zu lassen, war der Tod der Jugendfreundin Zaza, der sich 1929 um die Zeit der anfänglichen Freundschaft zu Sartre ereignete.

Durch ihre eigene Unreife, gewisse Charakterzüge und die Situation, in der sich Simone de Beauvoir befand, war sie also prädisponiert, die ungewöhnlichen Konditionen des Liebespaktes zu akzeptieren. Trotzdem liegt es nicht fern, anzunehmen, daß ein Mensch mit großer Selbstachtung und ausgeprägtem Stolz sich gegen die Zumutungen dieses Paktes zur Wehr gesetzt und schließlich auch seine Empörung hierüber berichtet hätte.

Nach und nach fügte sich Simone de Beauvoir ganz dem Lebensstil Sartres. Seine Amouren, von denen sie zunächst wenig Kenntnis erhielt, erfüllten sie einerseits mit Unsicherheit und Unruhe, doch als Bestandteil ihres Paktes wagte sie nicht, gegen sie Einspruch zu erheben.

In der Zeit ihrer Lehreranstellung in Rouen lebte sie in primitivsten Verhältnissen in einer Absteige (die offenbar auch als Stundenhotel frequentiert wurde) namens «Petit Mouton». Selbst über Ratten und schmuddelige Bettwäsche empfand sie keine Ekelgefühle, die sie für berichtenswert hielt.

Offenbar scheint sich Simone de Beauvoir an diese Atmosphäre und die Gesellschaft ihrer «Puffmutter» und deren Gäste schnell gewöhnt zu haben.[51] Die Umgebung dieses

Hotels wurde zum Schauplatz der Dreierbeziehung zwischen Olga, Sartre und ihr.

a. Schlüsselerlebnisse und ihr Niederschlag im Werk Beauvoirs

Sartres Absolutheitsanspruch

Die Anerkennung von Sartres Willen, die sich im Eingehen auf seine Paktbedingungen deutlich offenbart, nötigte Beauvoir, ihre Anpassungsfähigkeit auszubauen. Kam sie Sartre anfänglich ohnehin durch ihre charakterliche Disponierung entgegen, so war sie später gezwungen, diese «Fähigkeiten» der Unterordnung und des Verzichts zu verstärken, um den Bestand der Bindung nicht zu gefährden. Sartres unerschütterlicher Wille und geradezu prophetische Selbstsicherheit sind der geeignete Anlaß für die ichschwache junge Frau, sich seinen Wünschen zu fügen. Sartres freizügiger Umgang mit anderen Frauen belastete Beauvoir sehr, denn sie hatte stets die berechtigte Furcht, eine andere würde sie eines Tages auf Platz zwei in Sartres Rangliste verdrängen, sofern sie dies nicht schon durch den Seitensprung an sich als geschehen wertete. Zwar sprach sie sich mit ihren Betrachtungen von der Inferiorität der Amouren Sartres Trost und Mut zu, doch eine derartige rationale Bewältigung ihrer Unsicherheitssituation konnte keine dauerhafte Zufriedenheit und psychische Ausgeglichenheit bringen. Doch da sie sich nun einmal den Bedingungen des Paktes unterworfen hatte, war ihr Schicksal beständiger Angst vor dem Verlassenwerden vorgezeichnet. Das zermürbende Gefühl, eines Tages völlig aufgegeben zu werden und einsam und verlassen zu sein, wurde Beauvoir zur Grundbefindlichkeit ihres Lebens.
Angstvoll versuchte sie nun, statt sich zur Wehr zu setzen und Ansprüche ihrer Person geltend zu machen, Sartres Vorstellungen und Anforderungen an eine «akzeptable» Frau möglichst zu entsprechen.

Aus der Bewunderung männlicher Eigenschaften als der eigentlich wertvollen Fähigkeiten des Menschen, wie sie Beauvoir beispielsweise in der Rationalität sah, wurde in ihrer Theorie rückhaltlose Verherrlichung.[52] Beauvoir setzte tatsächliche und vermeintlich männliche Eigenschaften absolut und versuchte sie zu imitieren, mit der erstrebten Wirkung, sich vor Sartre als annehmbare Gefährtin zu legitimieren.

Die Kultivierung von Werten und Fähigkeiten, die Sartres Ansprüchen genügen, wurde für sie zum Mittel der Anerkennung. Beauvoirs Anpassung an Sartre gelang nahezu vollständig. Geistige wie psychische Bedürfnisse Sartres genossen bald absoluten Vorrang. Ihr mußte es genügen, Sartre zufriedenzustellen. Ihre Bedürfnisse nach Liebe und Treue fanden keine Berücksichtigung. Während dieses Vorgangs der Adaption verkümmerten ihre weiblichen Eigenschaften und Fähigkeiten zugunsten Sartres Ansprüchen und Lebensstils.

So verlor Beauvoir sukzessiv die eigene frauliche Identität. Vor dem Hintergrund der Tatsache, daß Sartre keine Familie gründen wollte, erscheint es nicht weiter verwunderlich, daß Beauvoir dies ebenfalls ablehnt. Mit allen anderen entscheidenden Anschauungen über Lebensführung und Weltsicht verhält es sich nicht anders.

Die Gemeinschaft mit Sartre erforderte also nicht im geringsten, weibliche Eigenschaften als Gegenpart und Ergänzung des Männlichen zu entwickeln und zu behaupten. Damit ist hier bereits die Aussage des «Anderen Geschlechts» angelegt, es gäbe keine originär weiblichen Eigenschaften, sondern nur allgemein menschliche, wie sie in der männlichen Transzendierung zum Ausdruck kommen. Verkümmerung weiblicher Eigenarten und Betonung männlicher Eigenschaften, wie sie Beauvoir bei Sartre in reiner Form zu erblicken glaubte, sind die Kehrseiten ein und derselben Medaille. Die Quelle dieses Verhaltens war das Zuwendung heischende Bemühen, ihrem Idol Sartre zu genügen. Dieses auf Sartre hin projektive Verhalten der Beauvoir hatte im Verlauf der Beziehung eine unterwürfige Bindung an Sartre zur Folge und steigerte sich bis zur Hörigkeit.

Aus der geistig-seelischen Verfassung des Menschen ist unschwer abzuleiten, daß mit der Preisgabe wesentlichster Ansprüche der eigenen Person bei gleichzeitiger Überidentifikation mit den Eigenschaften einer anderen Person eine Beeinträchtigung des Selbstwertgefühls und damit ein Verlust an geistig-psychischer Gesundheit einhergeht. Von der Verherrlichung männlicher Eigenschaften bis zum bedingungslos dringlichen Erfordernis, die Eigenschaften ihres weiblichen Ichs abzustreifen, beschritt Beauvoir einen konsequenten Weg. Die damit verbundenen psychischen Kämpfe kehren als Themen in «Das andere Geschlecht» wieder. Dort wird die Notwendigkeit «erkannt», daß sich Frauen grundsätzlich zu wandeln hätten. Das Unvermögen Simone de Beauvoirs, sich von den Mißhandlungen und Kränkungen durch Sartres Untreue freizumachen, führte bei ihr zu inneren Auseinandersetzungen, die schließlich nach außen traten. Was sich also in ihrem Lebenszusammenhang als Symptome psychischer Überlastung äußerte, wandelte Beauvoir zur feministisch-logischen Weltanschauung.

Reflexionen über ihre Lage (die sich direkt in ihren Memoiren wiederfinden) müssen sie selbst in die Nähe der Einsicht geführt haben, daß diese Ausbrüche von Krankheit auf das von ihr anerkannte Grundprinzip ihres Lebens zurückzuführen seien. Sich einzugestehen, daß ihre Fügsamkeit in die Konstellation der «Liebesbeziehung in Freiheit» diese negativen Auswirkungen hervorrief, hätte das Eingeständnis erfordert, ihre Einwilligung in diese Art des Zusammenlebens sei falsch gewesen. Diese Kritik hätte sich letztlich jedoch gegen Sartres Anschauungen, seine Wünsche, gegen seine *façon de vie* gerichtet, also letztlich gegen Sartre selbst. Zu so grundlegender Kritik, die in der Konsequenz eine Trennung möglich gemacht hätte, war Simone de Beauvoir nicht mehr fähig, da ihr Prozeß der Überidentifikation mit Sartre zu weit fortgeschritten war und ein Eingeständnis dieser persönlichen Niederlage nicht nur großen Mut erfordert, sondern auch große Schmerzen bereitet hätte. In dieser Situation kam es zum Wunsch der Verdrängung dieses belastenden Sachverhalts. Statt sich selbst über die Ursachen ihrer exogen bedingten Krankheit schonungslos Rechenschaft abzulegen, wandte Simone de Beauvoir ihre psychischen Konflikte nach außen. In «Das andere Geschlecht» kehren sie wieder als der Versuch, quasi an anderer Stelle des «Schlachtfeldes» die Bewältigung ihrer Probleme doch noch zu erringen. Beauvoirs Reflexionen über das Sein der Frau stehen also in unmittelbarem Zusammenhang mit ihren Reflexionen über das eigene Schicksal. Das raffiniert konstruierte Werk ist die Abwälzung ihrer unbewältigten Konflikte auf ein Buch, das der Menschheit zeigen sollte, wie sie, Simone de Beauvoir, ein neues, fortschrittliches und einzig wahres Frausein mit gutem Beispiel vorlebte. Mit der radikalen Umdeutung der Realität insbesondere des Frauseins ließ sich eine Übereinstimmung des eigenen Schicksals mit eben dieser Realität erzielen. Das vermochte die endgültige Entlastung und Rechtfertigung für ihr Leben zu erbringen. Zu einer realitätsnahen Aufarbeitung und Lösung ihrer Probleme waren Beauvoir durch Sartres Dominanz die Hände gebunden. In ihrem Leidensdruck aus Erniedrigung und Vereinsamung fürchtete sie Sartres Willkür. Statt aber durch offene Konfliktaustragung Grund haben zu müssen, ihn zu fürchten, zog sie vor, in ihm um so mehr ihr Heil zu sehen, je abhängiger sie von ihm wurde; eine Haltung, die auf der Hand lag. Die Umstände für eine Umkehr oder Lossagung von Sartre waren denkbar ungünstig. Selbst wenn Beauvoir es realistisch angestrebt hätte, sich zu behaupten, wäre sie vor fast unüberwindlichen Schwierigkeiten gestanden, da sie die Brücken in ihre alte Welt konsequent hinter sich abgebrochen hatte. Sie hatte sich ja mit Sartre gegen die bürgerlichen Werte verbündet. Sie hatte ja ganz auf Sartre gesetzt, den sie zumindest anfangs auch liebte. Doch Sartre erwies sich im Verlauf der Beziehung recht bald als eben das, was er als sein Image pflegte: als eheloser, kinderloser, familienloser, heimatloser und werteloser Mensch. Die eigene Charakterisierung seiner selbst bewahrheitete sich grausam, mag Beauvoir auch zu Anfang auf eine Liebesbeziehung gehofft haben, die alles ändern würde.

Doch sie hatte den unwiderruflichen Fehler begangen, Sartre in seinen Neigungen entgegenzukommen und so ihre eigene Entrechtung und Ausbeutung vorzuprogrammieren. Ist vielleicht das «Sie», mit dem sie Sartre zeitlebens anredete, Ausdruck einer hilflosen Distanzierung? Wenn nach Beschreibung Beauvoirs in «Das andere Geschlecht» Männer und Frauen stets im Kriegszustand gegeneinander leben, Frauen jedoch (bisher) immer die Unterlegenen waren in einem ungleichen Kampf mit den Herren des Patriarchats, so sind das entsprechende Anklänge, die durch ihre Lebenserfahrung mit Sartre erklärlich werden.

Die Untreue Sartres

Einen ersten Höhepunkt erfuhr die Deformierung der psychischen Gesundheit Simone de Beauvoirs während der Affäre Sartres mit Olga. Beauvoir erlebte das Geschehen zwischen Olga und Sartre unmittelbar mit. Die Situation war für sie zunächst überschaubar und «handhabbar», da sie sich ihrer Schülerin überlegen fühlte. Erst als sich abzeichnete, daß Olga und Sartre ein Paar werden, versuchte Beauvoir, die Dinge zu ihren Gunsten zu beeinflussen, scheiterte jedoch bald – an sich selbst.

Ihren Memoiren nach zu urteilen, ist es nur ein kurzes Aufbäumen gegen Sartres Egoismus. Ohne nennenswerten Kampf fügte sie sich in Sartres Ratschluß. Weder hegte sie nun offene Aggressionen gegen Olga noch gegen Sartre. Olga war ja hinreichend durch Sartre legitimiert, dessen Willen Simone de Beauvoir ohne Abweichung respektierte. Das in ihr entflammte Gefühl der Zurücksetzung kehrte sie nicht gegen seine Verursacher, sondern gegen sich selbst. Die in diesen mißlichen Geschehnissen aufgetretenen Aggressionen verdrängte Simone de Beauvoir in das

Unterbewußtsein, von wo sie eine zerstörerische Wirkung entfalteten. Eine Art psychischer Selbstzerfleischung führte zu den genannten manifesten Symptomen, die Simone de Beauvoir sogar selbst als Krankheit anspricht, ohne aber fähig zu sein, das Erlebnis der Untreue offen dafür verantwortlich zu machen. Nun begann Beauvoir einen aktiven Schutzmechanismus zu entfalten, der es ihr ermöglichen sollte, die Kränkungen zu ertragen. Beispielsweise versuchte sie, Sartres Affären als lediglich sexuell bestimmte und damit inferiore Leidenschaften herabzuspielen.

Wenn Simone de Beauvoir mehrmals aufgrund dieser ihre Beziehung zu Sartre relativierenden Konstellationen der Konkubinate schwer erkrankte, ohne allerdings ihre Lebensführung zu verändern, so muß das als Zeichen der Verdrängung gewertet werden. Das Herabspielen von Sartres Amouren ist ein probates Mittel hierzu. Hier nun ist der Grundstein gelegt für Simone de Beauvoirs Ansicht, Sexualität sei grundsätzlich inferior, d.h. ein Geschehen ohne Sinn und Ziel, und sexuelle Begierden seien ohne weiteres auch homosexuell abzureagieren. Sie war geradezu gezwungen, diese Meinung zu kultivieren, andernfalls hätte sie sich ihre Kapitulation vor Sartre eingestehen müssen.

In ihrer persönlichen Niederlage entstand die Idee ihrer «Ausnahmebeziehung» zu Sartre. Denn unbeschadet der Beziehung Sartres zu anderen Frauen konnte Beauvoir (mindestens in ihrer eigenen Vorstellung) die erste Stelle bei ihm einnehmen, wenn es ihr gelänge, diese anderen Beziehungen zu diskreditieren. Sie ließ vor sich selbst und vor anderen (verbal) keinen Zweifel daran, daß beim Vergleich der anderen Beziehungen Sartres mit ihrer Verbindung die ersteren die sekundären sind. Doch ganz so zweitrangig können sie nicht gewesen sein, sonst würde sie sich nicht so sehr echauffiert haben. Dieses Verhalten ist ein Beispiel dafür, daß im Gleichklang mit der praktisch kampflosen Hinnahme ihr unerträglicher Verhältnisse eine phantasierende Konfliktbewältigung einsetzte, die ihre Defizite bei der Selbstbehauptung ausgleichen sollte. Von der charakterlichen Disposition (zu Anfang der Beziehung) über eine erste entscheidende Kapitulation in Form des Paktes mit Sartre bis hin zu einer Situation psychischer Dauerbelastung steigert sich die Aggressionshemmung Beauvoirs stetig.

Ihre unhaltbare Situation wirkt nun quasi als Geschwür, das Metastasen aussendet: Aus der lebensfreudigen, offenen jungen Frau wird zusehends ein von Mißtrauen gejagter, von Haß und Angst erfüllter Mensch. Auch schon geringfügige Anlässe genügten, hysterische Anwandlungen hervorzubringen, wie sich beispielsweise an den Weinkrämpfen[53] sehen läßt.

Die schmerzliche Ernüchterung über ihre Beziehung zu Sartre mußte sich zwangsweise zu illusionslosem, mutlosem Mißtrauen und Haß gegen jede mögliche Rivalin steigern, da sie sich offensichtlich außerstande sah, eine von Grund auf durchgreifende Revision ihrer Beziehung durchzuführen.

Statt dessen ergab sie sich mit der Willenskraft der Verzweiflung in ihr Schicksal und versuchte, im intensiven Akzeptieren der Verhältnisse und in der Ausschöpfung der ihr unter diesen Nebenbedingungen gegebenen Möglichkeiten eine Besserung, sprich Entlastung, herbeizuführen. Sie fügte sich also den Verhältnissen, die Sartre konzipiert hatte. Dieses Sichfügen umfaßt dabei nicht nur die Herabsetzung der Sexualität, um Sartres Affären herabspielen zu können. Genauso notwendig war es, den Wert der Mütterlichkeit und das mögliche «Produkt» der inferioren, rein triebhaft bedingten Begegnung, das Kind selbst, als inferior zu begreifen.

Die Affären Sartres mit Olga und Dolores (= «M.») und anderen Frauen waren für Beauvoir trotz ihres Selbstschutzmechanismus' andauernde, zermürbende Belastungen. Simone wurde sich im Verlauf des Trios mit Olga bewußt, daß ihre Rivalin im Begriff steht, ihr Glück mit Sartre zu rauben. Wenn sich Antipathien gegen Olga einstellten, die sie mit *«mehr als Eifersucht»* beschrieb, so ist nicht schwierig nachzuvollziehen, daß es sich eben um eine ganz gewöhnliche und natürliche, haßerfüllte Eifersucht han-

Simone de Beauvoir zusammen mit ihrem Lebensgefährten Jean-Paul Sartre in einem Pariser Bistro. Simone de Beauvoir starb am 14. April 1986 im Alter von 78 Jahren im Hospital Cochin in Paris.

Jean-Paul Sartre, der als Zeuge berufen war, und Simone de Beauvoir am 27. Mai 1970 vor dem Betreten des Gerichtshofes in Paris, wo der Prozeß um die linksextreme Zeitung «La Cause du Peuple» stattfindet.

delte, wie sie auch bei anderen Menschen in dieser Situation auftreten kann. Wieder klingt in Beauvoirs Formulierung das Bemühen an, sich selbst durch das Besondere der Andersartigkeit hervorzuheben und zu schützen. Vergegenwärtigt man sich, daß Beauvoir und Sartre bereits bei Eingehung ihres Paktes diese besondere «gleiche Art» beschworen, wird einsichtig, daß diese Ausflucht nicht von ungefähr kam.

Statt der Bewältigung ihrer Konflikte durch die persönliche Auseinandersetzung mit Sartre und Olga versuchte Beauvoir, die Sache mit sich selbst «abzumachen». Ihr Metier der Schriftstellerei legte es nahe, die gehemmten Aggressionen doch noch auf ihre spezifische Art nach außen zu wenden. Die Behandlung und Läuterung ihrer mißlichen Lage in dem Roman «Sie kam und blieb» war zunächst das geeignete Ventil dazu. Beauvoir kommentierte in ihren Memoiren, daß die darin beschriebene Handlung und Aussage im Zusammenhang mit der Tatsache steht, daß ihre Welt so sehr aus den Fugen geriet, daß sie sich auch schüchtern fragte, ob ihr Glück mit Sartre nicht auf einer großen Lüge beruhe. Jedenfalls ermöglichte ihr dieser Roman, die Affektionen auszuleben, die ansonsten weiter hätten unterdrückt werden müssen. Als Françoise nimmt Simone de Beauvoir Rache an Olga, indem sie sich an der entsprechenden Romanfigur vergreift. So erfährt sie eine tiefe Befriedigung, weil sie ihre Wünsche nach Auslöschung der Rivalin ausleben kann, wenn auch nur in der Phantasie. Bei der Gestaltung des Romans stand Simone de Beauvoir ihre sprachlich-intellektuelle Begabung zu Gebote, die es ihr erlaubte, aus einem gewöhnlichen Eifersuchtsmord eine intellektuell und philosophisch klar zu rechtfertigende, rationale Tat werden zu lassen. Bei ihrer Argumentation verläßt sie nicht den philosophischen Raum des Existentialismus.

Die Tat mag nun den Lesern als Exekution erscheinen, die in kühler Erwägung geschah:

«Allein. Sie hatte allein gehandelt. Allein wie der Tod. Eines Tages würde Pierre es erfahren. Aber auch er würde

von ihrer Tat nur die Außenseite kennen. Niemand konn-
te sie verurteilen oder ihr vergeben. Ihre Tat gehörte nur
ihr. ‚Ich will es'. Ihr Wille vollzog sich in diesem Augen-
blick, nichts trennte sie mehr von sich selbst. Sie hatte
endlich gewählt. Sie hatte sich gewählt.»[54]
Simone de Beauvoirs Selbstbehauptung vollzog sich also
mehr und mehr in ihrer Phantasie. Der entschieden atheistische Existentialismus Sartres gab ihr Worte und Denk-
schemata an die Hand, die sie in die Interpretation des
Lebens hineinwob, bis eine konsequent absurde Welt vor
ihren Augen entstand, mittels derer «therapeutische»
Mordtaten rechtfertigbar wurden. Hierdurch konnte der
auf ihrer Psyche liegende Druck weichen; es bleibt die Frage, wie lange diese Art der Entlastung andauern konnte.
Möglicherweise diente dieser Roman auch dazu, Jean-Paul
Sartre vor Augen zu führen, wie sehr sie gekränkt war.
Doch dies ist eine Hypothese, die sich nicht beweisen läßt.

Aus dem Argwohn gegenüber der Gesamtheit der anderen
Frauen, die ja im Prinzip alle Rivalinnen ihres Glückes
waren, entstand in Simone de Beauvoir mit der Zeit Haß.
Dieser Haß äußert sich in der entschiedenen Ablehnung
jener weiblichen Lebensinhalte[55], die Simone de Beauvoir
unerfüllt blieben, wie Schwangerschaft, Kindergebären
und -aufziehen und anderes mehr, die sie aber bei den Rivalinnen, also praktisch allen anderen Frauen, als negative
und erniedrigende Sklavenarbeit und Ausbeutung und dergleichen mehr brandmarken kann.
Als Nebeneffekt wird hierdurch die Geschichte der eigenen Besonderheit gestützt. Ihre Kinderlosigkeit, ihre Ehe-
und Familienlosigkeit werden als bewußte Wahl dargestellt. In Wirklichkeit zwang die Situation, welche die «un-
selige Erfahrung des Trios» hervorbrachte, Beauvoir zu einem Leben, das sie sich so nicht entworfen hatte. Das hilf-
lose Durchleben der Ereignisse hinterließ Simone de Beauvoir als eine gebrochene Frau. Sie gab sich und ihre Ehre
im Verlauf der Dreieraffären und anderer Erlebnisse so
weitgehend auf, daß ihr tatsächlich nur noch die Welt der

Phantasie blieb, um ihr persönliches Gleichgewicht wenigstens halbwegs zu gewährleisten.

In der Zeit, als Sartre vorzog, mit M. zusammenzuleben und sich Beauvoir voller Frustrationen mit Nelson Algren liierte, erhielt ihre Aversion gegen alles Weibliche eine entscheidende Stimulierung. Wieder ist die schmähliche Zurücksetzung durch Sartre Auslöser von Verzweiflung, wieder zeigt sich, daß Beauvoir nicht wirklich von Sartre gehalten ist.

Simone de Beauvoirs Wertschätzung ihrer eigenen Person mußte durch diese Affäre Sartres einen erneuten Tiefpunkt erfahren. Zwar ist nicht auszuschließen, daß Beauvoir u.U. gegenüber derlei Erfahrungen abstumpfte, doch an ihrer fiebrigen Reaktion, Wärme und Geborgenheit bei irgendeinem Mann zu finden, können wir nachvollziehen, daß auch diese erneute Zumutung eine weitere Versehrung ihrer Persönlichkeit bedeutete.

«Das andere Geschlecht», das Beauvoir 1946 begann und zum Teil während der Beziehung zu Nelson Algren schrieb und 1949 vollendete, als die Beziehung zu ihm bereits zum ersten und entscheidenden Mal abgebrochen war, spiegelt die Beauvoirsche Feindlichkeit gegenüber allem Weiblichen wieder. Durch das (vorbestimmte) Scheitern der «normalen» Liebesbeziehung zu Algren erhielt Beauvoir diejenigen Impulse, die ihre psychische Disposition für dieses Werk vollendeten. Denn nun stand sie effektiv vor dem Rechtfertigungsdruck, ihre Ablehnung des normalen Lebens bei gleichzeitiger Akzeptanz der Leiden unter Sartre einsichtig zu machen. Sie konnte keineswegs eingestehen, daß ihr Leben mit Sartre sie in ein Chaos und an den Rand ihrer psychischen Existenz gebracht hatte. Nein, ihr Leben sollte gelungen sein. Mit dem Eifer des Rehabilitanten, dem durch die Welt großes Unrecht geschah, machte sie sich daran, eine in dieser Weise nicht dagewesene Umwertung vorzunehmen, welche die ganze bisherige Welt als falsch entlarvt und nur eine Frau kennt, die «richtig» ist, die dem Gegenentwurf einer «objektiven» Guten Neuen Welt voll entspricht.

Die Abtreibung ihrer Kinder

Simone de Beauvoir brüstete sich 1971, zweimal abgetrieben zu haben. Schon 1949 hatte sie freie Abtreibung in «Das andere Geschlecht» idealisiert und zum allgemeingültigen Frauenrecht erhoben.

Beauvoir hatte zwar mehrere intime Beziehungen zu Männern (so zum Beispiel auch zu dem um 20 Jahre jüngeren Claude Lanzmann, während Sartre mit Michele Vian liiert war), wollte aber die aus diesen Beziehungen oder aus der Beziehung zu Sartre entstandenen Kinder nicht annehmen. Die zentrale Stellung der Abtreibung in ihrem Gedankensystem wird durch den Vorfall der Abtreibung ihrer eigenen Kinder einsichtig.

Daß für Simone de Beauvoir das Thema Abtreibung von größter Wichtigkeit ist, dafür sprechen auch ihre Vehemenz und das Engagement, wenn es um dieses Thema geht. Nicht nur bezeichnete sie ein Abtreibungsverbot als den *«größten Skandal, den es überhaupt gibt»*, sondern stellte darüber hinaus ihre Wohnung zur Vornahme von Abtreibungen zur Verfügung.[56] Das Bild, das wir durch diese Informationen über Beauvoir gewinnen, verdeutlicht uns ihr destruktives Wirken, das sie aufgrund ihrer internationalen Berühmtheit zu einer der bedeutendsten Vorkämpferinnen der legalen Kindestötung werden ließ.

Die Bewältigung ihrer mißlichen Lebenssituation geschah also nicht nur allein im Rahmen ihrer Phantasie, sondern nahm zusehends gewalttätige Formen an, die sich bis zu der Tötung ihrer eigenen Kinder steigerte. Ferner setzte sie diese Zerstörungswut in der Unterstützung der Abtreibungskampagnen der frühen 70er Jahre fort.

Im folgenden sollen diejenigen psychischen Erscheinungen (wenigstens teilweise[57]) untersucht werden, die Simone de Beauvoir dazu bewogen, einen äußerst ungewöhnlichen Weg der «Selbstbehauptung» mit Hilfe des «Anderen Geschlechts» zu beschreiten, wie es nur einem sehr begabten Menschen möglich ist.

3. Simone de Beauvoirs Eigentherapie als Versuch zur Bewältigung ihrer Konflikte

Das Bemühen Simone de Beauvoirs, in ihrem literarischen Werk einen befreienden Schlag gegen ihre Belastung und alpdruckhaften Herausforderungen zu setzen, hat System. Indem sie sich mit den Erscheinungen der Untreue, der Eifersucht und dem Thema der zerstörerischen, in ihren Augen aber gerechtfertigten Art von Freiheit auseinandersetzte, therapierte sie sich selbst. Beauvoir machte sich selbst begreiflich, wo ihr Leid herrührte und wie sie es zur Auflösung bringen konnte. Konstellation und Begleitumstände der literarisch nachgebildeten Dreieraffären sind exakt dieselben wie die ihres Lebens. «Das andere Geschlecht» ist Abbild ihrer Lebenserfahrung und zugleich Nachbildung der existentialistischen Philosophie. War Beauvoir ihrem Leben aufgrund von Unterlegenheit und Passivität gegenüber Sartre nicht gewachsen, so war sie nicht untätig, unter den (für sie unveränderlichen) Vorzeichen ihres Lebens doch bestehen zu können. Mit der Tapferkeit der Verzweiflung versuchte sie nun, ihre Imagination, ihren Wunsch von einer befreiten und würdevollen Frau Wahrheit werden zu lassen.

Im weiteren soll unter dem Aspekt ihrer Eigentherapie vertieft untersucht werden, weshalb ihre «wissenschaftliche Abhandlung» zwangsläufig in Destruktivität münden mußte.

Durch die erlittenen Erniedrigungen wurde Beauvoirs psychische Gesundheit in Mitleidenschaft gezogen. Wenngleich die Phasen, in denen die Krankheit offen zu Tage trat, u. U. eine kurzfristige Entlastung für sie waren, so stellte sich der intelligenten Beauvoir nach Überwindung des Schlimmsten doch sogleich die Frage, wie es nun weitergehen sollte, da sich die Rahmenbedingungen ihrer Beziehung nicht geändert hatten. In ihrem angegriffenen Gesundheitszustand führten sie ihre Konflikte zu einem Kompensationsdruck, der von ihr verlangte, ihre Ehre in Abgrenzung zur Außenwelt und zu sich selbst zu verteidigen.

Da eine unmittelbare Revision der äußeren, realen Verhältnisse nicht möglich schien, flüchtete sich Beauvoir in eine Phantasiewelt. Statt die Realität zu bewältigen, vergewaltigte Beauvoir die natürlichen Ansprüche der eigenen Person. Sie rebellierte nicht gegen Sartre, so wie sie nicht wirklich gegen ihre Eltern rebelliert hatte. Doch ihre Ehre verlangte es endlich, berücksichtigt und gewürdigt zu werden, nachdem sie so lange und schmerzlich mit Füßen getreten worden war. So entschloß sich Simone de Beauvoir zur Abänderung der Realität. Sie begab sich an das in dieser Art beispiellose Unternehmen, die Welt sich und ihrem Schicksal anzupassen. Wenn sie selbst keine Rechtfertigung in dieser so gearteten Welt finden konnte, so sollte die Welt nach ihrer Umgestaltung gemäß den eigenen Vorstellungen sie rechtfertigen. Die Fähigkeiten und Talente zu diesem ungeheuren Werk brachte Simone de Beauvoir in ausreichendem Maße mit.

«Das andere Geschlecht» ist auf seine Weise ein logisches, großartiges System und mit Recht als ein ganz großes, vielleicht das größte Werk des Neuen Feminismus zu bezeichnen. Es gibt sogar die Meinung seriöser Wissenschaftler, die es für das bedeutendste Werk halten, das bisher über die Frau geschrieben wurde.[58] Die Beobachtung von Eigenheiten des Beauvoirschen Lebens und ihrer Auswirkungen lassen ein Schema erkennen, das sich im Verlauf ihres Lebens verfestigte und welchem Beauvoir in ihren Handlungen folgte. Am Beginn ihres Schaffens steht als Ausgangspunkt die pathogene Situation ihrer Liebesbeziehung zu Sartre. Im Verlauf ihrer psychischen Überlastungszustände beginnt Simone de Beauvoir, ihre drohende psychische Krankheit abzuwehren. Dies geschieht mit realitätsfernen Ersatzhandlungen. Schließlich beschneidet sie die Realität in ihren Theorien, bis sie deckungsgleich ist mit dem eigenen Schicksal. Damit hat Beauvoir ein Ventil gefunden, um sich der Anfechtungen durch die Welt und ihres eigenen Anspruchs einer gesunden Selbstbehauptung zu erwehren.

a. Simone de Beauvoirs Abwehrversuche – Motive und Mechanismen

Man muß annehmen, daß Beauvoir ihre irreparable Festlegung auf die Bedingungen des Pakts, ihre Hilflosigkeit sehr deutlich empfand. Dies mußte eine weitere Frustration darstellen und zu einer weiteren Steigerung ihrer psychischen Konflikte beitragen.

So versuchte sie nun die persönlichen Folgen und ihre entsprechenden inneren Konflikte abzuwehren, die aus der mangelnden Bewältigung ihrer pathogenen Situation herrührten.

Die Motive, welche sie zu diesen Abwehrversuchen führten, sind vielfältig: Haß gegen die Rivalinnen, der sich zum Haß gegen Weiblichkeit schlechthin entwickelte; Neid gegenüber Frauen, die sich den Anspruch ihrer sinngeprägten Geschlechtlichkeit erfüllten; Rechtfertigung vor sich und der Welt, um erklären zu können, weshalb sie, Beauvoir, ein derartiges, unkonventionelles Leben «wählte»; Haß gegenüber Männern, da sie Erniedrigung durch einen Mann erfahren mußte, den sie zu Anfang liebte, ein Haß, der sie zu der berühmten These bewegte, daß Männer das Patriarchat und den Mythos des Weiblichen erfanden, um die Frauen zu unterdrücken.

Neben der Vielgestaltigkeit ihrer Abwehrmotive können verschiedene mit ihnen korrespondierende Abwehrmechanismen spezifiziert werden. Aus der Reihe bewußt und unbewußt eingesetzter Abwehrmittel sticht der Mechanismus der Rationalisierung hervor. Sowohl Intellekt als auch Bildung legten Beauvoir das Instrument der Rationalisierung, sprich der (scheinbar) vernünftigen Erklärung ihrer ungewöhnlichen Regungen und Handlungsweisen, nahe. «Das andere Geschlecht» selbst ist das Produkt ihres raffiniert ausgeklügelten Abwehrsystems.

Ein weiterer neurotischer Abwehrmechanismus, der im Verlauf dieser Ausführungen deutlich wurde, ist die Identifikation. An entsprechender Stelle wurde bereits darauf hingewiesen. Indem Simone de Beauvoir Meinungen,

Wünsche, Bedürfnisse und Interessen Sartres übernimmt und für die eigenen erklärte, während sie die eigenen Ansprüche völlig vernachlässigte, lavierte sie sich an der notwendigen Auseinandersetzung mit Sartre vorbei. Statt ihn fürchten zu müssen, wollte sie ihm lieber in allem entgegenkommen, so weit, bis von ihrer Person kaum noch als von einer selbständigen Persönlichkeit gesprochen werden konnte.

Weiter dürften den Mechanismen der Verkehrung und Verschiebung in Kombination mit der vorher erwähnten Rationalisierung große Bedeutung zukommen. Betrachten wir beispielsweise die von Beauvoir negativ belegten Lebensinhalte, wie Schwangerschaft und Kindergebären. Für Beauvoir blieben diese weiblichen Lebensinhalte und spezifisch weiblichen Fähigkeiten unerfüllt. Die Unfreiwilligkeit dieses Zustandes wandte sie zu einem «offenbaren Sieg» ihres Willens, indem sie aus ihrer Unerfülltheit (und ihrem Haß) die vehemente Ablehnung weiblicher Eigenheiten machte. Dies muß weitere Konflikte nach sich gezogen haben. Deswegen schilderte sie die genannten weiblichen Charakteristika als erniedrigende Phänomene und suggeriert, daß alles andere, nur nicht Weiblichkeit, erstrebenswert sei.

Abtreibung ungeborener Kinder als positiv, ja als ideales Mittel zur Befreiung der Frau darzustellen, hat unter anderem in diesen Mechanismen seine Wurzeln.

Die Ablehnung des Kinderhabens, des Familienlebens und der Entfaltung weiblicher Eigenwerte überhaupt ist die ihr und ihrem Lebensschicksal gemäße charakteristische Art der Selbstbehauptung.

b. Simone de Beauvoirs Korrektur der Realität

Als sich Simone de Beauvoirs Unvermögen abzeichnete, Sartres egoistischen Ansprüchen wirksam entgegenzutreten, war bereits der Grundstein gelegt, die Realität zu demontieren. Soweit das Instrumentarium zu einer großangelegten Korrektur, d.h. Neuinterpretation der Welt im Sinne ihrer Bedürfnisse, nicht zur Verfügung stand, erfand sie einfach passende Interpretationen der Wirklichkeit, was lediglich ihrer sprachlich-intellektuellen Fähigkeit entsprach. Nelson Algren mußte die Kluft zwischen Wirklichkeit und Beurteilung derselben durch Beauvoir schmerzlich am eigenen Schicksal nachvollziehen und bezeichnete das wortgewaltige Resultat der Bemäntelung dieser Lücke als den philosophischen Jargon Beauvoirs. In Algren haben wir deshalb einen Zeugen der beredten Beauvoirschen Verdrehungen.

Zwei Aspekte stechen in diesem Zusammenhang hervor. Zum einen diente eine sprachliche Neufassung bzw. Neuschaffung der Wirklichkeit der eigenen Therapierung, also einer Läuterung des eigenen Ichs, dessen unbewältigte Konflikte sich trefflich literarisch ausleben ließen. Zum anderen sollte nicht nur die eigene Person betört, sondern auch die Öffentlichkeit überzeugt werden, daß das traditionelle (und so völlig dem Lebensschicksal Beauvoirs widersprechende) Frauenbild vollkommen falsch sei.

In dem Ton der unumstößlichen Gewißheit, der die Beauvoirschen Behauptungen als reale Tatsachen präsentiert, ist keine Andeutung von Unentschiedenheit zu finden. Selbst bei Themen, die ihr fremd sind, pflegt Beauvoir einen souverän unbedingten Stil.

Simone de Beauvoirs fiktive Lebensbewältigung, die in ihrer notorischen Selbstrechtfertigung fußt, kombiniert Wahres mit Unwahrem, scharfsichtige Beobachtungen mit subjektiv-neurotischen Interpretationen.

Unvereinbare Gegensätze werden unterschiedslos im Brustton der Unerschütterlichkeit vorgetragen, eine Methode, die offenbar viele Menschen über vieles hinwegtäuschen konnte. Das Gelingen dieses gigantischen Täuschungsmanövers spiegelt sich nicht nur in der Popularität Beauvoirs und ihrer Gedanken wider, sondern auch in den Vorstellungen und Aktionen des modernen Feminismus, der bekanntlich Grundüberzeugungen, wie z.B. die notwendige Befreiung der Frau vom Mythos des Weiblichen wie auch andere Denkmuster, die durch «Das andere Geschlecht» vorbeschrieben wurden, den westlichen Gesellschaften einpflanzen konnte.[59]

4. Zerstörung als Lösungsvorschlag für Probleme[60]

«Das andere Geschlecht» ist erfüllt von revolutionären Forderungen. Frauen müssen sich gemäß dem männlichen Beispiel transzendieren, um volle Menschenwürde zu erlangen. Frauen müssen sich losmachen vom Mythos des Weiblichen. Frauen müssen sich befreien aus der Sklaverei durch Mutterschaft und Familienleben.

Die Lossagung vom Kinderbekommen als einer weiblichen Sinnbestimmung bedeutet aber die Auflösung der Mutter-Kind-Bindung. Die enge Kommunikation zwischen der Mutter und ihrem Kind, das ja innerhalb ihres Körpers heranwächst und später ihre besondere Pflege benötigt, wird vom Beauvoirschen Feminismus völlig verkannt.

In «Das andere Geschlecht» wird geistig die Trennung der Frau vom Mann vollführt. Da eine Bestimmung von Mann und Frau füreinander im Beauvoirschen System nicht existent ist, wird zwangsweise die Liebe zwischen Mann und Frau geleugnet, womit der Zeugungsakt zur bloßen Lustbefriedigung herabsinkt. Folgerichtig erhält die Homosexualität einen gleichrangigen Platz neben der Geschlechtlichkeit zwischen Mann und Frau. Simone de Beauvoir schafft also einen gegenseitigen Vorbehalt zwischen Männern und Frauen, indem sie ihre Zuordnung aufeinander diskreditiert. Offensichtlich gehört es als notwendiger Bestandteil zur Beauvoirschen Ideologie, daß Mann und Frau solange im Krieg gegeneinander liegen, wie die Frau sich nicht vom Mythos ihrer Wesensverschiedenheit vom Mann befreit hat.

Simone de Beauvoir löst die Vater-Kind-Bindung, denn indem sie grundsätzlich Würde und menschliche Qualität der Sexualität zwischen Mann und Frau leugnet, leugnet sie auch die verantwortliche Vaterschaft des Mannes. Indem sie Schwangerschaft zum alleinigen Problem der Frau macht, ist ein Kind die Angelegenheit der Frau, somit auch die Entscheidung, ob es leben darf oder abgetrieben werden solle.

Freie Abtreibung nach dem Wunsch der Frau erhebt Simone de Beauvoir in den Rang eines Rechtes, das jeder Frau zustehe. Damit spricht sie die Menschen einerseits von jeder Verantwortung gegenüber dem ungeborenen Kind und andererseits auch gegenüber der schwangeren Mutter los. Denn, ist ein ungeborenes Kind alleinige Sache der Frau, so darf sie konsequenterweise über es verfügen, und die Gesellschaft hat weder die Pflicht noch das Recht, der Schwangeren und ihrem Kind mit Hilfen zur Seite zu stehen.

Das «Recht der Frau auf Selbstbestimmung», sprich das Tötungsrecht am eigenen Kind, ist zum Axiom der feministischen Ich-will-Philosophie geworden, die alle ethischen Rückfragen und besonders die Infragestellung des Tötens von vorneherein verbietet.

In welch desolatem Zustand Simone de Beauvoir beim Verfassen ihrer Theorien gewesen sein muß, tritt nach diesen Betrachtungen deutlich hervor.[61] Die völlige Zerstörung menschlicher Bindungen, insbesondere die Trennung des Schicksals von Vater und Mutter und Kind, ist ein wesentliches Charakteristikum des «Anderen Geschlechts». Die natürliche Hinordnung von Mann und Frau aufeinander, ihre Beziehung zum gemeinsam gezeugten Kind, ihre Fähigkeit, Familie zu bilden, und nicht zuletzt die Integration der Individuen in die Gesellschaft – alles ist nach der Beauvoirschen Ideologie der Selbstwerdung der Frau nichts als Makulatur. Ja, werden diese traditionellen Verhältnisse nicht revolutioniert, so suggeriert Beauvoir, gibt es kein vollwertiges Menschsein für die Frauen.

5. Auswirkungen des Selbstbetruges

Sartre und Beauvoir hatten bei ihrem Pakt Grunderscheinungen des menschlichen Lebens wegdefiniert. Die Vorstellung eines allgemeingültigen Treueanspruches, wie er zwischen zwei Lebenspartnern natürlich ist, wurde ad acta gelegt und Eifersucht als unvernünftige Reaktion veralteter Moralvorstellungen geächtet. Sie beabsichtigten ein Leben als Ausnahmemenschen zu führen, das nach ganz anderen Gesetzmäßigkeiten gestaltet sein sollte, als es die verhaßten «bürgerlichen» Vorstellungen nahelegten.

Bald wurden sie vom Wesen des Menschlichen eingeholt, wobei die Zerstörung von Simone de Beauvoir fortschritt, während Sartre kaum Symptome zeigte, augenscheinlich, weil sich Beauvoir in der schwächeren Position befand.

Die Verdrängung essentieller Bedürfnisse führte bei Simone de Beauvoir zu Krankheit und seelischer Verstümmelung. Sartre und Beauvoir hatten unterschätzt, daß sich der Mensch nicht nach seinen Wunschvorstellungen kreieren läßt. Beauvoir wurde gefühlsarm und hartherzig und konnte Menschen im allgemeinen und wehrlosen Kindern im besonderen kein Gefühl der Güte mehr entgegenbringen. In diesem Zusammenhang ist die folgende Tatsache affirmativ und erschreckend: Simone de Beauvoir wurde nach dem Zweiten Weltkrieg einmal gebeten, einen Appell zu unterzeichnen, der einem zum Tode verurteilten Kollaborateur durch einen Gnadenerlaß das Leben retten sollte – sie verweigerte ihre Unterschrift...[62]

Der fortgesetzte Selbstbetrug, dessen Grundzug die Verdrängung natürlich-menschlicher Regungen war, wurde Beauvoir zur treibenden Kraft destruktiver Leidenschaften. Diese führten in dem oben dargestellten komplizierten Umsetzungsprozeß zu einer Gegenwelt, die durch Manipulation an den Grundgegebenheiten des Menschlichen entstehen konnte. In der Guten Neuen Welt Simone de Beauvoirs herrscht die Vereinsamung und das Recht des Rücksichtslosesten. Selbst vor der Tötung von Menschen machen die Anhänger des Beauvoirschen Reiches nicht halt. Weshalb sollten sie auch, da ihnen das feministische Glaubensbekenntnis doch ihren Willen als einzig relevanten Wert rechtfertigt.

D. ERGÄNZUNG ZUM PSYCHOGRAMM BEAUVOIRS

1. «Die Zeremonie des Abschieds» als Beleg für die Beeinträchtigung von Simone de Beauvoirs psychischer Gesundheit

Weitere Indizien für Simone de Beauvoirs gestörte Gesamtpersönlichkeit sind ihrem Buch «Die Zeremonie des Abschieds» zu entnehmen. In ihm beschreibt Beauvoir die letzten zehn Lebensjahre Sartres. Simone de Beauvoirs Stil der völligen Anteilnahmslosigkeit an Sartres körperlichem wie geistigem Niedergang könnte man als bewußt eingesetztes Stilmittel zur Hervorhebung der Ereignisse begreifen, wenn es nicht eben ihr Lebensgefährte wäre, den sie, so mag es scheinen, fast mit einer gewissen Genugtuung als langsam verendenden Menschen beobachtet.

Die schleichende Verschlechterung seines Gesundheitszustandes hinderte Sartre nicht, sich von einer gewissen Arlette gleichberechtigt mit Simone de Beauvoir pflegen zu lassen. Selbst als alter Mann behielt er die Lebensweise bei, die an Beauvoir deutliche Spuren der psychischen Zersetzung hinterlassen hatte. Im folgenden soll uns nur ein bestimmter Aspekt interessieren: die Ereignisse um Sartres Sterben im Jahre 1980.

Sartre, der an einem Lungenödem litt, hatte ab und zu Erstickungsanfälle, von denen der letzte seinen langsamen Tod einleitete. Bei eben diesem letzten Anfall rang Sartre stundenlang hilflos mit dem Tod, da ihn Beauvoir erst bei einem morgendlichen Besuch entdeckte.

Der Notarzt behandelte Sartre eine Stunde lang, bevor er in ein Krankenhaus transportiert werden konnte. Simone de Beauvoir, die eine Verabredung hatte, nahm diese nun wahr, ohne zu wissen, in welche Klinik Sartre gebracht würde.[63]

Später, während eines Krankenbesuches, versicherte Sartre, der wußte, daß er bald sterben werde, daß er sie sehr liebe, und reichte ihr den Mund zum Kuß. Simone de Beauvoir küßte ihn und kommentiert dieses Geschehen lapidar: *«Diese Worte, diese Geste, ungewöhnlich für ihn, wiesen auf seinen nahen Tod hin».*[64]

Sartre hatte sich infolge von Mangeldurchblutung am Rücken eine Krankheit (Gangrän) zugezogen, die den örtlichen Gewebstod bei erhaltenem Gesamtorganismus bedeutet. So war sein Siechtum noch in besonderem Maße unangenehm und schmerzhaft.

Als Sartre nach einigen Wochen im Beisein von Arlette gestorben war, eilte Beauvoir zu seinem Leichnam:

«Irgendwann habe ich gebeten, man möge mich mit Sartre allein lassen, und habe mich neben ihn unter die Decke legen wollen. Eine Krankenschwester hat mich zurückgehalten: ,Nein. Vorsicht... die Gangrän.' Erst da habe ich begriffen, was sein ,Schorf' wirklich war. Ich habe mich auf die Decke gelegt und habe ein wenig geschlafen. Um fünf Uhr sind Pfleger gekommen. Sie haben ein Tuch und eine Art Hülle über Sartres Leichnam gebreitet, und sie haben ihn fortgebracht.»[65]

Die Gleichgültigkeit Beauvoirs gegenüber Sartre ging in der Zeit vor seinem Tod so weit, daß sie sich nicht einmal für den Zustand und die Komplikationen der Krankheit ihres sterbenden Freundes interessierte. Trotzdem verspürte sie den Drang, seinem verfaulten Körper ganz nahe zu sein.

Beauvoir hatte nicht mehr jene liebevolle Beziehung zu Sartre, die den Anfang ihrer Beziehung prägte. Einmal mehr wurde ihre Bedeutung durch die gleichberechtigte Pflege Sartres durch eine andere Frau verringert. Das war ihr bewußt. So war denn auch nicht Simone am Bett Sartres, um ihm bei seinem Sterben die Hand zu halten, sondern die andere.

Was also war der Grund für die makabre Szene, die gekennzeichnet ist durch (vorherige) äußerste Gefühlskälte dem lebenden Sartre gegenüber und der nun scheinbar unwiderstehlichen Regung, der Leiche Sartres ganz nahe zu sein?

Der Widerspruch, sich einem Mitgefühl mit dem leidenden Sartre zu verschließen und nach seinem Tod sich unter die

Decke an seinen vermoderten Leichnam zu schmiegen, hat zeichenhaften Charakter für die Persönlichkeit Beauvoirs.

Im Angesicht des Todes kommt Beauvoirs tiefe Spaltung pointiert zum Ausdruck. Die Entwurzelung aus ihrem seelischen Gleichgewicht, die sich in der Schwankung ihrer Gefühle zwischen eisiger Gefühlskälte und Resten hilfloser Zuneigung gegenüber Sartre zeigt, war zeit ihres Lebens mit Sartre stimuliert worden.

Seit der Affäre Sartres mit M. hatte sich nichts Wesentliches mehr ereignet, das die Zersetzung der Persönlichkeit Beauvoirs hätte aufhalten können. Entsprechend führt uns der ihre «Zeremonie des Abschieds» abschließende Kommentar ihren psychischen Zustand noch einmal drastisch vor Augen:

«Sein Tod trennt uns. Mein Tod wird uns nicht wiedervereinen. So ist es nun einmal. Schön ist, daß unsere Leben so lange harmonisch vereint sein konnten.» [66]

III

«Das andere Geschlecht»
von Simone de Beauvoir –
eine neue Frau?

Das feministische Hauptwerk «Das andere Geschlecht» von Simone de Beauvoir birgt ein kompliziertes Gedankensystem zur Beschreibung des scheinbar wahren Wesens der Frau mit konkreten Forderungen einer Umgestaltung des Weiblichen im Sinne materialistischer Weltsicht. Beauvoir hat ihr Buch über die Frau als wissenschaftliches Werk konzipiert, das äußerst viele Wissensgebiete tangiert. «Das andere Geschlecht» ist aber in erster Linie und grundlegend von der Philosophie des Sartreschen Existentialismus durchdrungen. Seine Aussagen hängen direkt oder indirekt von den Ideen der Existenzphilosophie Sartres ab. Simone de Beauvoir hat dies selbst zugegeben, wenn sie in der Einleitung schreibt:
«Unsere Perspektive ist die der existentialistischen Ethik.»[67]
Dem aufmerksamen Leser wird deshalb nicht entgehen, daß die Ideen und Schlußfolgerungen und die Gedankenführung ihres Buches in innerer Abhängigkeit zum Existentialismus Sartres stehen.

A. DIE UNTERDRÜCKUNG DER FRAU AUFGRUND IHRES GESCHLECHTS

Zu den wichtigsten Überzeugungen des Beauvoirschen Feminismus gehört sein Verständnis von der Geschlechtlichkeit der Menschen. Demgemäß lautet eine Hauptthese dieses Feminismus:
«Man kommt nicht als Frau zur Welt, man wird es.»[68]
Diese Formulierung hat durch «Das andere Geschlecht»

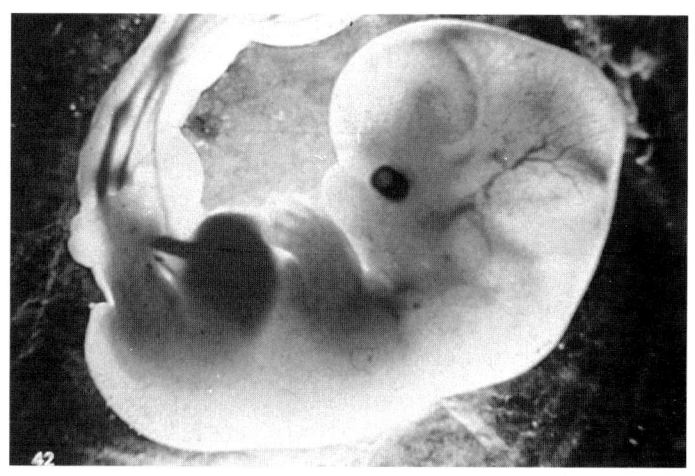

Menschliches Kind, etwa 7 bis 8 Wochen alt

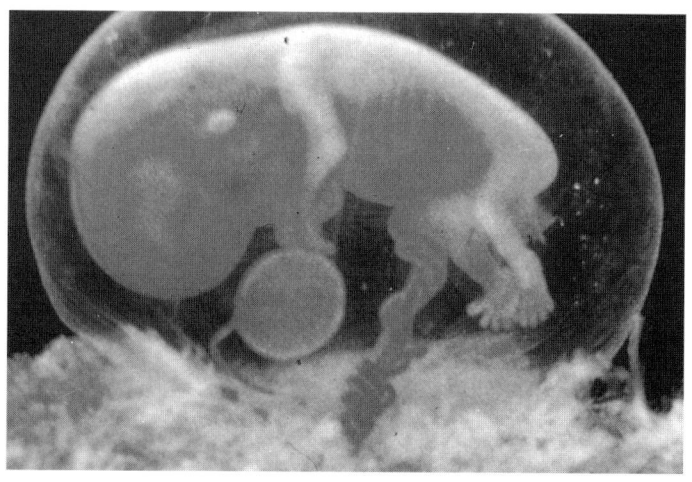

Ein kleiner Mensch, 11 bis 12 Wochen alt

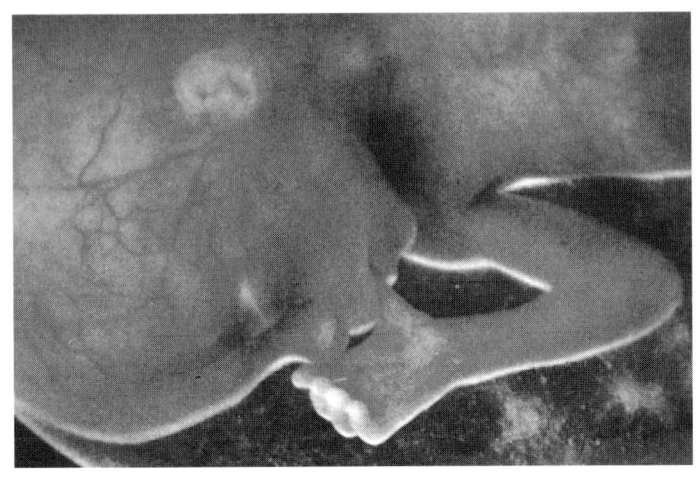

Kind im vierten Lebensmonat

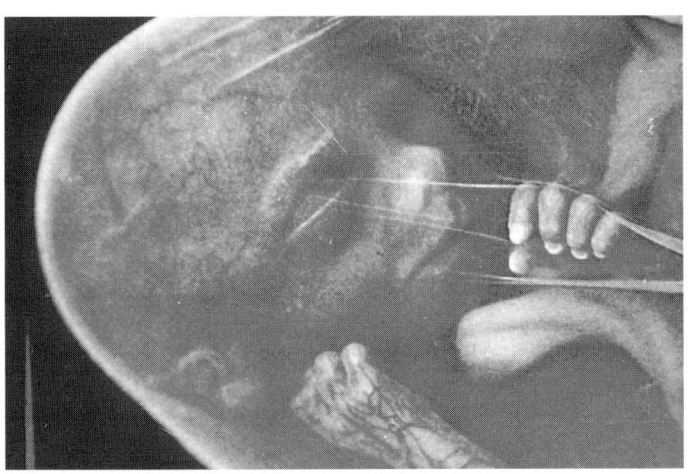

Kind im Mutterschoß. Das Antlitz und die Händchen sind
bereits sehr ausgeprägt.

Verbreitung gefunden. Es ist die explizite Meinung Beauvoirs und ihrer bewußten wie unbewußten Anhängerschaft, daß lediglich soziale Konditionierung aus Menschen Männer und Frauen mache. Alle geschlechtsspezifischen Unterschiede sind außer einem biologisch-körperlichen Mindestbestand also das Produkt der Erziehung. Diese Auffassung legt es nahe, die Urheber der derzeitig noch herrschenden Situation der *Ungleichheit* von Mann und Frau ausfindig zu machen, weil die willkürlich eingeführte Unterscheidung von männlich und weiblich von einem Akt der Unterdrückung kündet, den es zu beseitigen gilt. Eine natürliche Rollenverteilung mit spezifischen Aufgaben für Männer und Frauen gemäß ihren Wesenheiten kann nur Ungerechtigkeit bedeuten, da es naturgegebene Ungleichheiten im Wesen von Mann und Frau nach diesem Verständnis gar nicht gibt. Weil nach Beauvoirscher Überzeugung aus der Ungleichheit der Geschlechter unmittelbar die Unterdrückung der Frauen folgt, ist es ihr zur Notwendigkeit geworden, die Unterdrücker und ihre Motive zu entlarven: Es ist das Patriarchat, das den Männern die Vorherrschaft sichern soll und die Frauen mit brutaler Gewalt sowie subtilen Unterdrückungsmethoden niederhält.

Simone de Beauvoir geht bei dieser gewagten These wie selbstverständlich davon aus, daß die unbestrittene Tatsache größerer Körperkraft die Männer zur Unterdrückung der Frauen nicht nur befähigt, sondern auch verleitet, denn diese Konstellation führe zu einem natürlichen Drang der Männer, die Frauen als schwächere Klasse zu unterwerfen.

Das geeignete Mittel zur Unterdrückung der Frauen ist nach Ansicht Beauvoirs der männliche Mythos vom «Ewig-Weiblichen». Dieses Leitbild werde den Frauen aber nur vor Augen gehalten, um den männlichen Herrschaftsanspruch zu sichern, und sei durch keinerlei Tatsachen gerechtfertigt. Beauvoir begreift den sog. Mythos vom Ewig-Weiblichen als geistige Fessel für die Frauen, denen ein Wesen eingeredet wird, um sie auf Immanenz, d.h. auf ein In-sich-Bleiben festzulegen. Dieses In-sich-Bleiben bedeutet für Frauen, daß sie nur ein fremdbestimmtes Leben führen können, ohne freien Willensentscheid, ohne sich durch die menschliche Fähigkeit, über sich selbst und seine Natur aktiv hinauszuwachsen und erst zum wirklichen Menschen zu werden.

Aus der Sicht Beauvoirs folgt also aus der Tatsache körperlicher Unterlegenheit der Frau zwingend das klassische Über-/Unterordnungsverhältnis von Mann und Frau. Zementiert werde dieses Machtgefüge durch *«Werte, Sitten und Religionen»*[69], eben durch den Mythos des Ewig-Weiblichen.

Um die Beauvoirschen Gedankengänge besser verstehen zu können, ist es unerläßlich, sich näher mit ihrer Ausgangsanalyse von der Wirklichkeit zu beschäftigen.

Männern weist Simone de Beauvoir bei ihren Ausführungen über die Ist-Situation den Begriff der Transzendenz zu, den Frauen dagegen Immanenz, womit sie zwei zentrale Begriffe des Existentialismus benutzt, um die noch andauernde Ungleichheit zwischen Mann und Frau zu charakterisieren.

Transzendenz bedeutet für die «männlichen» Menschen folgendes:

«Jedes Subjekt setzt sich konkret durch Entwürfe hindurch als eine Transzendenz; es erfüllt seine Freiheit nur in einem unaufhörlichen Übersteigen zu anderen Freiheiten, es gibt keine andere Rechtfertigung der gegenwärtigen Existenz als ihre Ausweitung in eine unendlich geöffnete Zukunft.»[70]

Da es bisher Männern vorbehalten war, sich zu transzendieren, d.h. über sich selbst hinauszuwachsen und auch als die Herrscher in der Gesellschaft aufzutreten, machen sie die Politik und beherrschen die Welt (*«Das Universum ist männlich»*, S.568), wobei ihr Körper das Instrument ist zur Eroberung neuer Welten.

Simone de Beauvoir stellt die Erfindung der ersten Keule bis hin zum Bau der Atombombe bewundernd als eine folgerichtige Entwicklung männlicher Schaffenskraft dar, deren Triumphe weiblichen Menschen zu Unrecht vorenthalten blieben.

Frauen weist sie in ihrer Analyse im Gegensatz zu den Männern den Begriff der Immanenz zu. Dies klingt im nachfolgenden Zitat deutlich an:

«Was aber nun auf eine eigenartige Weise die Existenz der Frau begrenzt, ist, daß sie, obwohl wie jedes menschliche Wesen eine autonome Freiheit, sich entdeckt und sich wählt in einer Welt, in der die Männer ihr auferlegen, sich als das Andere zu sehen: man bemüht sich, sie als Ding erstarren zu lassen und sie zur Immanenz zu verurteilen, da ja ihre Transzendenz unaufhörlich von einem anderen essentiellen und souveränen Bewußtsein überstiegen wird. Das Drama der Frau besteht in dem Konflikt zwischen dem fundamentalen Anspruch jedes Subjekts, das sich immer als das Wesentliche setzt, und den Anforderungen einer Situation, die sie als unwesentlich konstituiert.»[71]

Den Frauen wird also durch die Männer Belanglosigkeit zugesprochen. Ihre weiblichen Fähigkeiten werden nach diesen Ausführungen vom Mann gering geachtet.

Die für die Frau benutzte Daseinsbeschreibung der Immanenz bedeutet nichts anderes als ein monotones, sich nicht weiterentwickelndes Dahinvegetieren der Frau, das sich manifestiert als Alltagsarbeit, Mutterschaft und Kindererziehung, wodurch die Möglichkeit zur Transzendenz, also zur Freiheit und zur vollen Menschwerdung, genommen ist. Simone de Beauvoir schreibt also ganz konkret den Geschlechtern getrennt Immanenz und Transzendenz zu (aufgrund der andauernden Unterdrückung), und mit diesen Begriffen identifiziert sie getrennt einerseits frauliches Ungemach und andererseits männliche Herrlichkeit.

Aus dem Gesagten drängt sich eine zwingende Schlußfolgerung auf:

Will die Frau zum vollwertigen Menschen werden, muß sie sich wie der Mann transzendieren, muß sie von weiblichen Eigenschaften, die ihr lediglich suggeriert wurden, einfach Abstand nehmen, indem sie das Patriarchat und seine Scheinwerte verwirft. Sie muß sich wählen, indem sie ihre Freiheit nutzt zur Transzendenz.

B. DIE KÖRPERLICHKEIT DES MENSCHEN ALS EIN ZENTRALER ASPEKT IN «DAS ANDERE GESCHLECHT»

In Punkt A) wurde deutlich, welche Vorstellung Simone de Beauvoir von der temporären Grundkonstellation einer Trennung in männliche und weibliche Menschen hat. Die körperlich schwächeren Frauen werden aufgrund dieses geschlechtsgegebenen, relativen Kraftmangels von den körperlich stärkeren Männern unterdrückt, weil diese den Willen dazu besitzen. Andere Wesensunterschiede als die Körperkraft schließt Beauvoir aus.

Das auf die Körperlichkeit des Menschen fixierte Menschenbild ist in Simone de Beauvoirs Werk tatsächlich von enormer Bedeutung, wie unter anderem Aufbau und Argumentationsstruktur ihres Buches zeigen.

1. Verteidigung der Frau vor der Reduzierung auf ihr Geschlecht

Zu Beginn ihres Buches bezieht Simone de Beauvoir Stellung gegen die Reduzierung von Frauen auf ihr Geschlecht: *«Die Frau? Sehr einfach, sagen diejenigen, die einfache Formeln bevorzugen: Sie ist eine Gebärmutter und Ovarien. Sie ist ein Weibchen. Dieses Wort genügt, um sie zu definieren.*

Im Munde des Mannes klingt das Wort ,Weibchen' wie eine Beleidigung. Gleichwohl schämt er selbst sich nicht seiner tierisch bedingten Natur, er ist im Gegenteil stolz, wenn man von ihm sagt, er habe etwas ,sehr Männliches'. Der Ausdruck ,Weibchen' ist nicht nur pejorativ, weil er der Frau einen Platz in der Natur anweist, sondern weil er sie auf ihr Geschlecht beschränkt; und wenn dieses Ge-

schlecht dem Manne selbst bei unschuldigen Tieren ver-
ächtlich und feindlich scheint, so ist es augenscheinlich
deswegen, weil die Frau eine nie zur Ruhe kommende
feindselige Haltung in ihm hervorruft, für die er in der
Biologie eine Rechtfertigung finden will.»[72]

Keinem Leser dürfte es schwerfallen, Beauvoir voll und
ganz zuzustimmen, was eine derartige Bewertung der Frau-
en betrifft. In einer Frau nur ein sexuelles Wesen, ein
Weibchen, zu sehen, muß jedem vernünftigen Menschen
widerstreben. Doch offensichtlich ist Simone de Beauvoirs
Männerbild in umgekehrter Weise pejorativ, da sie behauptet, die Männer in ihrer Gesamtheit würden das Weibliche
negativ bewerten.
Trotz ihrer so dargestellten Abscheu vor der Entmenschli-
chung der Frau pflegt Beauvoir in «Das andere Geschlecht» selbst eine äußerst animalische Betrachtungsweise der Menschen, mit Anlehnungen an und Vergleichen
aus dem Tierreich, die in krassem Gegensatz stehen zu ihrer Forderung nach Anerkennung der Menschenwürde der
Frau.

2. Reduzierung der menschlichen Sexualität auf ein Trieb-
geschehen

Simone de Beauvoir unterscheidet das weibliche und das
männliche Prinzip im Tierreich wie folgt:
«Selbst wenn das Weibchen sich herausfordernd oder ge-
neigt erweist, wird es immer vom Männchen genommen.
Das Wort hat in vielen Fällen einen sehr buchstäblichen
Sinn: Entweder aufgrund hierzu geeigneter Organe oder
weil es stärker ist, packt das Männchen das Weibchen und
hält es in seiner Umklammerung fest; es bringt aktiv die
Bewegungen des Koitus hervor; bei vielen Insekten, den
Vögeln und den Säugetieren, dringt es in das Weibchen
ein. Dadurch nun erscheint das Weibchen in seinem Inne-
ren versehrt. Nicht der Art tut das Männchen Gewalt an,
denn diese setzt sich ja einzig durch Erneuerung fort, sie

müßte untergehen, wenn *Eier* und *Spermatozoen sich nicht vereinigten; das Weibchen aber, das die Aufgabe hat, das Ei zu beschützen, schließt es in seinem Inneren ein, und sein Körper, der für das Ei einen Schutz bildet, entzieht es auch der befruchtenden Aktion des Männchens; es stellt also einen zu brechenden Widerstand dar, während sich das Männchen beim Eindringen als Aktivität verwirklicht. Seine übergeordnete Rolle drückt sich auch in der Haltung beim Koitus aus: bei fast allen Tieren ist das Männchen auf dem Weibchen.»*[73]*

An anderer Stelle des «Anderen Geschlechts» findet man die Analyse menschlichen Sexuallebens folgendermaßen beschrieben:

«Das junge Mädchen dagegen besitzt eigentlich nur seinen Körper: er ist ihr wertvollster Besitz. Der Mann, der in ihn eindringt, nimmt ihn ihr. Das allgemein angewandte Wort wird durch die Erfahrung des Lebens bestätigt. Die Erniedrigung, die sie ahnte, erlebt sie wirklich. Sie wird beherrscht, unterworfen, besiegt. Wie beinahe alle weiblichen Wesen liegt sie beim Koitus unter dem Mann. Zweifellos kann die Stellung auch umgekehrt sein. Aber zu Anfang kommt es äußerst selten vor, daß der Mann nicht den sog. normalen Koitus ausübt. Adler hat das Gefühl der Inferiorität, das sich daraus ergibt, besonders hervorgehoben. Von Kindheit an sind die Begriffe oben und unten besonders wichtig. Auf Bäume zu klettern ist ein herrlicher Akt. Der Himmel ist über der Erde, die Hölle unter ihr. Fallen, herabsteigen heißt unterliegen, steigen heißt siegen. In dem Kampf fällt demjenigen der Sieg zu, der seinen Gegner mit den Schultern den Boden berühren läßt. Nun liegt die Frau auf dem Bett, in der Haltung der Niederlage. Noch schlimmer ist es, wenn der Mann auf ihr reitet wie auf einem Tier, dem Zügel und Gebißstange aufgezwungen sind. Jedenfalls empfindet sie sich passiv. Sie wird geliebkost, durchdrungen, sie nimmt den Koitus hin, während der Mann sich aktiv verausgabt. Zweifellos ist das männliche Glied kein gestreifter Muskel, den der Wille betätigt.

Es ist weder eine Pflugschar noch ein Degen, sondern nur Fleisch. Der Mann zwingt ihm jedoch willentlich seine Bewegung auf. Es geht hin und zurück, hält still, beginnt wieder von neuem, während die Frau es geduldig hinnimmt.»[74]

Wie sich die Schilderungen gleichen! Aus diesen Beispielen geht der physiologisch fixierte Ansatz Beauvoirs deutlich hervor, der ihre Analyse über die Frau (und den Mann) durchweg bestimmt. Zwar muß angenommen werden, daß sie zum Teil eine Mißbilligung des derartig dargestellten Geschehens beabsichtigte. Doch, indem sie suggeriert, die menschliche Sexualität sei nichts anderes als ein tierischer Vorgang, stuft sie den Menschen auf die Ebene des Tierischen herab.
Die Ambivalenz zwischen Ablehnung und Akzeptanz primitiv verkürzter Sichtweisen vom Menschen ist charakteristisch für das Werk Beauvoirs.

So kann sie weiter behaupten, daß Männer und Frauen ausschließlich und notwendig in beständigem Kriegszustand gegeneinander leben, um sogleich eine Lösung dieses unhaltbaren Zustands in der Abkoppelung der Frau vom Mann, sprich in der Leugnung ihrer Zusammengehörigkeit, vorzuschlagen.

In der Beauvoirschen Sichtweise des Geschlechtsaktes ist kein Platz für die Liebe zwischen Mann und Frau. Geschlechtlichkeit ist ihrer kategorischen Auffassung nach tierischer Art, und es gibt für sie keinen Grund, irgendwelche menschlichen Gefühle bei der sexuellen Vereinigung zu unterstellen. Auf dieser Basis zieht Simone de Beauvoir ihre spezifisch feministischen Schlüsse. Hier deutet sich an, daß der Frau nur ein Weg aus der Misere von Unterlegenheit und Unterdrückung bleibt: die Transzendierung, also das Werden wie der Beherrscher der Welt, der Mann.

3. Ein Zwischen-Ergebnis

Im Folgenden sollen zwei Textstellen aus dem «Anderen Geschlecht» angeführt werden, um die Vorstellungen und Positionen Beauvoirs weiter zu veranschaulichen und um anschließend eine kurze Zwischenbilanz des bisher Dargestellten zu ziehen. Das erste Zitat befaßt sich noch einmal mit dem Verhältnis von Mann und Frau:

«Die Frau, die in der Immanenz eingeschlossen ist, versucht, auch den Mann in dieses Gefängnis hineinzuziehen. Auf diese Weise fällt dieses mit der Welt zusammen, und sie leidet nicht mehr darunter, daß sie in ihm eingeschlossen ist. Die Mutter, die Gattin, die Liebende sind Kerkermeisterinnen. Die Gesellschaft, die von Männern in Rechtsordnungen gebracht wurde, erklärt die Frau für minderwertig. Sie kann diese Minderwertigkeit nur beseitigen, wenn sie die männliche Überlegenheit zerstört. Sie sucht den Mann zu verstümmeln, zu beherrschen, sie widerspricht ihm, leugnet seine Wirklichkeit und seine Werte. Doch dadurch verteidigt sie sich nur. Weder eine unveränderliche Wesenheit noch eine schuldhafte Wahl haben sie zur Immanenz, zur Minderwertigkeit, bestimmt. Sie sind ihr auferlegt worden. Jede Unterdrückung schafft einen Kriegszustand. Unser Fall hier bildet keine Ausnahme. Der Existierende, den man als unwesentlich betrachtet, muß unfehlbar seine Selbstherrlichkeit wiederherstellen wollen.»[75]

Das zweite Zitat soll Beauvoirs Zukunftsvision von einer ihrer Ansicht nach besseren Welt verdeutlichen. Zieht man in Betracht, daß Beauvoir guten Grund hatte, die Welt in eine Neuinterpretation zu pressen[76], um selbst gerechtfertigt zu sein, erschließt sich dem Leser die Erklärung für derartige Gedankengänge außer von den philosophischen Grundannahmen auch aus ihrer Lebensgeschichte. Die zukünftige Gleichheit von Mann und Frau, die nach dem Beauvoirschen Rezept Gerechtigkeit und Frieden zwischen den Menschen bringen soll, hat ein ganz bestimmtes Aussehen und bedarf besonderer Regelungen, um funktionsfähig zu sein:

«Eine Welt, in der Mann und Frau gleich sind, kann man sich leicht vorstellen. Denn es ist genau die Welt, welche die sowjetische Revolution versprochen hatte: Die Frauen würden genau wie die Männer erzogen und geformt, sie arbeiteten unter den gleichen Bedingungen und um den gleichen Lohn. Daß manche überschwere Berufe ihnen versagt bleiben, widerspricht diesem Plan nicht: selbst unter den Männern sucht man mehr und mehr eine berufliche Anpassung zu erzielen. Ihre körperlichen und intellektuellen Fähigkeiten beschränken ihre Auswahlmöglichkeiten. Jedenfalls soll jede geschlechtliche und kastenmäßige Grenze wegfallen. Die sexuelle Freiheit würde von den Sitten gestattet, aber der Geschlechtsakt würde nicht mehr als ein Dienst angesehen werden, der sich bezahlt macht. Die Frau würde genötigt sein, sich einen anderen Lebensunterhalt zu sichern. Die Ehe würde auf einer freien Vereinbarung beruhen, welche die Gatten aufkündigen könnten, sobald sie wollten. Die Mutterschaft wäre frei, d.h. man würde die Geburtenbeschränkung und die Abtreibung gestatten und dafür Müttern mit ihren Kindern genau dieselben Rechte geben, ob sie verheiratet sind oder nicht. Schwangerschaftsurlaub würde von der Kollektivität bezahlt werden, welche die Betreuung der Kinder übernähme. Das soll nicht heißen, daß man sie den Eltern entziehen, sondern daß man sie ihnen nicht ausliefern würde.»[77]

Die Gute Neue Welt Simone de Beauvoirs weist eine auffällige Nähe auf zu der in der Menschheitsgeschichte immer wieder diskutierten Gegenwelt sozialistischer Utopie. In dieser Beauvoirschen Ausprägung kommt der Sexualität besondere Bedeutung zu, ist sie doch im Zusammenhang zu sehen mit dem diese Welt beherrschenden Unterdrückungsmechanismus der Geschlechtlichkeit. Dem aufmerksamen Leser ist nicht entgangen, daß Beauvoir die Vokabel *«Freiheit»* dazu benutzt, um eigentlich negativen Sachverhalten einen positiven Anklang zu verschaffen. So wertet sie die sexuelle Untreue als Befreiung von die Frau erniedrigenden Konventionen. Die Auflösung von Familienbindungen suggeriert sie als Fortschritt der Menschheit, und die ungehinderte Tötung mißliebiger Kinder als Frauenbefreiung.

Sexuelle Freiheit, freie Ehe und freie Mutterschaft sind die Scheinwerte, die Simone de Beauvoir anzubieten hat. Wen sollte noch wundern, daß die erfolgreiche Durchsetzung dieser Gedanken zu Zerstörung und Leid führte?

Rekapitulieren wir kurz die wesentlichen Einzelheiten der Frauenunterdrückung, wie sie von Beauvoir dargestellt wird, bevor das geistige Gesamtsystem des Feminismus näher ausgeführt wird:

Die Frau erleidet durch das Patriarchat permanente Unterdrückung und Ausbeutung, dadurch wird ihre vollkommene Menschwerdung vereitelt. Diese Unterdrückung geschieht einerseits körperlich-brutal und andererseits subtil durch die Einsetzung einer Lüge über Wesen und Bestimmung der Frau, dem Mythos vom Ewig-Weiblichen. Frauen werden also an ihrer Transzendierung, das heißt ihrer vollen Menschwerdung, durch die Männer vorsätzlich und böswillig gehindert.

Aus dieser Situation entstellender Passivität und Bedeutungslosigkeit kann sich die Frau befreien, indem sie die ihr aufoktroyierten Fesseln der Geschlechtlichkeit sprengt und sich genau wie der Mann transzendiert, und zwar gegen die patriarchalen Werte, die zur Niederhaltung der Frauen dienen.

Wie im letzten Zitat aus den Schlußfolgerungen des «Anderen Geschlechtes» anklang, betrachtet Beauvoir die Möglichkeit zur «freien» Abtreibung als die Voraussetzung zur Gleichstellung von Mann und Frau und damit als die Voraussetzung der Befreiung der Frau aus dem ihr aufgezwungenen weiblichen Wesen. In der nachfolgenden Erörterung des philosophischen Gerüsts des Beauvoirschen Feminismus wird vertieft deutlich werden, welch eine zentrale Rolle die erlaubte Kindestötung in der Weltanschauung Beauvoirs spielt.

Bisher wurde auf eine systematische Analyse ihres philosophischen Denkens verzichtet. Die erste Annäherung an «Das andere Geschlecht» geschah als eine Beobachtung einiger wesentlicher Aussagen. Nun ist es unumgänglich, das geistige Skelett der Beauvoirschen Philosophie zu analysieren, anhand dessen sich alle radikal-feministischen Aussagen ableiten lassen.

C. DAS GESAMTSYSTEM DER FEMINISTISCHEN IDEOLOGIE BEAUVOIRS

1. Der Sartresche Existentialismus als philosophische Basis des Beauvoirschen Feminismus

Nach eigenen Aussagen Beauvoirs, die sie beispielsweise auch in Interviews mit Alice Schwarzer bekräftigte, betrachtet sie sich selbst als Anhängerin des Sartreschen Existentialismus, auf den sie nicht nur rekurriert, sondern den sie vollständig verinnerlichte. Es fällt daher nicht schwer, die geistigen Vorbedingungen aufzudecken, auf denen das Frauenbefreiungs-Programm Beauvoirs fußt.

Sartre schreibt in seinem Buch «Ist der Existentialismus ein Humanismus?» knapp und scharf umrissen:

«Wenn der Mensch, so wie ihn der Existentialist begreift, nicht definierbar ist, so darum, weil er anfangs überhaupt nichts ist. Er wird erst in der weiteren Folge sein, und er wird so sein, wie er sich geschaffen haben wird. Also gibt es keine menschliche Natur, da es keinen Gott gibt, um sie zu entwerfen. Der Mensch ist lediglich so, wie er sich konzipiert – ja nicht allein so, sondern wie er sich will und wie er sich nach der Existenz konzipiert, wie er sich will nach diesem Sichschwingen auf die Existenz hin; der Mensch ist nichts anderes als wozu er sich macht.»[78]

Diese Grund-Sätze des Existentialismus bilden die geistige Basis des Beauvoirschen Systems. Damit ist die erste Stufe des radikal-feministischen Ideensystems vollständig gegeben. Die Aussagen dieser Grundelemente durchziehen das gesamte «Andere Geschlecht» und sind als seine Prämissen absolut gesetzt. Es ergibt sich also:

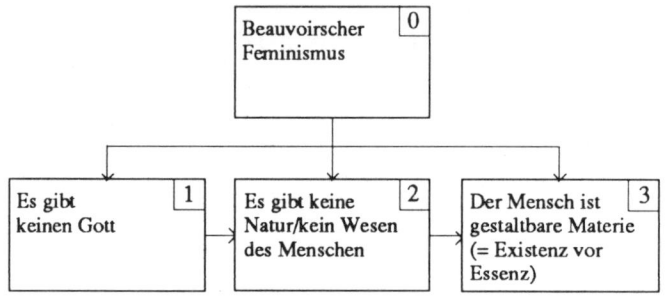

2. Die Struktur des Beauvoirschen Gedankensystems

Hiermit ist die erste Stufe des feministischen Gedankensystems expliziert. Selbstverständlich liegen diese Prämissen in «Das andere Geschlecht» nicht offen zutage wie hier, gleichwohl sind sie seine «unumstößliche Glaubensgrundlage».

Unter diesen Basisideen des Feminismus bestehen konsequente logische Bezüge. Der Gedanke des ersten Kastens (1) bedingt die Inhalte der nachfolgenden (2) und (3) und weiterer. Dies ist einleuchtend. Denn, wenn es keinen Gott gibt, der die Menschen nach einem bestimmten Plan oder einer bestimmten Vorstellung entworfen hat, gibt es keine Wesenheit des Menschen als Nachvollzug und Ausdruck dieses Plans oder dieser Vorstellung. Da kein Schöpfer vorhanden ist, der die Menschen nach seinen Vorstellungen und mit einer konkreten Bestimmung geschaffen hat, gibt es auch nicht *den* Menschen, sondern nur existierende Wesen einer potentiellen Gattung Mensch, die erst durch die Gestaltung ihres Selbst sich zu Menschen «adeln». Das Vorhandensein des Menschen wird also insoweit nicht geleugnet, als anerkannt wird, daß er existiert, dies aber unter der Einschränkung, daß sich der Mensch erst selbst

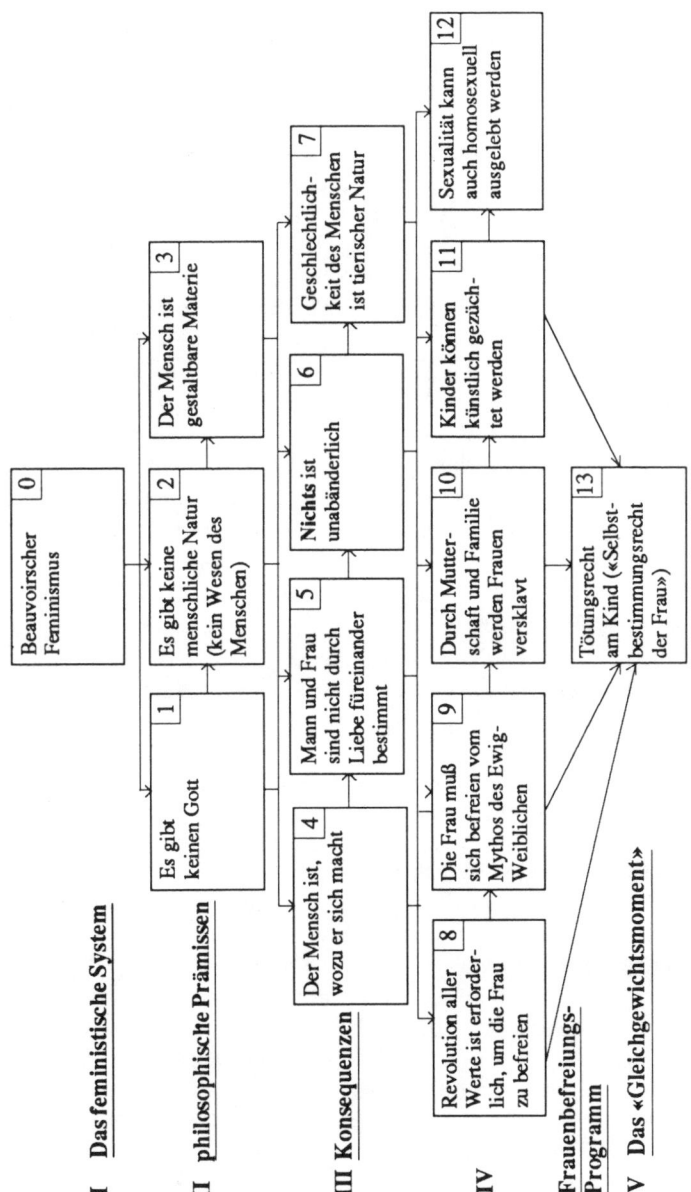

I Das feministische System

	0 Beauvoirscher Feminismus		

II philosophische Prämissen

1 Es gibt keinen Gott	2 Es gibt keine menschliche Natur (kein Wesen des Menschen)	3 Der Mensch ist gestaltbare Materie

4 Der Mensch ist, wozu er sich macht	5 Mann und Frau sind nicht durch Liebe füreinander bestimmt	6 Nichts ist unabänderlich	7 Geschlechtlichkeit des Menschen ist tierischer Natur

III Konsequenzen

8 Revolution aller Werte ist erforderlich, um die Frau zu befreien	9 Die Frau muß sich befreien vom Mythos des Ewig-Weiblichen	10 Durch Mutterschaft und Familie werden Frauen versklavt	11 Kinder können künstlich gezüchtet werden	12 Sexualität kann auch homosexuell ausgelebt werden

IV Frauenbefreiungs-Programm

		13 Tötungsrecht am Kind («Selbstbestimmungsrecht der Frau»)		

V Das «Gleichgewichtsmoment»

81

zum Menschen entwickle. Der existentialistische Grundsatz, daß die Existenz der Essenz vorauseilt, ist eine extrem prometheisch-materialistische Auffassung.

«Das andere Geschlecht» folgt bis in seine Details ohne Abweichung der existentialistisch-homozentrierten Sichtweise seiner ersten Ideenstufe. Die Basisannahmen des «Anderen Geschlechts» ziehen eine Reihe von Schlußfolgerungen nach sich (Stufen III, IV und V), die aber erst auf der vierten Ebene als revolutionär-feministisches Programm von Simone de Beauvoir fungieren. Die Rolle der fünften Stufe kann als ausgleichendes Moment beschrieben werden, welches das System im Gleichgewicht hält, ohne dessen ausdrückliche Einsetzung das radikal-feministische Gedankengebäude zusammenbrechen würde. (Wie aus dem vorhergehenden Kapitel ersichtlich wurde, sind für das Aussehen dieses Gedankensystems in besonderer Weise auch die psychischen Gegebenheiten Beauvoirs verantwortlich.)

Das vollständige System des Beauvoirschen Feminismus hat folgende Gestalt:

3. Die Determinierung des Denkens durch das Beauvoirsche System

Man kann nun verschiedenste Wege durch dieses Gedankensystem wählen, ohne auf Widersprüche innerhalb seiner Aussagen zu stoßen. Das System ist gedanklich konsistent, es ist eine vollständige Weltanschauung. Alle Elemente sind folgerichtig aus der ersten Ebene, den Prämissen, abgeleitet.

Nehmen wir beispielsweise den Pfad (1)+(5)+(10)+(13), so muß man folgendermaßen argumentieren:

Es gibt keinen Gott. Folglich sind keine natürlichen Werte existent, die Mann und Frau aufeinander zuordnen würden. Dies geht mit der Zufälligkeit des menschlichen Seins konform, das für die Menschen nichts Wesenhaftes bereithält, sondern sie in die Absurdität der Existenz wirft, ganz wie Sartres atheistischer Existentialismus es beschreibt.

Wenn Mann und Frau aber, nach der hierauf fußenden Analyse Beauvoirs, in ständigem Krieg miteinander liegen, ist verständlich, daß die Frau durch männliche Hinterlist in Familienleben und Mutterschaft und damit in die Immanenz herabgezogen wird. In einer Welt, in der diese von Beauvoir beschriebenen Mißstände nicht herrschen sollen, muß mit schlüssiger Notwendigkeit die Möglichkeit zur freien Abtreibung von Kindern bestehen. Denn der Mythos vom Ewig-Weiblichen birgt Familienleben und Mutterschaft als seine Bestandteile. Er ist aber das Instrument der Unterdrückung. Letztlich wird also den Frauen durch die Versagung der Abtreibung auch das Selbstbestimmungsrecht, mithin ihre Befreiung zu vollwertigen Menschen, vorenthalten. Diese Argumentationskette läßt sich in «Das andere Geschlecht» schön nachvollziehen. Man vergleiche die folgenden Textstellen: (5) S.69; (10) S.130; (13) S.133; (5), (13) S.471.

Männer und insbesondere die katholische Kirche sind es nach feministischem Verständnis, die als Übeltäter gegen die Interessen der Frau agieren. Noch heute ist der radikale Feminismus bemüht, Männer und die christlichen Kirchen in der Abtreibungsfrage durch allerlei Thesen und Tricks der Glaubwürdigkeit zu entheben. Eine von vielen Parallelen der heutigen Wirklichkeit mit dem «Anderen Geschlecht», die sich seit seinem Erscheinen in starkem Maß verbreiteten und sich im Bewußtsein vieler Menschen verfestigen konnten.

Die ideologischen Elemente des feministischen Systems ergänzen sich horizontal wie vertikal so vollkommen, daß Kritik an einzelnen Bestandteilen nur möglich ist, wenn die ihnen zugrundeliegenden Prämissen in Zweifel gezogen werden.
Da es sich bei «Das andere Geschlecht» um ein stimmiges, konsistentes und umfassendes philosophisches System handelt, war es auch aus diesem Grund zum Buch der Bücher des Feminismus prädestiniert. Jede Idee ist so geschickt

durch die übrigen Bausteine abgesichert, daß eine kritische Antiposition nur schwerlich oder überhaupt nicht ohne geschlossenen Gegenentwurf zu halten ist.

Ein weiterer Gedankenstrang des «Anderen Geschlechts», von der Prämissen- bis zur Programmebene, lautet so: Kästen (3)+(7)+(11), (10)+(13):[79] Da der Mensch wesenlose Materie ist, gibt es auch keine Sinngebung für seine Geschlechtlichkeit. Die Ausübung der Sexualität entspricht lediglich dem durch die Natur gegebenen tierischen Bestand des Menschen. Folgerichtig ist auch das Produkt der Sexualität, das Kind, minderwertig. Die Forderung Beauvoirs nach der Befreiung der Frau von der Fessel der Mutterschaft schlägt sich verständlicherweise nieder in der weiteren Forderung, Kinder künstlich zu züchten. Da das ungeborene Kind aber selbst eine minderwertige Existenz ist, die aus einer Instinkthandlung hervorging, liegt nichts näher, als über dieses Kind auch verfügen zu dürfen wie man will.

Hinzu kommt, daß sich in «Das andere Geschlecht» weder eine genaue Untersuchung zum Wesen des Kindes findet (damit meine ich eine, die außerhalb des rein Biologisch-Funktionalen liegt) noch eine Reflexion über die kreatürliche Ganzheit des Menschen. Derartige Gedanken passen freilich nicht in das philosophische Grundschema, da der Mensch im Existentialismus zunächst lediglich potentiell existiert.

Solange die idealen Verhältnisse der künstlichen Schaffung von Kindern gemäß Beauvoirscher Anschauung nicht erreicht sind, ist es aber natürlich, keiner Frau das persönliche Recht auf Abtreibung vorzuenthalten. Wenn es eine mütterliche Sinngebung des Weiblichen gar nicht gibt, wie Simone de Beauvoir behauptet, dann sind Frauen freilich gegenüber Männern benachteiligt, und unter der Prämisse, daß das ungeborene Kind minderwertig ist, gibt es keinen Grund, der Frau die gleiche Chance zur Selbstverwirklichung wie Männern zu verweigern und die Abtreibung zu verbieten. Frauen sind also gegenwärtig deshalb die minderwertige Hälfte der Menschheit, weil bisher weder die

Inferiorität des Kindes noch der Zusammenhang erkannt wurde, daß Frauen durch den «Fötus» und die ihn schützenden, absurden Gesetze an ihrer Selbstwerdung gehindert wurden. Sich wie die Männer zu transzendieren tut also not, das Werden wie der Mann, der nicht andersartig ist, sondern einzig kräftiger als die Frau. Simone de Beauvoir fordert deshalb eine neue, eine andere Frau, als sie im Verständnis der meisten Menschen existiert. Frauen in ihrem «Naturzustand» haben nach der feministischen Ideologie nichts Weibliches. Gemessen an der traditionellen Vorstellung von einer wesensgemäß weiblichen Frau ist das eine Aufforderung zur radikalen Metamorphose der Frauen.

Dieses revolutionäre Verlangen ist wieder logisch in den Gesamtzusammenhang eingebettet.

Eine weitere Gedankenkette kann lauten: ((1),(2),(3))+(4)+(5)+(8)+(9)+(13).[80] Wenn der Mensch bestimmt, was er ist, nicht sein (ohnehin nicht existenter) Schöpfer, dann kann der Mensch aus sich machen, was er will. Er verfolgt keine vorgegebenen Ziele. Jede Liebesbeziehung von Mann und Frau, die den Namen Liebe verdiente, muß deshalb dem radikalen Feminismus wie eine Farce erscheinen. Menschen werden und können genausogut ohne die Werte der Liebe und Treue miteinander leben. Männer und Frauen sind nicht durch naturgegebene Unterschiede für unterschiedliche Aufgaben bestimmt. Männer und Frauen sind auch nicht durch die Liebe aufeinander hingeordnet, sind nicht füreinander und für das Leben mit Familie geschaffen. Mutter-Kind-Bindungen gelten für Simone de Beauvoir weniger als irgend etwas sonst. Auf Seite 508 ihres «Anderen Geschlechts» ist zu lesen:

«Dieses gegenseitige Zueinandergehören (von Mutter und Kind; Anm. des Verf.) *stellt in Wirklichkeit nur eine doppelte verhängnisvolle Unterdrückung dar.»*
Dies ist ein weiterer charakteristischer Aspekt des «Anderen Geschlechts». Es postuliert die Vereinzelung der Men-

schen, um sie geistig in einer gestaltlosen Masse wieder zusammenzuführen. Doch damit es zu dieser Zukunftswelt feministischer Provenienz kommen kann, muß das Patriarchat samt seinen böswilligen Scheinwerten wie z.B. dem Tötungstabu gegenüber ungeborenen Kindern weichen. Die gesamte männliche Ordnung muß umgestürzt werden, die Frau sich einer Metamorphose unterziehen, die sie nicht nur zum an männlichen Eigenarten orientierten Wesen macht, sondern zum Menschen an sich. Menschsein schlechthin sieht Beauvoir im Mann repräsentiert. Männlich transzendiertes Menschsein ist die Zielvorgabe der feministischen Metamorphose. Kaum mehr verwunderlich, daß Frauen ausdrücklich ein Abtreibungsrecht besitzen, da doch das Kind die Frau an ihrer Transzendierung hindert und vereitelt, daß sie eintreten kann in die Welt der feministischen Gleichstellung.

Wieder und wieder ist die letzte Station der feministischen Gedankengänge das Tötungsrecht am ungeborenen Kind. Wer nicht voreilig halt macht vor der Frage, wie denn nach feministischer Sicht das Verhältnis der Frau zu ihrer Fruchtbarkeit, zu Mutterschaft und Kind ist, der erhält die desillusionierende Antwort, daß hierfür nur die pure Ablehnung besteht.

Den Begriff der Befreiung setzt Simone de Beauvoir gleich mit dem Freimachen von Weiblichkeit, da diese ohnehin nur eine Lüge ist. Die neue feministische Orientierung soll Frauen den Männern gleichmachen. So werden sie zu vollverwirklichten Menschen ohne das Schicksal der Zweitklassigkeit. Die Heilsidee Beauvoirs.

D. DARSTELLUNGSPRINZIPIEN DES «ANDEREN GESCHLECHTES»

Im folgenden Teil wird ein Blick auf die Darstellungsprinzipien geworfen, die dem «Anderen Geschlecht» sein charakteristisches Gepräge geben. Es wird in diesem Zusammenhang zu klären sein, inwieweit die Analysen und kulturrevolutionären Ideen des Beauvoirschen Feminismus auf wissenschaftlichen Fundamenten ruhen.

Dem Leser des «Anderen Geschlechts» sollte aufgefallen sein, daß Beauvoir eine auffällige Zweiteilung vorgenommen hat, was bestimmte Sachverhalte betrifft. So werden beispielsweise Worte, die weibliche Eigenschaften betreffen, stets mit negativen Anklängen versehen. Begriffe wie Menstruation, Kindergebären, Mutterschaft und Kindererziehung werden demgemäß fast durchweg mit pejorativen Adjektiven näher erläutert[81], wohingegen Begriffe, die aus dem Bereich männlicher Tätigkeiten und Fähigkeiten entstammen, positiv hervorgehoben sind.

Wir haben also zwei Seiten: eine negativ und eine positiv besetzte. Es drängt sich nach dem hier Gesagten die Frage auf, was Simone de Beauvoir mit derartigen Kunstkniffen bezweckte, und inwieweit ihr Werk den eigenen hohen Anspruch der Wissenschaftlichkeit rechtfertigt.

Es soll uns aufgrund dieser und ähnlicher Beobachtungen nun die Frage beschäftigen, welchen literarischen Faktoren «Das andere Geschlecht» seine derartig ungewöhnliche Ausbreitung und die bereitwillige Aufnahme zu verdanken hat. Denn es waren die durch «Die Bibel des Feminismus» populär gewordenen Gedanken, welche die gesellschaftliche Entwicklung vieler Kulturnationen tiefgreifend beeinflußten.

1. Vereinfachung

Bereits die grundlegende Dichotomie von Transzendenz und Immanenz, die jeweils Mann und Frau getrennt zugeschrieben werden, ergibt ein sehr einfaches Erklärungsschema der komplexen Wirklichkeit, zumal Simone de Beauvoir darüber hinaus keinen Zweifel daran läßt, daß die den Männern zugehörigen Attribute gut (weil durch Transzendenz erworben), die weiblichen Eigenschaften hingegen schlecht seien.[82]

In einer Welt verwirrender und nie vollständig erklärbarer Phänomene sind dermaßen einfache Erläuterungen sehr willkommen, da sie den Eindruck vermitteln, nun habe man ein klares Bild von der Wirklichkeit vor Augen.

Aufgrund dieser simplifizierten Sicht der Dinge ist es nicht nur einfacher, die Entscheidungen des Lebens zu treffen, sondern man erhält auch das Gefühl, seine Wahl auf eine sichere Basis zu stellen.

Besonders Menschen, die mit ihrer gegenwärtigen Situation und Lebensführung unzufrieden sind, können für solche Schwarzweißmalerei empfänglich sein, selbst wenn die Widersinnigkeit mancher Gedanken sachte durchscheint. Auch das Verschweigen elementarer Tatsachen wie beispielsweise die Erscheinung des menschlichen Gewissens mit seiner mitmenschlichen und schöpfungsgemäßen Ausrichtung vereinfacht die Welt und ihre Erklärung sehr. Gerade im Verhältnis von Mann und Frau zueinander sowie in ihrer Beziehung zum gemeinsamen Kind sind Zuneigung und Verantwortung wesentlich vom Gewissen abhängig. Es fehlt in der Anschauung Beauvoirs. Zu erwähnen bleibt außerdem, daß Simone de Beauvoir ihr komplexes philosophisches System nicht expliziert, die Quellen ihrer Überzeugung also vereinfachend undiskutiert läßt.

2. Suggestivität

Durch Analyse und ausdrückliche Mißbilligung von Mißständen, durch welche Frauen benachteiligt und entwürdigt werden, gewinnt Simone de Beauvoir die Sympathien (wohl der meisten) ihrer Leser. Vor diesem Hintergrund fällt es dem «Anderen Geschlecht» nicht schwer, real feststellbare Ungleichheiten zwischen Mann und Frau und reale Ungerechtigkeiten vereinfachend gleichzusetzen und als Mißstände zu verabsolutieren und zu ächten. Es ist besonders darauf hinzuweisen, daß die radikal-feministische These, Männer und Frauen müßten in jeder Beziehung *gleichgestellt* werden, um der Gerechtigkeit Genüge zu tun, (unter anderem) hierin begründet liegt und darin der feministischen Bewegung ein geeignetes Vehikel zur Einforderung ihrer radikal-feministischen Ziele an die Hand gegeben wird.

Mit einer möglichst rigorosen Anprangerung tatsächlicher und vermeintlicher Mißstände suggeriert Beauvoir, daß sie diese für allgemein gehaltenen Zustände sehr verachtet und auf Abhilfe und das Beste der Frauen sinnt.

3. Das Beauvoirsche Befreiungsprogramm als Vision einer «Guten Neuen Welt»

«Das andere Geschlecht» ist ein visionärer Gegenentwurf zu der Welt, die Simone de Beauvoir als ungerecht und patriarchal unterdrückt diskreditiert. In ihrer neuen Welt, so behauptet sie, wären die Frauen all ihrer geschlechtsspezifischen Belastungen enthoben und demzufolge endlich vollwertige Menschen. Eine Art Paradies auf Erden würde sich mit der neuen Anschauung verwirklichen lassen. Die Gegenüberstellung der garstigen Gegenwartswelt und der «Guten Neuen Welt», welche die Auflösung aller weiblichen Beschwernisse mit sich bringen werde, läßt die Entscheidung der Leser zugunsten einer Seite nicht schwerfallen.

Die Prämissen des «Anderen Geschlechts» führen notwendigerweise zu seiner Forderung nach der Befreiung von allen Scheinwerten, die das Patriarchat nur zur Unterdrückung der Frau errichtet hat.

Mittels dieses Appells an die Emotionen schafft «Das andere Geschlecht» Sympathien beim Leser, der unter diesen Umständen nicht anders kann, als sich mit den Unterdrückten aus Gerechtigkeitsgefühl zu solidarisieren. Es kann deshalb nicht ausgeschlossen werden, daß sich viele Frauen von diesen Versprechungen von einer besseren, d.h. weniger beschwerlichen und erstmals gerechten Welt blenden ließen und der neuen Heilslehre Glauben schenkten und sich häufig sogar mit ihr identifizierten.[83]

4. Dialektische Beredsamkeit

Simone de Beauvoir pflegt einen wortreich-eloquenten Stil, der «Das andere Geschlecht» stellenweise lesbar macht wie einen Roman. Hinzu kommt seine Weitschweifigkeit der Bezüge, die eine konsistente Kritik erschwert. Nur mit einigem intellektuellem und zeitlichem Aufwand ist es möglich, seine ideologischen Elemente so zu isolieren, daß es möglich ist, aus der Vielschichtigkeit der stilistischen und semantischen Struktur seine Philosophie herauszuschälen.

Vielleicht bedeutsamer als diese einzelnen Kritikpunkte ist Beauvoirs Methode, Dinge zunächst auszusprechen und zu bewerten, wie sie ihren Lesern vertraut sind, um sogleich das Gegenteil zu behaupten und so durch Verunsicherung eine Relativierung aller Werte zu erreichen. Auf diesem Boden fällt es ihr schließlich nicht schwer, besonders in den Schlußfolgerungen des «Anderen Geschlechts» eine scheinbar statthafte neue Werteordnung zu errichten.

Durch ihre Methode der ständigen Abwertung versteht es Beauvoir, bei ihren Lesern Antipathie gegen alles Weibliche zu wecken. Wer als Frau diesen Gedanken Glauben schenkt, muß am eigenen weiblichen Schicksal verzweifeln, muß einen natürlichen Drang zur radikalen Veränderung der Verhältnisse entwickeln.

5. Pseudowissenschaftlichkeit

Zitate aus wissenschaftlichen Werken und ausdrückliche Bezugnahme auf Forschungen von Wissenschaftlern verschiedener Disziplinen lassen «Das andere Geschlecht» als wissenschaftliches Werk erscheinen. Zwar ist «Das andere Geschlecht» durch seinen eloquenten Stil der Nüchternheit wissenschaftlicher Traktate enthoben, andererseits ist sein wissenschaftlicher Anspruch sicher gegeben. Unter diesem Gesichtspunkt dürfte der bedeutendste Mangel des «Anderen Geschlechts» die Arbeitsmethode sein, die Simone de Beauvoir zu Analysen und Ergebnissen führt, die mehr durch die Philosophie des Existentialismus und ihre subjektiven Bedürfnisse beeinflußt sind als durch nachprüfbare wissenschaftliche Befunde.

Trotzdem kann kein Zweifel sein, daß dieses Werk mit der Absicht geschrieben wurde, ihm durch den «Touch» der wissenschaftlichen Analyse besondere Autorität zu verleihen. Hierfür spricht nicht nur der Anspruch, zu klären, was eine Frau letztendlich wirklich sei (vgl. Die Einleitung des «Anderen Geschlechts»: *Was ist eine Frau?*»), sondern auch die Tatsache, daß Simone de Beauvoir auf wissenschaftliche Werke bedeutender Autoren ausdrücklich Rückbezug nimmt.

Einige eklatante Mängel disqualifizieren den wissenschaftlichen Anspruch des Werkes. Schon die Art der Einführung grundlegender Gedanken läßt zu wünschen übrig. Beispielsweise stößt man in «Das andere Geschlecht» häufig auf die verallgemeinernde Formel: *«Man sagt…»* und ähnliches, um Aussagen einzuführen, die für den Gang der Erörterung so wichtig sind, daß ihnen an sich eine wissenschaftlich fundierte Analyse vorausgehen müßte. Doch solchermaßen eingeführte Aussagen werden nicht weiter diskutiert und problematisiert hinsichtlich Herkunft und Relevanz. Statt dessen pflegt Simone de Beauvoir einen selbstsicheren Stil der Behauptungen, gestützt auf nichts anderes als ihre Subjektivität. So kann sie behaupten, erst das Christentum habe den Fötus mit einer Seele begabt.[84] Obwohl doch z.B. bereits Aristoteles von einer – wenn auch noch unbeholfenen – Beseelungstheorie ausging.[85]

Außerdem ist die Wahl der Quellen zu kritisieren. Es sind vielfach Romane von Schriftstellern, deren sich Beauvoir bedient, um wichtige feministische Aussagen zu konstruieren. Vielleicht von größerer Bedeutung ist der Umstand, daß Simone de Beauvoir ohne ausreichende Kenntnisse auf den Wissensgebieten, die sie zur Stützung ihrer Thesen bemüht, Aussagen ableitet, die nicht nur im Widerstreit zu dem jahrtausendealten Erfahrungsschatz der Menschheit stehen, sondern auch durch die modernen Wissenschaften einfach widerlegt sind.

Nirgends wird deutlicher als beim Thema Abtreibung, wie wenig Simone de Beauvoir den Tatsachen Beachtung schenken will, denen zufolge das ungeborene menschliche Kind ebenso Glied der Menschheit ist wie jeder geborene Mensch.[86] Statt dessen ist sie fähig, das ungeborene Kind als ein «blutiges Etwas»[87] zu bezeichnen. Weder wird in «Das andere Geschlecht» eine klare Vorstellung der Ontologie des Menschen sichtbar, noch scheint sich seine Autorin überhaupt um eine ausgewogene Sicht der Dinge bemüht zu haben.

Diese Beispiele sind symptomatisch für das Werk Beauvoirs. Trotzdem hat Professor Abbé Moeller, der «Das andere Geschlecht» unter vielen anderen besprochen hat, nicht ganz unrecht, wenn er behauptet, Simone de Beauvoirs Werk weise eine Reihe positiver Werte auf, aus denen viel gelernt werden könne.[88] Ihre Aussagen können durchaus den Blick für viele Probleme schärfen. Oft verbinden sich klarsichtige Beobachtungen mit exakten Beschreibungen. Zu widersprechen ist allerdings der Behauptung Moellers, die da lautet:

«Das ‚Zweite Geschlecht' (= «Das andere Geschlecht») ist kein Unternehmen, das zur Perversion führt. Es ist von dem echten Wunsch nach Vermenschlichung und Vervollkommnung der Stellung der Frau beseelt.»[89]

Moeller ist dem Trugschluß einer zu beengten und isolierten Betrachtungsweise des «Anderen Geschlechts» erlegen. Ebenso könnte er nämlich andere Sachverhalte, die bei isolierter Betrachtungsweise als gut erscheinen, wie beispielsweise Autobahnbauten eines Diktators, gutheißen, die bei näherer Betrachtung ihr wahres Gesicht, hier möglicherweise Kriegsvorbereitungen, offenbaren.

Wie im vorigen Kapitel deutlich wurde, kann das Werk Beauvoirs unmöglich von ihrer Person und ihrem ideologischen Gesamtkonzept getrennt werden. Es ehrt Moellers Beurteilung des «Anderen Geschlechts», daß er nur das Beste über Beweggründe und Ziele Beauvoirs annahm.

Doch die Täuschung durch positive Teilaspekte hält einer eingehenden Prüfung nicht stand.

Je weiter wir in Lebensschicksal und Werk von Simone de Beauvoir eindringen, desto klarer wird, daß ihre Forderungen nach der Metamorphose der Frau und der freien Kindestötung für ihre Person unausweichlich und für ihre Ehrenrettung notwendig waren. Sie schuf eine Gegenwelt auf dem Weg der Philosophie, die ganz wesentlich dazu beitrug, unsere Welt zu revolutionieren.

Er hat's geschafft. Seine Mutter ließ ihn am Leben. Mit einem verschmitzten Lächeln dankt er ihr dafür.

IV

Die Aktualität feministisch-materialistischen Gedankenguts

A. HISTORISCHE EINORDNUNG DES RADIKALEN FEMINISMUS

1. Begriffsklärung und Abgrenzung: «Frauenbewegung» – «radikaler Feminismus»

Der Begriff «Feminismus» zur Bezeichnung eines vorwiegend von Frauen getragenen Engagements für die soziale Verbesserung der Situation von Frauen ist im Laufe der neueren Geschichte mit den verschiedensten Bedeutungsinhalten gefüllt worden. Mit dem Wort «Feminismus» werden deshalb völlig unterschiedliche historische Erscheinungen benannt, die z.T. nichts miteinander zu tun haben. Daher ist es unumgänglich, den nachfolgenden Erörterungen eine eindeutige Begriffsklärung voranzusetzen, ohne die eine mißverständnisfreie Verständigung nicht möglich ist.

a. Die Frauenbewegungen

Frauenbewegungen hatten und haben das Bestreben, die Frauenemanzipation zu fördern, was in erster Linie auf wirtschaftlichem und politisch-rechtlichem Gebiet geschehen soll. Besonders der Zugang zu höherer Bildung, die Anerkennung der Bürgerrechte auch für Frauen und ähnliche Ziele sollten die Gleichberechtigung voranbringen und die Gesellschaft zu mehr Gerechtigkeit führen. Diese Anliegen lassen sich bis in die Zeit der Französischen Revolution zurückverfolgen und wurden von Zeit zu Zeit (z. B. anläßlich der Revolution von 1848 in Deutschland) durch entsprechende Programme erneut aufgegriffen und konkretisiert. Bemerkenswert ist, daß sich diese Bewegungen im Rahmen traditioneller Vorstellungen vom Wesen der Frau und ihrer Bestimmung und Rolle halten.

Das Problem der Abtreibung beispielsweise wurde kaum thematisiert und erhielt nie die Ausrichtung wie zu Zeiten des neuen Feminismus seit den 60er Jahren unseres Jahrhunderts. So beschreibt zum Beispiel Olive Banks für England sehr eindrücklich, daß Geburtenkontrolle, freie Abtreibung und freizügige Scheidung niemals Ziele der Frauenbewegungen des 19. Jahrhunderts waren.[90] Dies gilt auch für die feministischen Bewegungen des Kontinents. Auch hier blieben diese Themen untergeordnet und außerhalb der Ziele der Frauenbewegungen.[91]

b. Der radikale Feminismus

Zur Bezeichnung eines Phänomens, das seit den 60er Jahren unseres Jahrhunderts erfolgreich Wirkung entfaltet hat und als sog. neuer Feminismus in die Geschichte eingegangen ist, verwende ich den Sammelbegriff «Radikalfeminismus», da sich etwa seit den 20er Jahren unseres Jahrhunderts ein Paradigmenwechsel innerhalb des Feminismus andeutete, der den sog. neuen Feminismus als neue und im Vergleich zu den Frauenbewegungen völlig andersartige Erscheinung charakterisiert. In der Zielsetzung sowie im Mitteleinsatz ereignete sich eine tiefgreifende Radikalisierung, die durch Rückgriff auf bestimmte, noch näher zu beschreibende Weltanschauungen erfolgte. Heute sind Forderungen nach Geburtenkontrolle wie auch nach freier Abtreibung und liberalem Scheidungsrecht Selbstverständlichkeiten der feministischen Bewegung, wodurch ein zwingender Grund vorliegt, den radikalen Feminismus von den Frauenbewegungen früherer Zeit auch sprachlich abzuheben. Demgemäß besteht die Radikalität des neuen Feminismus in der völligen Abkehr von althergebrachten Werten, denen die Frauenbewegungen noch verpflichtet waren.

Zu Anfang dieses Jahrhunderts hatten Vorläufer des Radikalfeminismus in erstaunlich ähnlicher Art den heute realen Feminismus antizipiert, der sich die obengenannten Ziele zu eigen machte.[92] Die feministischen Anfänge der 20er Jahre sind in eine Reihe zu stellen mit der seit den 60er Jahren aufgeblühten feministischen Revolution. Beide Erscheinungen weisen dieselbe geistige Konstitution auf und gipfeln in der schonungslos radikalen Abkehr vom Lebensrecht des Kindes.

Auch in Deutschland wurde die Forderung nach frei bestimmter Abtreibung seit den 20er Jahren in regelmäßigen Abständen immer wieder laut und auch hier besonders von Gesellschaftsgruppen linker Provenienz propagiert. Beispiele dafür sind die Äußerungen der Sozialdemokratie vor dem Zweiten Weltkrieg oder auch die Auseinandersetzungen um Abtreibung Ende der 40er Jahre unseres Jahrhunderts.[93]

2. Das allgemeine Kriterium zur Unterscheidung zwischen «Frauenbewegung» und «Radikalem Feminismus»

Die in der Geschichte nachvollziehbaren feministischen Bewegungen können also anhand ihrer Grundziele folgendermaßen getrennt werden:

Der Oberbegriff Feminismus umfaßt zum einen die Frauenbewegungen (z.T. auch Frauenrechtsbewegungen genannt), zum anderen die radikalen Feminismen, zu denen die feministische Protestbewegung gehört, die seit den 60er Jahren besteht.[94]

Das entscheidende Kriterium, anhand dessen sich diese so unterschiedlichen Erscheinungen scheiden lassen, lautet: *Abwesenheit oder Vorhandensein von Destruktivität.*[95] Anders ausgedrückt: Wird in den verschiedenen Erscheinungsformen des Feminismus die Menschenwürde und das geschöpfliche Wesen des Menschen bewahrt und zur Entfaltung gebracht oder zerstört bzw. an der Enfaltung gehindert.

Rekapituliert man die Anliegen der Frauenbewegungen, so wird deutlich, daß sie grundsätzlich lebenfördernde, rechtliche Verbesserungen für die Frauen im sozialen Bereich erstrebten, wobei keine Revolution des Menschenbildes erfolgte. Lediglich das Bewußtsein vom Wert und den Ansprüchen des Lebens von Frauen sollte gehoben werden bei gleichzeitiger Hochhaltung des Wertes anderer Menschenleben. Diese Grundhaltung ist gekennzeichnet durch Rücksichtnahme und schonungsvollen Umgang mit sich selbst und mit anderen. So hatten es z.B. die Feministinnen der Frauenbewegung des 19. Jahrhunderts strikt abgelehnt, künstliche Methoden der Empfängnisverhütung zu unterstützen, weil sie schwerwiegende Gefahren der gegenseitigen Ausbeutung bei allzu freiem und unbekümmertem Umgang mit der Sexualität sahen.[96] Genauso war, wie schon erwähnt, Abtreibung kein Ziel der Frauenbewegung. Im Gegensatz dazu sind die durch die feministische Protestbewegung anvisierten und zudem erfolgreich erstrittenen Ziele destruktiv zu nennen. In besonderem Maß gilt dies natürlich für das Ziel der Tötungsberechtigung am ungeborenen Kind. Dieses und andere Ziele offenbaren die egozentrische Weltsicht und das rücksichtslose Streben nach Selbstverwirklichung, das zu seiner Verwirklichung sogar vor der Zerstörung von Menschenleben nicht zurückschreckt.

Das Ziel frei bestimmter Abtreibung verursachte innerhalb der feministischen Bewegung der 60er Jahre z.T. scharfe Auseinandersetzungen. Als die größte US-amerikanische Organisation des Feminismus (NOW: National Organisation for Women) das «Abtreibungsrecht» zum ausdrücklichen Ziel erklärte, kam es zu einer Spaltung, die schließlich mit dem Sieg der extremen Kräfte endete.
Die strikte Weigerung des radikalen Feminismus, das ungeborene Kind als Mensch mit allen zugehörigen Menschenrechten anzuerkennen, obwohl seine Menschlichkeit durch die Wissenschaft längst erwiesen wurde, ist Ursache dieses unmenschlichen Abtreibungsziels.

Ein weiteres Beispiel radikal-feministischer Denkart ist die Propagierung eines distanzlosen Umgangs unter Menschen, der nicht anders als eine dumpfe Jagd nach sexueller Befriedigung beschrieben werden kann. Es ist daher nur konsequent, wenn die radikalen Feministen die Außerkraftsetzung der weiblichen Fruchtbarkeit mit Hilfe von chemischen Präparaten (Pille) anpreisen. Die unausweichliche Verknüpfung von Abtreibung und der Tatsache rücksichtsloser Benutzung des eigenen wie des Körpers des Partners als Instrument für den Lustgewinn wird hierbei entweder nicht erkannt oder geleugnet. Doch wer dem Zeitgeist nicht erlegen ist, wird unschwer erkennen, daß die Achtung zwischen Mann und Frau durch «freie» Sexualität nicht gefördert wird und daß besonders das natürliche Gefühl für den Wert des beim sexuellen Geschehen möglicherweise[98] entstandenen Kindes verloren geht. Von da ist es nur noch ein letzter Schritt zur Abtreibung, da ja das Kind, das «verhütet» werden sollte, als belastendes Produkt einer funktionalen Lustbefriedigung empfunden wird.[99] Nun muß nur noch die geeignete Serviceleistung des Staates hinzutreten, um den «Störenfried» einer absoluten Selbstbestimmung (straflos) zu entfernen.

In ähnlicher Weise ist uns diese Gedankenreihe bereits in «Das andere Geschlecht» von Simone de Beauvoir begegnet. Die geistige Verwandtschaft der feministischen Forderungen zu den Beauvoirschen Thesen ist unverkennbar.

B. DIE ERFOLGREICHE RADIKAL-FEMINISTISCHE PROTESTBEWEGUNG UND IHRE RÜCKBEZÜGE AUF DIE FEMINISTIN BEAUVOIR

1. Organisationen des Feminismus und seine herausragenden Persönlichkeiten

a. Frankreich

Seit den Ereignissen der 68er Studentenrevolte flammte in Frankreich ein radikal-feministisches Bewußtsein auf, dessen reale Bewegung «MLF, Mouvement de libération des femmes» genannt wurde und dem 1970 die Gründung einer feministischen Organisation gleichen Namens folgte. Diese Organisation ging, wie einige vergleichbare andere auch, aus der linken politischen Sphäre hervor und bestand vorwiegend aus intellektuellen Frauen.[100] Der «Hinauswurf» der Männer, der sich im Sinne des Wortes in der MLF-Organisation vollzog, ist hierbei ein nicht unwesentlicher Vorgang, symbolisiert er doch die Trennung der Geschlechter in der Bemühung um eine (wie auch immer geartete) Emanzipation.

Wichtige Impulse erhielt die MLF von der Women's Liberation-Bewegung der USA, die als Vorläufer anzusehen ist. Zu den ersten und wichtigsten Themen zählte die sog. sexuelle Frage, die im wesentlichen unter dem Gesichtspunkt der «frei gewählten Mutterschaft», d.h. der «Abtreibung auf Wunsch», behandelt wurde.[101]

Die MLF organisierte 1971 die erste Selbstbezichtigungs-Kampagne auf dem Kontinent, in der sich die ein Manifest unterzeichnenden Frauen der Abtreibung beschuldigten. Um zu gewährleisten, daß nur eine Liberalisierung der Abtreibung in Frage komme, prangerten die Feministinnen den skandalumwitterten Mißstand massenhafter, illegaler Hinterhofabtreibungen an, bei denen angeblich Zigtausende von Frauen stürben. Schon zuvor hatten sie verbreitet, daß in Frankreich jährlich eine Million Frauen abtreiben ließen.

Simone de Beauvoir, die vielen französischen Feministinnen ein Vorbild war, wurde zu dieser Kampagne von der MLF als prominente Gallionsfigur engagiert. Ihr Verhältnis zur MLF wird in dem nachfolgenden Ausschnitt eines Interviews mit Alice Schwarzer deutlich:

Frage: «Ihre Analyse der Situation der Frau ist immer noch die radikalste. Seit Erscheinen Ihres Buches ‚Das andere Geschlecht’ im Jahre 1949 ist kein Autor weiter gegangen als Sie, und Sie vor allem haben die neuen Frauenbewegungen inspiriert. Aber erst jetzt – nach 23 Jahren – haben Sie sich erstmals aktiv in dem konkreten und kollektiven Kampf der Frauen engagiert. Sie sind in Paris mit den Französinnen auf die Straße gegangen und beim internationalen Frauenmarsch mitmarschiert. Warum?»

Simone de Beauvoir: *«Weil sich in den letzten 20 Jahren die Situation der Frauen nicht wirklich geändert hat. Und als mich die Frauen von der französischen Frauenbewegung fragten, ob ich nicht mit ihnen zusammen an dem Abtreibungs-Manifest, in dem wir uns selbst der Abtreibung beschuldigt haben, arbeiten wolle, da habe ich gedacht: das ist der richtige Weg, um die Aufmerksamkeit auf diesen größten Skandal, den es heute überhaupt gibt, auf das Abtreibungs-Verbot, zu lenken! So hat das angefangen.»*[102]

Diese Aktion war ein kluger Schachzug, der den Stein der Abtreibungsreform in Frankreich ins Rollen brachte.

Bemerkenswert erscheint mir die Tatsache, daß im Zentrum der Kampagne Simone de Beauvoir stand, als geistige und tätige Mentorin der radikal-feministischen Bewegung. Über ihre Funktion der prominenten Anführerin dieser Selbstbezichtigungskampagne hinaus übernahm Beauvoir den Vorsitz der Vereinigung «Association choisir», die sich zum Anliegen gemacht hatte, Abtreibung gesetzlich in das Belieben der Frau zu stellen.[103] Als Radikalfeministin mit internationalem Renommee war Simone de Beauvoir für die Führung der Abtreibungskampagnen wie geschaffen.

b. Deutschland

Alice Schwarzer, die noch heute in Deutschland tonangebende Radikalfeministin, hielt sich zur Zeit der Selbstbezichtigungskampagne in Paris als Korrespondentin auf. Sie erfaßte sofort den spektakulären Charakter dieses aktivistischen Feldzugs, der den Staat in Zugzwang brachte. Er mußte reagieren.

Hier ergriff Alice Schwarzer die Gunst der Stunde und importierte einfach die Idee der französischen Selbstbezichtigungskampagne nach Deutschland[104], wo die entsprechende Aktion ebenfalls zum Markstein wurde im Kampf um die Freigabe der Abtreibung.

Mit der Selbstbezichtigungskampagne nutzten die Feministinnen den Überraschungseffekt des Angriffs und hatten nicht zuletzt durch die vorhergegangene Verunsicherung der Bevölkerung mit gefälschten Zahlen gute Aussichten, ihr Ziel der Abtreibungsreform durchzusetzen.

Die offene Selbstbezichtigung mehrerer hundert vorwiegend in der Öffentlichkeit bekannter Frauen, ihre Kinder abgetrieben zu haben, stellte die staatliche Gewalt vor die Entscheidung, entweder mit gebotener Härte die Verbrechen zu ahnden oder den Liberalisierungsbestrebungen der Abtreibungsbefürworter nachzugeben.[105] Doch in der skizzierten Lage schien es nicht mehr möglich, das Recht durchzusetzen. Welcher Staatsanwalt oder Richter hätte riskiert, aus dieser schwachen Position das Lebensrecht des Kindes gegen den Zeitgeist einzufordern!

Die Abtreibungszahlen maßlos zu übertreiben ist noch heute ein sehr beliebtes demagogisches Mittel, um die freie Abtreibung zu rechtfertigen.

In Frankreich wie auch in Deutschland nannten die Feministinnen die astronomische Zahl von *1 Million* illegaler Abtreibungen pro Jahr, obwohl sie genau wußten, daß diese Zahl einfach erlogen[106] war, um die scheinbare Notwendigkeit einer Abschaffung nutzloser, ja geradezu gefährlicher Strafnormen einsichtig zu machen.

Auch in den USA wurde diese einfache Zahlenmanipulation als Instrument eingesetzt, Meinung zu machen. Ein ehemaliger Insider des Abtreibungs-Geschäfts, Dr. med. Nathanson, der maßgeblich zur Freigabe der Abtreibung in den USA beitrug, berichtet, daß die feministischen Gruppen das 10fache der jährlichen Zahl illegaler Abtreibungen in den USA nannten: *1 Million.*

c. USA

Im US-amerikanischen Feminismus kommt Betty Friedan eine zentrale Rolle zu.[107] Bereits 1966 gründete sie gemeinsam mit anderen Intellektuellen die National Organisation for Women (NOW), deren erste Präsidentin sie wurde. Die Mitgliederzahl von NOW wuchs von 1967 bis 1974 von etwa 1.000 sprunghaft auf 40.000 an. Heute ist sie die größte feministische Organisation der USA mit Hunderttausenden Mitgliedern.

Etwa ab 1968 entstand daneben eine sog. «unorganisierte» feministische Bewegung, die stärker im sog. Schulungs- und Selbsterfahrungsbereich tätig war und, um mit den Worten Beauvoirs zu sprechen, *«durch eine Flut von Literatur von sich reden (machte), darunter ,Sexus und Herrschaft' von Kate Millett, ,Dialectic of sex' von Shulamith Firestone, ,Sisterhood is powerful', eine von Robin Morgan publizierte Reihe von Studien, ,Der weibliche Eunuch' von Germaine Greer.»[108]*

Da sich die Bewegung der NOW zunächst fast ausschließlich aus intellektuellen Frauen zusammensetzte, blieb ihr Aufgabenschwerpunkt die Organisation, da Schulungen für sie selbst nicht vordringlich waren.

Die Abschaffung aller Anti-Abtreibungsgesetze war eines der zentralen Ziele der NOW[109], das bereits 1973 vollständig erfüllt wurde durch die Entscheidung des Obersten amerikanischen Gerichtshofes, der die Abtreibung auf

Wunsch der Frau gestattete. Es liegt nicht fern, im prompten Erfolg der US-amerikanischen Radikalfeministinnen eine Signalwirkung für die westlichen Staaten zu sehen, da die Amerikanerinnen ihren ausländischen «Schwestern» wesentlich voraus waren.

Betty Friedan, das intellektuelle Haupt der NOW, studierte neben dem Fach Psychologie auch Philosophie. Sie organisierte nationale und internationale Frauenkongresse und Demonstrationen und nahm seit 1972 verschiedene Gastprofessuren an. Nicht zuletzt durch ihr berühmt gewordenes Buch «The feminine mystique» (erschienen 1963) hat sie die amerikanische Sozialgeschichte stark geprägt. Betty Friedan kannte «Das andere Geschlecht» von Simone de Beauvoir. Ihr Buch, dessen deutscher Titel «Der Weiblichkeitswahn» lautet, ist in der Auseinandersetzung mit dem «Anderen Geschlecht» von Beauvoir entstanden.[110] Auffallend ist, daß Betty Friedan die «Wahnvorstellung» einer weiblichen Frau als zentralen Irrtum der damaligen (amerikanischen) Gesellschaft ablehnt. Aus dem Beauvoirschen «Weiblichkeitsmythos» ist also der Friedansche *Weiblichkeitswahn* geworden.

Ein Zitat aus Betty Friedans Selbstzeugnis «Das hat mein Leben verändert» macht deutlich, welch eindringliche Wirkung Simone de Beauvoirs Werk auf Frauen auszuüben vermag:

«Ich war Simone de Beauvoir vorher nie begegnet, aber meinen eigenen Existentialismus verdanke ich ihr. Es war ihr Buch ‚Das andere Geschlecht’, das mich für das existentialistische Verständnis von Realität und politischer Verantwortung gewann, mich vom Schubfachdenken einer verordneten Ideologie befreite und mich zu dem befähigte, was mir an eigenständiger Analyse der weiblichen Existenz gelungen sein mag.

Als ich ‚Das andere Geschlecht’ zum erstenmal las, Anfang der fünfziger Jahre, antwortete ich noch, befangen im Weiblichkeitswahn, auf die Frage nach meinem Beruf: ‚Hausfrau’. Die Lektüre wirkte derart deprimierend auf mich, daß ich am liebsten wieder ins Bett gegangen wäre (nicht ohne vorher den Kindern ihr Frühstück zu machen) und mir die Decke über die Ohren gezogen hätte. Ich mußte noch ein Dutzend Jahre so weiterleben, ehe ich analysieren konnte, was denn mich und andere amerikanische Frauen in diese Depression gestürzt hatte. Dann jedoch sah ich darin etwas, was man nicht hinzunehmen brauchte, sondern ändern konnte.»[111]

Betty Friedans an «Das andere Geschlecht» geschulte Angriffe auf unliebsame Gegner offenbaren sowohl ihre klare Konzeption eines revolutionären Frauenkampfes als auch die äußerste Energie, mit der sie ihren Visionen zum Durchbruch verhelfen wollte. Friedan schreibt:

«Zu den Kräften, die der Frauenbewegung – und der sexuellen Befreiung überhaupt – am vehementesten entgegenwirken, gehört die Hierarchie der katholischen Kirche. Mit Hilfe ihres millionenschweren steuerfreien Kirchenschatzes, durch Kanzelverlautbarungen und sogar Exkommunikationsdrohungen versuchte die Kirche, die Ratifizierung des Gleichberechtigungszusatzes in den USA zu hintertreiben und die Frauen an der Wahrnehmung ihres verbrieften Rechts auf medizinischen Beistand zu hindern, wenn sie sich dazu entschlossen haben, ein Kind nicht auszutragen, sondern abzutreiben. Neue Verlautbarungen des Vatikans beharren unversöhnlich auf dem Standpunkt, daß die nicht der Fortpflanzung dienende sexuelle Betätigung Sünde sei, und tun damit eine längst geübte Praxis zahlloser Katholiken (und Nichtkatholiken) in Acht und Bann – so wie ein früherer Papsterlaß den Katholiken verbot, sich in irgendeiner Weise der Geburtenkontrolle zu bedienen.

Und doch bin ich heute mehr denn je davon überzeugt, daß die kompromißlose Haltung der scheinbar so monolithischen katholischen Kirche sich früher oder später einer neuen Macht in der Welt wird beugen müssen – der Macht der Frauen, der Macht der jungen Menschen, der Macht der sexuellen Befreiung überhaupt.»[112]

Betty Friedan, die sich ganz unverhohlen zum «Recht der Frau auf Abtreibung» bekannte, gehörte weiteren Organisationen an, die sich um Durchsetzung dieses «Rechts» bemühten. So war sie von 1970 bis 1973 Vizepräsidentin der National Association for Repeal of Abortion Law (NARAL), die später in «Abortion Rights Action League» umbenannt wurde.

Der obengenannte Insider der Pro-Abtreibungs-Bewegung, Dr. med. Nathanson, berichtet über die Aktivitäten der NARAL aus jener Zeit:

«Ich war einer der Gründer der Nationalen Vereinigung für die Aufhebung des Abtreibungsgesetzes NARAL...
Dies war die erste politische Aktionsgruppe für die Abtreibung in den USA. Gegründet wurde sie von Lawrence Lader, von mir, von Betty Friedan – der Feministin – und von Carol Brightcer, die damals Politikerin in New York City war. Die Gründung erfolgte 1968.»[113]

Über die Vorgehensweise dieser Gruppe berichtet Nathanson:

«Wir fälschten die Zahl der illegalen Abtreibungen, die jährlich in den USA gemacht wurden. Wir wußten, daß die Gesamtzahl der illegalen Abtreibungen in den USA jährlich etwa 100 000 betrug. Die Anzahl aber, die wir wiederholt – wiederholt! – an die Öffentlichkeit und an die Medien weitergaben, war eine Million. Und wenn man die große Lüge oft genug wiederholt, wird man die Öffentlichkeit überzeugen, wie unser Freund, Herr Hitler, in Deutschland bewiesen hat. Wir wußten ebenfalls, daß die Zahl der Frauen, die in den USA jährlich bei illegalen Abtreibungen starben, zwischen 200 und 250 lag. Die Anzahl, die wir beständig wiederholten und an die Medien weitergaben, war 10 000. Diese Zahlen begannen das öffentliche Bewußtsein in den USA zu prägen, und diese Zahlen waren das beste Mittel, Amerika zu überzeugen, daß wir die Abtreibungsgesetze beseitigen mußten.»[114]

Nathanson, der frühere überzeugte Abtreibungsarzt, deckte in seiner berühmt gewordenen Rede von Dublin sämtliche Machenschaften der NARAL auf. Da seine Berichte die Erfahrungen eines direkt Beteiligten und Mitverantwortlichen für die Einführung freier Abtreibung in den USA darstellen, ist seine Rede im Anhang mit geringfügigen Kürzungen abgedruckt.

Das Wirken des Radikalfeminismus kommt in den dargestellten Aktivitäten genau zum Ausdruck.

Betty Friedan und andere Feministinnen, die zum großen Teil ebenfalls von den Beauvoirschen Gedanken beeinflußt waren, versuchten, die Anliegen der feministischen Bewegung möglichst effizient zu verwirklichen, was mittels einer Vereinigung der verschiedenen feministischen Organisationen im «National Women's Political Caucus» erreicht werden sollte. An diesem Vorhaben waren so berühmte Frauen wie die Herausgeberin des MS-Magazins, Gloria Steinem, beteiligt.

Wie sehr die Beauvoirschen Gedanken gerade innerhalb des amerikanischen Feminismus gegenwärtig waren und teilweise noch immer sind, kommt in den Äußerungen Steinems zum Ausdruck, wenn sie in der New York Times rückblickend über Simone de Beauvoir sagt:

«Wenn man einem einzigen Menschen das Verdienst zuschreiben kann, die gegenwärtige internationale Frauenbewegung inspiriert zu haben, dann ist das Simone de Beauvoir». [115]

Diese wenigen Worte lassen erkennen, vor welchem geistigen Hintergrund die feministischen Pro-Abtreibungs-Aktionen erfolgten.

2. Simone de Beauvoir als geistige Mutter der radikalfeministischen Protestbewegung der 60er und 70er Jahre

a. Intellektuelle als Initiatoren der feministischen Protestbewegung

In den genannten Ländern waren zunächst vor allem gebildete Frauen der Mittelschicht Pioniere und Träger des neuen Feminismus. Die Intellektualität der ersten Feministinnen implizierte nicht nur, daß sie über grundlegende Studien über die Frau wie beispielsweise «Das andere Geschlecht» informiert waren, sondern auch, daß sie ihr Weltbild anhand dieser Schriften formten. Die Führungsrolle des «Anderen Geschlechts» kann nur daraus erklärt werden, daß es als einziges Werk zum Wesen und der Rolle der Frau eine umfassende Theorie darlegte, wie sie kein vergleichbares Werk bot. So ist es kaum erstaunlich, daß sich die Thesen Beauvoirs in den Zielen und ihre Ideen und Behauptungen in den Argumentationsreihen der Feministinnen wiederfinden. Genauso hat sich die Destruktivität ihres Werkes tradiert und in der Destruktivität heutiger Abtreibungspraxis niedergeschlagen.

Vom Standpunkt des nunmehr real existierenden Feminismus ist es von sekundärer Bedeutung, ob die Gedanken von Simone de Beauvoir direkt übernommen wurden oder sich mittels des Mechanismus' der Bestätigung durch die Überprüfung feministischer Ideen an dem «Anderen Geschlecht» durchsetzten.

Jedenfalls dauerte es seit Erscheinen des «Anderen Geschlechts» etwa 25 Jahre bis zum greifbaren Erfolg seiner Ideen. Während dieser Zeit wurde die Beauvoirsche Ideologie in ungezählten Rückkopplungen umgesetzt und ihr Bekenntnis ausgebreitet. Es sei hier kurz an die enorme Publizität des «Anderen Geschlechts» erinnert. Bedenken sollte man auch, daß Beauvoir nach wie vor als Grande Dame des Feminismus gilt und ihr Werk eine Art Prüfstein darstellt. Deshalb ist es keineswegs eine Übertreibung, «Das andere Geschlecht» als *Bibel des Feminismus* zu bezeichnen.
Es war also nicht die einfache Frau mit Familie, die um Verbesserungen ihrer Lebensverhältnisse und derer ihrer Familie kämpfte, sondern der feministische Kampf wurde in erster Linie von gutsituierten Theoretikerinnen geführt, die zwar auch das Anliegen hatten, Mißstände abzuschaffen, doch dieses Anliegen oft nur als Legitimation benutzten, um ihre Ideologie von der Neuen Frau einzuführen.

b. Der radikale Feminismus als Speerspitze materialistischer Ideologien

Zweifellos erstrebte und erreichte die feministische Protestbewegung auch Ergebnisse außerhalb des destruktiven Ziels der Abtreibung. Die Einschwörung des Radikalfeminismus auf Abtreibung, die mit der irreführenden Berufung auf das «Selbstbestimmungsrecht der Frau über ihren Körper» gerechtfertigt wurde, bedeutet aber die Lossagung von dem elementaren Recht jedes Menschen auf Leben. So bleibt die Einführung legaler Abtreibung nach wie vor der erstaunlichste Vorgang innerhalb von Gesellschaften, deren Ordnungen sich auf humane und christliche Werte gründen. Die Einführung einer Tötungsberechtigung[116] gegenüber dem ungeborenen Kind ist der Ausstieg der Nationen aus ihren Verfassungsordnungen. Werte und Normen, die sich auf jahrtausendealte Erfahrungen und schmerzliche Vorkommnisse dieses Jahrhunderts stützten, verschwanden und wurden als humane Lebensordnung ausgeschaltet. Damit widerspricht die Wirklichkeit der westlichen Nationen ihren geschriebenen Verfassungen.

Die geistig-moralische Umwälzung, die sich seit einigen Jahrzehnten ankündigte und in der Durchsetzung der Abtreibung wahrhaft epochale Bedeutung errang, besteht aus dem Grundzug eklatanter Gleichgültigkeit gegenüber Gott und dem Mitmenschen. Diese Geisteshaltung und Lebensart der Gleichgültigkeit wiederum bezieht ihre entscheidenden Impulse aus verschiedenen Erscheinungen der Geistes- und Kulturgeschichte. Zu nennen sind hier vor allem die sog. Sexuelle Revolution und ein neuer Wohlstandsatheismus. Darüber hinaus gehören die unerhörten Errungenschaften moderner Naturwissenschaft und deren Mißbrauch, wie er sich z.B. in der sog. Geburtenkontrollbewegung artikulierte, zu jenen Tatbeständen, die den Erfolg des Radikalfeminismus ausmachten.

Die heute dominante Auffassung über Sexualmoral steht in engem Zusammenhang mit dem radikal-feministischen Verständnis von Sexualität und seinem Ziel der freien

Abtreibung. An entsprechenden Stellen der feministischen Kampfliteratur wird dies immer wieder deutlich (Vgl. z.B. das obige Zitat von Friedan).

Als einer der wesentlichsten Umweltfaktoren war im geistigen Klima des sog. Wertepluralismus der westlichen Gesellschaften ein neuer Materialismus entstanden, den man auch als Wohlstandsatheismus bezeichnen könnte, der sich in rigoroser Selbstverwirklichung und Wohlstandsstreben der Individuen präsentiert. Als ein Beleg hierfür können die Motive der Frauen, die eine Abtreibung vornehmen ließen, herangezogen werden. Das Motiv, sich ein möglichst hohes Wohlstandsniveau zu sichern, spielt statistisch eine entscheidende Rolle.[117] In einem der reichsten Länder der Welt wie der Bundesrepublik Deutschland ist das Ausdruck für die Überbewertung materiellen Wohlstandes und des eigenen Ichs gegenüber anderen Menschenleben. Hier tritt das materielle Prinzip der Geistesströmungen hervor, die vom radikalen Feminismus zu unvergleichlicher Gewalttätigkeit emporgeführt wurden.

Weiter ist zu einem wesentlichen Begleitumstand der Legalisierung von Menschentötungen auch der grenzenlose Fortschrittsglaube der Völker geworden, dessen Ursprung wiederum in der gottabgewandten Grundhaltung zu sehen ist, jeden Wunsch des Menschen in Erfüllung gehen lassen zu können.[118] Der durch das sog. autonome Gewissen verabsolutierte Wille des Menschen nimmt sich die Freiheit, das zu tun, was er kann. Nicht die Schöpfungsweisheit ist weiterhin Maß aller Dinge, sondern das eigene Befinden des sich unausgesprochen zu Gott gemachten Menschen. Die Versuchung, so zu denken und zu handeln, ist zweifellos auch den enormen Erfolgen moderner Naturwissenschaft zuzuschreiben, die den Menschen in der Machbarkeit der Dinge ethisch zu überfordern scheinen. Im Gefolge dieses Glaubens kam es zu einem fürchterlichen Mißbrauch moderner Medizintechnik, da es mit ihr möglich ist, eine Kindestötung im Leib der Mutter so durchzuführen, daß eine unmittelbare Todesgefahr für sie stark gemindert wird.[119] Dies ist die Herabsetzung des naturgegebenen

Schutzes der Kinder wie auch ihrer Mütter vor der Versehrung durch menschlichen Eingriff.

Zwar ist die Philosophie des Materialismus und der mit ihm zusammenhängenden Denkschulen längst irreparabel erschüttert – insbesondere durch neue Erkenntnisse der modernen Naturwissenschaft und die neueren Entwicklungen in Osteuropa – doch scheint sich das zu den folgenschwersten Produkten dieser Ideen gehörende Tötungsrecht am ungeborenen Kind um so verbissener zu halten.[120]

Aus der Entstehungsgeschichte und seinen Rückbezügen geht hervor, daß der neue Feminismus starke Anleihen beim Existentialismus Sartres machte und daneben auch Ideen anderer Atheismen und Materialismen in sich aufgesogen hat. Insoweit ist der radikale Feminismus das Produkt von im sog. christlichen Abendland schon immer latent vorhandenen Philosophien. Diese Philosophien bilden das ideologische Grundgerüst und bereiteten den Nährboden für den radikalen Feminismus. Seine Gedanken sind deshalb nur zum geringsten Teil originär.

Die Unterschiede zwischen den heute existenten vielfältigen Formen des radikalen Feminismus beruhen im wesentlichen auf der unterschiedlichen Hervorhebung von bestimmten Aspekten der ihnen zugrundeliegenden Philosophien. Besonders deutlich konnte die Nähe des Beauvoirschen Feminismus zum Existentialismus Sartres (der seinerseits atheistische Quellen hat, auf die hier aber nicht eingegangen werden kann) dargestellt werden. Ein anderes Beispiel ist das Buch «Frauenbefreiung und sexuelle Revolution» der Radikalfeministin Shulamith Firestone, das ausdrücklich in enger Anlehnung an den Marxismus entstanden ist.[121]

Der radikale Feminismus[122] sammelte, konkretisierte und sprach aus, was viele Menschen bereits dachten oder fühlten. Seine aktivistische Seite, die den meisten Menschen besser bekannt sein dürfte als seine ideologischen Hintergründe, habe ich «feministische Protestbewegung» genannt. Sie erkämpfte, was andere materialistische Ideologien schon lange zuvor immer wieder forderten. Insofern wäre es tatsächlich nicht fair, den aktuellen Feminismus allein für das verantwortlich zu machen, was ohne die Bereitschaft der Umwelt zur Annahme seiner zum größten Teil entlehnten Ideen gar nicht möglich gewesen wäre. Die Zeit war reif, die vom Radikalfeminismus präzisierten Ideen anzunehmen.

Im radikalen Feminismus steigerte sich die Potenz materialistischer Ideologien zur blutigen Konsequenz, die ihre scheinbare Rechtfertigung fand in der «Befreiung der Frau». Hier, im Bereich des Verhältnisses zwischen den Geschlechtern und ihrem Selbstverständnis fanden die atheistisch-materialistischen Ideen einen Ansatzpunkt für den Hebel der Revolution. Unter dem moralischen Schirm einer angeblichen Humanisierung der Gesellschaft zentrierten sich feministisch gefärbte Ideologien um das «Recht auf Selbstbestimmung», das nichts anderes bedeutet als die vollständige Lossagung von Gott und seinen Geboten. Denn durch die Anmaßung, sich zum Herrn über Leben und Tod zu machen, tritt der Mensch an die Stelle Gottes.

Der Theologe und Philosoph Francis Schaeffer[123] hat die Geistesströmungen unserer Zeit, die den gewalthaften Massentod ungeborener Kinder ermöglichten, unter dem Begriff «Humanismus» zusammengefaßt, um die Hybris menschlicher Überhebung zum Ausdruck zu bringen, die in der Liquidierung von Kindern gipfelt.

Durch die weltanschauliche Weichenstellung feministisch-materialistischer Philosophien und eine entsprechend skrupellose Nutzung moderner Technologie ist heute die Menschenvernichtung so weit fortgeschritten, daß man nicht anders kann, als sarkastisch von einer nie dagewesenen «Optimierung» des Tötens zu sprechen.»[124]

Es soll nicht unerwähnt bleiben, daß es (illegale) Abtreibungen schon immer gab. Doch dies war bei weitem nicht in dem Ausmaß der Fall, wie unter der durch die Liberalisierung der Abtreibungsgesetze erreichten «Optimierung». Zwar können Motivationen zur Tötung ungeborener Kinder nachvollzogen werden, wie die Beweggründe zu anderen Verbrechen nachvollzogen werden können. Doch kein gesunder Mensch käme deswegen auf die Idee, diese Verbrechen deshalb gesetzlich von Strafe freizustellen und finanziell zu fördern, nur weil sie psychologisch verständlich sind. Das wäre absurd.

Welch zersetzende Auswirkungen gesetzlich geförderte Abtreibung auf die gesamte Gesellschaft hat, wird unter Punkt C 3 gezeigt.

3. Exkurs: ein Blick auf die Situation in den Ländern des östlichen Kommunismus[125]

Im Vorangegangenen wurde die überragende Bedeutung des Radikalfeminismus für die gesellschaftliche Freigabe der Abtreibung dargestellt. Nun ist zu fragen, weshalb es in den Ländern des östlichen Kommunismus keiner feministischen Bewegung bedurfte, um «Abtreibung auf Wunsch» zu legalisieren. Denn, betrachtet man die Länder Osteuropas, so muß man feststellen, daß sie durchweg zwischen 10 und 20 Jahren vor den westlichen Demokratien Abtreibung – zumeist in einem erweiterten Indikationenmodell – legalisierten.[126] Eine Vorreiterrolle spielte die Sowjetunion, die eine fast ungehinderte «Abtreibung auf Wunsch» sogar schon 1920 einführte. Wodurch ist dies zu erklären?

Die kommunistische Machtergreifung in Rußland (1917) bedeutete, daß Vorstellungen und Werte, die bis dahin eine gewisse Geltung besaßen, der atheistisch-materialistischen Weltanschauung des Marxismus weichen mußten. Eben dieselbe Entwicklung setzte nach dem Zweiten Weltkrieg in den von der Sowjetunion usurpierten Satellitenstaaten ein.

Die Beobachtung vorauseilender Abtreibungsfreigabe in den kommunistischen Ländern läßt sich also auf die differierenden Verständnisweisen vom Menschen zurückführen. Ihr Gegensatz manifestiert sich in den konträren Staatsphilosophien der Demokratien und ihrer marxistischen Gegenüber. In den demokratischen Staaten des Westens sind lange Zeit Verfassungen vollständig in Kraft geblieben, die sich ausdrücklich auf humane Werte und auf das christliche Menschenbild gründeten. Die Philosophien des Materialismus, die bereits als eine der wichtigsten Quellen der Abtreibung genannt wurden, haben im Marxismus der kommunistischen Staaten *«eine politische Potenz von weltgeschichtlicher Einmaligkeit erreicht».*[127] Gemäß dem dialektischen Materialismus von Friedrich Engels (DIAMAT), der zur offiziellen Staatsphilosophie der Sowjetunion geworden ist, gibt es keinen absoluten Wert des Menschen, weil der Mensch nach seiner Auffassung primär materieller Natur ist.

Deshalb aber stellte sich der Einführung der «Abtreibung auf Wunsch» als Recht der Frau kein Hindernis in den Weg. «Abtreibung auf Wunsch» wurde denn auch wie folgt begründet:

«Das ist Teil unseres Programms, um unsere Frauen zu emanzipieren und ihnen die gleichen Rechte zu geben wie den Männern, sie nämlich nicht zu verpflichten, unerwünschte Kinder auszutragen.»[128]

Die Verfassungen der westlichen Demokratien bekennen sich dagegen ausdrücklich zu einer Verantwortung vor Gott und den Menschen und haben sich zur Einhaltung unveräußerlicher Menschenrechte verpflichtet, deren konsequente Erosion durch die feministische Protestbewegung betrieben wurde. Eine vergleichbare Verantwortung gegenüber den Menschen ist dem Kommunismus völlig fremd. Schon die weltanschaulichen Prämissen der kommunistischen Staaten also erübrigten es, einen gleichgelagerten feministischen Kampf um die Einführung der Abtreibung hervorzubringen.

Mittlerweile haben die kommunistischen Staaten ihre Abtreibungsgesetze wieder verschärft, da Abtreibung in einem Maße überhand genommen hatte, daß aus bevölkerungspolitischen und gesundheitlichen Gründen das Einschreiten der in ihrem Bestand gefährdeten Völker unumgänglich wurde.[129]

Bemerkenswert bleibt, wie die westlichen Demokratien ein philosophisches Weltbild real nachvollziehen, das durch materielles Denken und Irreligiosität geprägt ist und verheerende Abtreibungserfahrungen zeitigte.

C. DIE ABTREIBUNGSGESELLSCHAFT ALS GRÖSSTER «ERFOLG» DER FEMINISTISCHEN PROTESTBEWEGUNG

1. Die geistige Vorbereitung der Abtreibungsgesellschaft

Die feministische Protestbewegung hat das politische und gesellschaftliche Leben in vielfacher Hinsicht tiefgreifend verändert. Ihr zweifellos größter «Erfolg» war – wie die folgenden Ausführungen zeigen werden – die Vorbereitung und Durchsetzung der Abtreibungsgesellschaft.

Die feministische Argumentation in der Abtreibungsdiskussion in Deutschland hatte bisher stets folgende Gestalt: Zu ihrer Ausgangsbasis machten die Feministen schwierige gesundheitliche oder soziale Konfliktlagen, die sprachlich so dramatisiert wurden, daß die Zuhörer schon hierdurch veranlaßt würden, dem Verlangen nach freier bzw. liberalerer Abtreibungsgesetzgebung zuzustimmen.[130]

Indem sie behaupteten, das Leben einer Frau sei auf immer zerstört, wenn sie «die Schwangerschaft austragen» müsse, stellten sich die Feministinnen rhetorisch auf die Seite der Frauen in Konflikten. Hierdurch sicherten sie sich die Symphatien in der Abtreibungs-Diskussion und damit die psychologisch günstigere Humanisierungs-Position. Gleichzeitig prangerten sie die Herzlosigkeit der Gesetze und ihrer Verfechter, insbesondere der Kirchen, an. Auf dem Boden so hervorgerufener Sympathie und Antipathie versuchten sie die Glaubwürdigkeit der Abtreibungsgegner weiter systematisch zu untergraben.

Die Unterstellungen, mit denen die christlichen Kirchen und die Menschenrechtler diffamiert wurden, reichten von

der Behauptung, ihr Anliegen sei lediglich bevölkerungs-
politisch motiviert, bis hin zu dem Vorwurf, sie wollten
alte patriarchale Herrschaftsstrukturen aufrechterhalten,
indem sie die von Männern gemachten Anti-Abtreibungsgesetze schützten.

Mit dem «Selbstbestimmungsrecht der Frau», das am Frei-
heitsbegriff Beauvoirs orientiert ist, fanden die Feministen
eine schlagkräftige Formel, um zu suggerieren, daß nun
eine Zeit größerer Gerechtigkeit angebrochen sei, Frauen
endlich den Männern gleichgestellt sein würden und zum
erstenmal in der Menschheitsgeschichte ihr Leben über
alle Widerstände hinweg frei bestimmen könnten.

a. Die radikal-feministische «Selbstbestimmung über den eigenen Körper»

Die Formel des «Selbstbestimmungsrechts der Frau» greift
die Ängste jeder Frau vor der Verantwortung für das Kind
und der sich ankündigenden Einschränkungen ihres Lebens durch das Kind auf. Sie hält zugleich die Verspre-
chung bereit, durch die einfache selbstbestimmte Weigerung, das Kind anzunehmen, würde sich das Problem der
Schwangerschaft von alleine auflösen. Der Radikalfeminismus schuf semantisch geeignete Beschreibungen der Lage
der schwangeren Frauen, um sich die körperlich-hormo-
nelle und psychische Streßsituation der Mütter zunutze zu
machen, da diese sich zum Zeitpunkt erster Gewißheit
über die Schwangerschaft in einer labilen Stimmungslage
befinden und zum Teil nichts sehnlicher wünschen, als dem
Belastungszustand zu entkommen.

Auch der für das Kind gleichermaßen verantwortliche
Vater ist, wie die Erfahrung hinreichend lehrt, oft geneigt,
sich seiner Verantwortung zu entziehen.

Die vom Radikalfeminismus bereitgestellte einfache Lösung dieser Problemsituation ist wie Wasser auf die Mühlen
der Beteiligten. In den nicht als widernatürlich zu erach-
tenden Fluchttendenzen von schwangeren Frauen und
deren Männern ist die Bereitschaft vorhanden, Behauptun-

gen Glauben zu schenken, die von dem «Recht» aller Frauen sprechen, den Belastungszustand einfach *abzubrechen*. Das «Recht auf Schwangerschaftsabbruch» steht heute, wie die Abtreibungszahlen zeigen, bei großen Teilen der Bevölkerung außer Diskussion. Etwa jedes dritte Kind wird demgemäß beseitigt. Die Wegbereiter dieser Ansicht schrecken auch vor Unwahrheiten nicht zurück, wie das Beispiel der tonangebenden deutschen Radikalfeministin, Alice Schwarzer, illustriert, die auch abgetrieben hat.

Sie behauptete nicht nur, daß Abtreibung eine natürliche Sache und Recht der Frau sei, sondern auch, daß religiöse Frauen, insbesondere Katholikinnen, am meisten abtreiben würden.[131] Unerklärlich ist mir, daß diese verhältnismäßig leicht durchschaubaren Unwahrheiten nicht dazu geführt haben, daß Alice Schwarzer entlarvt wurde.

In ihren zahllosen Veröffentlichungen zur Abschaffung des § 218 fordert Frau Schwarzer in einem Atemzug die Durchsetzung des «Frauenrechts auf Abtreibung» und die Herstellung einer humaneren Gesellschaft, in welcher Abtreibung nicht mehr nötig sein solle. Der nur bei genauerem Hinsehen erkennbare Widerspruch, daß die Gesellschaft gar keinen Grund hat, Abtreibung aufzugeben, wenn doch mit ihr ein natürliches Recht verwirklicht wird, das zudem die Ursache aller Probleme aus dem Weg räumt, zeigt einmal mehr, daß Alice Schwarzer wie ihre radikalfeministischen Kolleginnen eine geschickte Demagogin ist, die ihr Repertoire der Volksverführung gut beherrscht.

b. «Schwangerschaftsabbruch» als harmloser, sozialtherapeutisch notwendiger Eingriff

Die Radikalfeministen zeigten mit ihrer Abtreibungsideologie einen neuen, scheinbar besseren Weg, die natürlichen Ängste besonders von in der Anfangsphase schwangeren Frauen aufzulösen. Da in der Realität häufig die Tatsache vermeintlich oder echt ungesicherter Familienverhältnisse hinzukommt, bot und bietet sich den Feministinnen ein weiterer Ansatzpunkt für ihre Propaganda. Statt die vor-

Dr. Siegfried Ernst, Ulm, Gründer und Leiter der Europäischen Ärzteaktion, ist einer der unermüdlichsten Kämpfer gegen die neue Tötungsideologie. Hier ist er bei einem Vortrag in Birmingham zu sehen.

Zu dieser menschenfeindlichen und so verführerischen Ideologie gehören auch Diffamierungen gegen Lebensrechtler wie ihn. So warfen ihm Abtreibungsbefürworter rufmordend vor, daß er ein Faschist sei, obgleich Dr. Ernst schon während seiner Studienzeit in Tübingen gegen die Nazis und deren Tötungsideologie kämpfte.

Dr. med. gyn. Bernard Nathanson

Auf sein Konto gehen 75.000 Kinderabtreibungen (vgl.
Anhang S. 169)

Zusammen mit der Feministin Betty Friedan hat er ab den
späten 60er Jahren gegen das Abtreibungsverbot Propaganda gemacht, was schließlich mit Erfolg «gekrönt» wurde.
Seit 1973 gibt es in den USA so gut wie keine Hindernisse
für die vorgeburtliche Kindestötung.

Dr. Nathanson hat sich erst vom Abtreibungsgeschäft ab-
gewandt, als er mit Hilfe der Ultraschalltechnik bei einer
Kindestötung in den Mutterschoß sehen und den entsetzli-
chen Todeskampf des Kindes beobachten konnte.

Seither kämpft Dr. Nathanson in der ganzen Welt für das
unbeschränkte Lebensrecht jedes Menschen.

118

handenen sozialen Probleme sozial zu lösen, offerieren sie den Müttern (und Vätern) die «Patentlösung» durch Beseitigung des Störenfrieds Kind.

Indem der Feminismus nun behauptet, es gäbe nur diesen einen gangbaren Weg, die Situation und Würde der Frau zu verbessern und zu erhalten, suggeriert er gleichzeitig, daß die Tötungshandlung moralisch gerechtfertigt sei. Die feministisch unterstellte Notwendigkeit des Entscheidungsrechts jeder Frau über Leben und Tod ihrer ungeborenen Kinder fungiert als Absolution der Beteiligten von Verantwortung und Schuld.

Mit dieser Wendung geht einher, daß Abtreibung völlig harmlos sei, denn es wäre ja ein unerträglicher Makel des einer jeden Frau zustehenden natürlichen Rechts, wenn die Frauen selbst durch Inanspruchnahme dieses Rechts verletzt würden! So war es notwendig, den Akt der Tötung innerhalb des Körpers der Frauen gegen bestehendes Wissen über die Gefahren für sie selbst zu verharmlosen.

Heute vernimmt man zwar die Stimmen derjenigen, die behaupten, «Schwangerschaftsabbruch» sei eine harmlose Operation wie viele andere auch, nicht mehr so laut, doch rangiert «Schwangerschaftsabbruch» in der Meinung der Mehrheit der bundesdeutschen Bevölkerung noch immer unter den für überwiegend positiv gehaltenen Erscheinungen.

Demgemäß werden in der Bundesrepublik weiterhin Krankenhaus- und Spezialkapazitäten geschaffen, um Abtreibung auch in öffentlichen Kliniken durchführen zu können.[132]

Offenbar sind viele Menschen unbewußt der radikalfeministischen Ansicht, durch die Tötung des eigenen Kindes im Schoß der Mutter Problemen zu entgehen und sich Glück erwerben zu können. Daß weder Mütter noch die, welche sie zu diesem Glück drängten, zu unbeschwertem Glück gelangen, zeigen die Erfahrungen mit der Abtreibung, die zur Zeit ausgewertet werden und langsam Verbreitung finden. Nicht nur die körperlichen Schädigungen der Frauen wie z.B. Gebärmutterverletzungen und Risiken der Unfruchtbarkeit sind hier ein alarmierendes (aber leider weithin überhörtes) Zeichen, sondern auch die psychischen Schädigungen, die oft erst nach Jahren mit deutlicher Symptomatik auftreten.[133] Was heute Experten als gesichertes Wissen betrachten, wird von vielen Leuten natürlich um so hartnäckiger bestritten, da dies häufig nicht nur ein Schuldbekenntnis erfordern, sondern auch eine Korrektur von Weltbild und Verhalten verlangen würde. Die Fehlleitung des Eigeninteresses von Frauen (und Männern), wie es dem Radikalfeminismus gelungen ist, stellt hierbei das größte Hindernis für eine Umkehr dar.

c. Radikal-feministische Sprachregelung zur Gewissensberuhigung

In der Abtreibungsdiskussion entstanden unzählige Nuancierungen von Ausdrücken, um die Tötung ungeborener Kinder zu verschleiern: «Absaugen fötalen Gewebes», «Schwangerschaftsabbruch», «Entfernen eines Zellkonglomerats», «legitimer Eingriff»[134] und dergleichen mehr, ein Ausdruck unzutreffender als der andere. Offenbar zeigt sich im Bemühen, die Tat sprachlich zu verschleiern, die Notwendigkeit, die Gewissen zu beruhigen, da wohl jeder Mensch zumindest ein ungutes Gefühl gegenüber Leben zerstörendem Handeln hat, zumal wenn es den menschlichen Nachwuchs trifft.

Es sei darauf verzichtet, die speziellen Sprachregelungen der verschiedenen feministischen Gruppen und Organisationen der bundesdeutschen Gesellschaft im einzelnen aufzuführen, da man sich leicht ein Bild machen kann, wenn man ihre Originalschriften und eigenen Stellungnahmen betrachtet.[135]

Vor allem zeigt sich in diesem Nicht-wahr-haben-Wollen der Realität, wie sich die Gesellschaft selbst in eine Situation der imaginären Bewältigung des Phänomens Schwangerschaft und der häufig damit verbundenen Probleme manövriert hat, in eine Situation, die ihrerseits wuchernde

Problemkomplexe hervorbringt, die nicht nur sämtliche Bereiche körperlicher und psychischer Gesundheit von Frauen betrifft, sondern auch die Gesellschaft als Ganzes in Mitleidenschaft zieht.

Als wesentliche Komponente dessen, was zur radikalfeministischen Sprachregelung geworden ist, muß auch ihre Verschwiegenheit gegenüber gewissen unliebsamen Wahrheiten erwähnt werden. So wird durch oben genannte Semantik sowie durch Auslassungen unterschlagen, daß das Ungeborene im Schoß seiner Mutter wirklich ein menschliches Baby ist, das sich nicht im Wesen, sondern nur im Alter von anderen Menschen unterscheidet. Ebenso wird verschwiegen, welchen Verletzungen sich die Mütter aussetzen, wenn sie sich und ihr Kind den Tötungsmedizinern ausliefern.

Zu den offenen Lügen des Radikalfeminismus gehören seine Manipulationen an Statistiken und die Verleumdungen gegen Lebensschützer.

2. Die gesetzliche Durchsetzung der Abtreibungsgesellschaft

Auf dem durch entsprechende Weltanschauungsarbeit und Agitation vorbereiteten Boden war in den 60er und 70er Jahren ein «Reformklima» entstanden, das den meisten der westlichen Demokratien die legale Abtreibung brachte.

In den USA hat 1973 die Entscheidung des Supreme Court (Oberster Gerichtshof der Vereinigten Staaten) im Präzedenzfall «Roe versus Vade» alle Anti-Abtreibungsgesetze der US-Gliedstaaten ungültig werden lassen. In seiner Urteilsbegründung gab der Supreme Court an, es sei ein unzulässiger Eingriff in die Privatsphäre der Frau, wenn Abtreibung verboten würde.[136]

Es sei noch angemerkt, daß US-Präsident Bush diese Entscheidung vom obersten Gericht überprüfen lassen will. Wenn dies zu einem Verfahren führen würde, das sich weniger durch ideologische Gesichtspunkte leiten ließe als

1973, wäre es ein wichtiger Schritt auf dem Weg in eine Gesellschaft, welche die elementarsten Menschenrechte wieder achten würde.[137]

In Frankreich wurde Abtreibung 1975 legalisiert. Dort herrscht ein «Modell» der Kombination aus einer 12-Wochen-Frist und dem Wunsch der Frau nach Abtreibung. In der Bundesrepublik Deutschland führte eine SPD-FDP-Koalition zunächst das sogenannte Fristenmodell ein, das bestimmte, daß Abtreibung grundsätzlich dann straffrei bleibe, wenn das Kind noch nicht 3 Monate alt ist. Dieses Gesetz wurde vom Bundesverfassungsgericht verworfen, nachdem eine große Gruppe von CDU/CSU-Abgeordneten bei ihm Klage erhoben hatte.[138] Die sozial-liberale Koalition reagierte darauf mit Verabschiedung des sogennanten Indikationenmodells, das in der Wirkung nahezu der Fristenlösung entspricht und seit 1976 in Kraft ist. Die bundesdeutsche Abtreibungssituation ist durch die umstrittenen Paragraphen 218 bis 219f des Strafgesetzbuches bestimmt. Die durch das Fünfzehnte Strafrechtänderungsgesetz reformierten Paragraphen weisen nicht nur eine verschleiernde Diktion auf, sondern sind die exakte Nachbildung radikal-feministischer Forderungen. Aus dem oben genannten sozial-therapeutisch notwendigen Eingriff wurde die Logik der «Unzumutbarkeit» des Paragraphen 218a, der den «Schwangerschaftsabbruch» als gerechtfertigt ansieht, wenn das Kind seiner Mutter möglicherweise *unzumutbar* zur Last fallen würde. Die Paragraphen 218 und 218a sprechen darüber hinaus davon, daß die Frau der Abtreibung willentlich zustimmen muß, andernfalls wird der Abtreiber bestraft. Wie auch immer dieser «Wille» zustande gekommen sein mag, der Gesetzgeber protegiert hiermit vor allem die Tötungsmediziner, die für ihre Tötungshandlung sogar Honorar einstreichen können. Das Gesetz stellt sie kategorisch von Strafe frei. Wenn heute Abtreibungsbefürworter wie Alice Schwarzer behaupten, Millionen von Frauen müßten bei einer Änderung des §218 ins Gefängnis, so ist es ihre Absicht, den

Menschen Angst vor Bestrafung einzuimpfen, um dadurch die derzeitige Situation zu zementieren. Sie lenken geschickt davon ab, daß sich die Sanktionen von Menschenschutzgesetzen in erster Linie gegen die Tötungstäter richten.

Dank der normbildenden Kraft der Gesetze hat sich ein Bewußtsein beschleunigt verbreitet, das in Abtreibung weder die Tötung vorgeburtlicher Menschen noch eine irgend verwerfliche Tat sieht.[139] Doch die Ungeborenen sind heute unleugbar durch geltendes Recht unter Lebensbedingungen gestellt, die geeignet sind, die körperliche Zerstörung etwa eines Drittels dieser Bevölkerungsgruppe herbeizuführen.

3. Der destruktive Charakter der Abtreibungsgesellschaft

a. Lebensförderliche Werte verschwinden

Der Umgang unter Menschen, ihr Verhalten zueinander ist durch Werte der Achtung und Anerkennung des Mitmenschen geprägt. Diese ethische Grundbefindlichkeit ist Voraussetzung für das friedliche Zusammenleben.

Durch die Abtreibung eines Kindes wird der Akt der Mißachtung anderer Menschen gewalttätig vollzogen. Nicht nur das Lebensrecht des Kindes wird mit Füßen getreten, sondern auch die Würde der Mutter, die zur Komplizin des Mörders ihres Kindes wird. Und dies geschieht oft unter Zwang, denn häufig werden schwangere Frauen durch den Vater des Kindes vor die Alternative gestellt: «Ich oder das Kind». Hat die Mutter darüber hinaus auch keine liebevolle und treue Unterstützung durch Eltern oder durch Freunde und Bekannte zu erwarten, dann ist sie zur Einsamkeit verurteilt. Das ist die klassische Konstellation, in der die verlassene Frau ihr Kind aufgibt, da sie sich schon hinsichtlich der körperlichen wie psychischen Umstellungen in einer besonderen Streßsituation befindet, in der sie die Stütze ihrer Mitmenschen braucht.

In der millionenfachen Bankrotterklärung der Menschen gegenüber hilfebedürftigen Frauen ist kein schonungsvoller Umgang der Menschen miteinander zu bemerken.

Das schwächste Glied der Gesellschaft wird wegseziert, die erschreckend häufig im Stich gelassene Mutter der Gesundheitsschädigung und Gefahr der Unfruchtbarkeit ausgesetzt.

Es gibt hingegen auch den Fall, daß Väter zu ihren Kindern stehen, gegen die Entscheidung der Mutter. Doch innerhalb der feministisch-gesetzlichen Logik ist es bekanntlich die Willensentscheidung der Frau, einen «Schwangerschaftsabbruch» durchführen zu lassen ohne Mitspracherecht des Vaters.[140] So ist es bereits zu Gerichtsverfahren gekommen, in welchen der Vater um das Leben seines Kindes kämpfte, aber aufgrund der Gesetzeslage sein Kind verlorengeben mußte. Dies ist keineswegs erstaunlich bei einem Gesetz, welches das Kind nicht als Person begreift, sondern als Objekt der freien Verfügung für die Frau. Die legal festgeschriebene Perversion unserer Gesellschaft wird durch die Tatsache perfekt, daß Frauen sogar den Arzt zu Unterhaltszahlungen haftbar machen können, wenn die Tötung des Kindes mißlingt.[141]

Durch die Einführung der straffrei erlaubten Abtreibung sind sich die Menschen nicht näher gekommen. Die Vergesetzlichung von Leben zerstörenden Ideen hat die Möglichkeit zu schonungsvollem Umgang der Menschen untereinander verringert. Damit ist einer egoistischen Grundhaltung der Individuen Vorschub geleistet, die sich in gegenseitiger sexueller Ausbeutung und in den immens gestiegenen Abtreibungszahlen äußert. Die heutige Realität entspricht der Vision Simone de Beauvoirs, da diese Welt lediglich die Umsetzung ihres Gedankenguts repräsentiert.

b. Destruktive Charaktere erhalten ihre Chance

Der Wille zu zerstören ist in der Ideologie des radikalen Feminismus konstitutiv. Werte im allgemeinen und Frauen im besonderen müssen sich demgemäß kulturrevolutionär

wandeln. Ohne das Recht zur vorgeburtlichen Kindestötung ist dieses Gedankensystem nicht denkbar. Das Kin-
dertötungsrecht ist ja die Konsequenz eines falschen Wirk-
lichkeitsverständnisses, das von seinen Prämissen bis zu
seinen Schlußfolgerungen einen folgerichtigen Irrweg be-
schreitet. Die feministische Ideologie versucht nun die
Welt ihrem pathologischen Bild von der Wirklichkeit anzupassen, statt sich selbst der Realität zu fügen. Nun ist zu
fragen, wie ein Mensch geartet sein muß, um im engeren
Kreis des Abtreibungsgeschehens am Töten mitzuwirken.
Zwar kann man ohne weiteres vermuten, daß es sich um
krankhaft zerstörungswillige Charaktere handeln muß,
doch möchte ich vor Bestätigung dieser Vermutung darauf
hinweisen, daß natürlich nicht alle am Abtreibungsgesche-
hen Beteiligten echt zerstörungssüchtige Personen sind.
Denn Abtreibung ist ein subtil arbeitsteiliger Prozeß, der
die Menschen verführen kann, einen scheinbar harmlosen
Teil der «Arbeit» zu übernehmen. Daß jedoch die bösartig
veranlagten Menschen im Abtreibungssystem den Ton an-
geben, zeigt das folgende Beispiel einer Person aus dem
Bereich der Tötungskliniken. Es vermittelt uns eine Ah-
nung, was von Menschen zu erwarten ist, die als Berater,
als Abtreibungsmediziner oder sonstiges Personal tätig sind.
Mit ihrem Selbstzeugnis liefert Renate Sadrozinski ein
ebenso eindrückliches wie erschreckendes Bild eines ent-
fesselten, zerstörungswilligen Charakters:
*«Ich bin eine Abtreiberin, denn ich habe abgetrieben, und
ich übe täglich berufsmäßig Beihilfe zur Abtreibung.*
*Ich mache die Arbeit gern, ich habe sie mir selbst ausge-
sucht und kann nicht feststellen, daß sie mir schadet. Ich
werde häufig gefragt, wie ich mit so einer ‚negativen' Sache
zurechtkomme, ob es mich nicht angreift, ob ich mich nicht
nach ‚Positivem' sehne. Nein, mir gefällt meine Tätigkeit.
Ich finde sie wichtig, sie ist abwechslungsreich, regt meine
Phantasie an, ich tue etwas, was meinen Fähigkeiten entspricht, ich bekomme viel Anerkennung und erfahre unmittelbar die Wirkung meiner Tätigkeit, nämlich Erleich-
terung.»*[142]

Wie zu sehen ist, verrichtet Frau Sadrozinski ihren Teil der Arbeit gerne. In dieser Tätigkeit kann sie die ihren Fähigkeiten entsprechenden Handlungen durchführen, ganz legal und mit dem Gefühl, einer guten Sache zu dienen. Es erübrigt sich eigentlich jeder Kommentar. Jeder vernünftige Mensch kann die Beschaffenheit ihres Charakters und ihrer Tätigkeit erkennen.

Zu ihrer Funktion und beruflichen Stellung sagt Frau Sadrozinski folgendes:

«Mein Arbeitsplatz ist das Familienplanungszentrum Hamburg. Wir haben diese Einrichtung 1982 gegründet, weil wir uns einig in der Forderung waren, daß Frauen weder bestraft, noch beschimpft, noch eingeschüchtert werden sollen, wenn sie eine Schwangerschaft nicht austragen können. Wir waren uns auch einig in der Gewißheit, daß die betroffenen Frauen allein geeignet sind, darüber zu befinden, was ihnen zugemutet werden kann. Wir waren uns auch einig darüber, daß den Frauen ein medizinisch schonender und schmerzarmer Eingriff möglich gemacht werden muß. Solange es ungewollte Schwangerschaften gibt, sollen Frauen Hilfe und nicht Schelte erfahren.

Deshalb haben wir – die Pro Familia und die Arbeiterwohlfahrt – ein Zentrum gegründet, wo alles, was medizinisch und gesetzlich zum Schwangerschaftsabbruch nötig ist, ‚unter einem Dach' vereint ist: Beratung, Indikationsstellung, medizinische Aufklärung, Schwangerschaftsabbruch und Nachuntersuchung. Solche Einrichtungen sind vom Gesetzgeber nicht verboten, aus medizinischen und menschlichen Erwägungen erforderlich. Schwangerschaftsabbruch ist durch lange Tradition und aktuelle Propaganda der Gegner einer liberalen Praxis für viele Frauen ein bedrückendes Ereignis, das mit Angst verbunden ist. Angst vor körperlicher Verletzung, Angst vor Vorwürfen wegen mißglückter Verhütung oder unerlaubter Sexualität, Angst vor seelischen Komplikationen und Depressionen, Angst vor Unfruchtbarkeit und schließlich Angst vor Aufdeckung. Deshalb bemühen wir uns darum, den Frauen freundliche, medizinisch einwandfreie und schonende Hil-

fe zu bieten. Wir sehen den Schwangerschaftsabbruch nicht als ungeliebten Teil einer ansonsten ‚positiven' Arbeit an, sondern gehen davon aus, daß die Entscheidung für oder gegen das Austragen einer Schwangerschaft jeweils eine richtige und gute Entscheidung und eine positive Erfahrung sein kann.

Ich bin Beraterin, führe also die Vorgespräche, assistiere zuweilen während des Eingriffs und kümmere mich um die Frauen unmittelbar danach. Außerdem bin ich die Geschäftsführerin im Familienplanungszentrum, habe also auch die öffentlichen Auseinandersetzungen zu führen.»[143]

Die Handlungen von Frau Sadrozinski werden innerhalb einer Organisation ermöglicht, die «*Familienplanungszentrum*» genannt wird. Träger dieser Organisation sind, wie gesehen, *PRO FAMILIA* und die *Arbeiterwohlfahrt.* Auffallend ist, wie die Betreiber derartiger Tötungszentren ihre Aktivitäten mit größter Sorgfalt hinter wohlklingenden Namen verbergen.

Was sich hinter den Mauern solcher Familienplanungszentren ereignet, ist ein jeder Phantasie gesunder Menschen spottendes Horrorgeschehen, das in Deutschland durch Gesetz zur herrschenden Realität geworden ist.

Um eine Vorstellung zu vermitteln, wie eine Abtreibung aus der Sicht der ausführenden Mediziner und des Assistenzpersonals aussieht, soll die in der Bundesrepublik gebräuchlichste Abtreibungsmethode, die Absaugmethode, kurz dargestellt werden. Dies ist unerläßlich, um die Handlung selbst und den inneren Zustand der sie ausführenden Ärzte und Helfer beurteilen zu können. Ich halte mich hierbei an den Film «Der stumme Schrei» von dem ehemaligen Abtreibungsarzt Dr. Nathanson und an die Beschreibungen einer Medizinstudentin, die als Beobachterin bei einer Abtreibung zugegen war und mir hierüber berichtete. Daneben sind die Ausführungen der Europäischen Ärzteaktion eingeflossen:

Der Mutter, die auf dem Gynäkologenstuhl bereit liegt, führt der Arzt, nach diversen Vorbereitungen wie örtlicher

Narkose und Weitung der entsprechenden Körperstellen, ein Saugrohr in den Mutterschoß ein. Sobald der Arzt das Gefühl hat, das Kind gut erfasst zu haben, schaltet er das Sauggerät auf «Abpumpen». Sofern es schon zu groß ist, um in Teilen durch das Rohr zu passen, zerschneidet er das Kind mit einem Messer (Curettage-Methode). Das Kind, das mit Armen und Beinen in Todesangst um sich schlägt (das sieht man per Ultraschall), wird bei lebendigem Leib vollends zerrissen und in Einzelteilen in den Auffangbehälter geschleust. Die Prozedur dauert nur wenige Minuten. Nach vollzogener Abtreibung wird der blutige Brei über ein Sieb geschüttet, um die Gliedmaße des Kindes wie ein Puzzle zusammenzusetzen, damit mit Sicherheit davon ausgegangen werden kann, daß kein Teil des Kindes in seiner Mutter verblieben ist, das sie gefährden könnte.

Wer sich über den Vorgang der Abtreibung genauer informieren möchte, sollte sich unbedingt den Film von Dr. Nathanson ansehen, dessen Ultraschallaufnahmen zeigen, wie sich das Kind vergebens in die äußerste Ecke des Mutterschoßes zurückzuziehen versucht, um dem Saugrohr zu entkommen.

Wie hoch mag nun der Anteil derjenigen Ärzte an der gesamten Ärzteschaft sein, die zur Tötung ungeborener Menschen fähig sind?

Macht man sich bewußt, daß für die Liquidierung von 300.000 Kindern pro Jahr in der Bundesrepublik 300 Tötungsärzte ausreichen, wenn jeder nur etwa drei Tötungen pro Tag ausführt, so läßt sich ein Prozentsatz errechnen, der die destruktiven Charaktere zumindest unter den Gynäkologen ziemlich genau erfassen dürfte. Diese Überlegung erfolgt analog zu Erich Fromms Auffassung, daß das Potential zerstörungswütiger Menschen in jedem Volk beschränkt ist und daß derartige Charaktere nur die Chance geeigneter historischer Umstände benötigen, um ihre spezifischen Fähigkeiten zu entwickeln. Die geschichtlichen Rahmenbedingungen, hier im Wege der gesetzlichen Freigabe der Abtreibung vorhanden, sind heute geeigneter denn je, Menschentötungen durchzuführen.

c. Massenliquidierung ungeborener Menschen

Ein beliebtes Argument für die Legalisierung der Abtreibung war, daß man erwarte, dadurch die Abtreibungszahlen dauerhaft senken zu können. Das wurde und wird noch immer von Abtreibungsbefürwortern behauptet. Auch die Begründung für den Gesetzentwurf der SPD/FDP-Koalition zur Einführung des sog. Fristenmodells gab dieser Hoffnung Ausdruck.[144] Offenbar gibt es nicht wenige Leute, die diese Logik nachvollziehen können.

Allerdings stellt sich die Frage, weshalb dann nicht einfach die Gesetze gegen Diebstahl, Raub und Vergewaltigung usw. abgeschafft bzw. liberalisiert werden, um die Kriminalitätsrate auch in diesen Bereichen zu senken.

Selbstverständlich sind die Abtreibungszahlen nach der Legalisierung gestiegen, und zwar drastisch.

Für die USA stellte Dr. Nathanson fest, daß vor Abschaffung der Anti-Abtreibungsgesetze etwa 100.000 illegale Abtreibungen jährlich durchgeführt wurden, nach Einführung der «Abtreibung auf Wunsch» (1973) kletterte aber die Zahl auf 1,5 Millionen Kindestötungen pro Jahr (1980 und in den folgenden Jahren). Dies bedeutet eine Steigerung der Abtreibung um das Fünfzehnfache!

Diese Zahlen Nathansons lassen sich anhand der offiziellen Statistik detailliert nachvollziehen.

Ende des Jahres 1969 (ein Jahr nach Gründung der NARAL) hatten neun Staaten der USA Gesetze eingeführt, die Abtreibung nicht nur zum Erhalt von Leben und Gesundheit der Mutter gestatteten, sondern auch bei anderen Indikationen.[145]

Doch erst mit dem Entscheid des obersten Amerikanischen Gerichts, Anti-Abtreibungsgesetze seien ein Eingriff in die Privatsphäre der Schwangeren und deshalb rechtlich hinfällig, wurde der Weg frei für landesweite Abtreibungen. Schon vorher war klar, daß in denjenigen US-Staaten die Abtreibungsraten besonders hoch waren, wo Abtreibung keine oder geringe gesetzliche Hindernisse in den Weg gelegt wurden. Beispielsweise wurden in den Staaten New

York und Washington 1972 etwa zwei von fünf ungeborenen Kindern durch legale Tötung um ihr Leben gebracht. Staaten, deren Einwohnern Abtreibung nur gestattet war, um das virulent gefährdete Leben der Mutter zu erhalten, wie z. B. in Maine, Kentucky, Louisiana usw., wiesen signifikant niedrigere Vergleichszahlen zwischen abgetriebenen Kindern und Geburten auf. Die Gesamtheit der Frauen aus Maine ließ etwa ein Kind von zehn Ungeborenen legal abtreiben, in Kentucky war es eines von 20, in Louisiana eines von 50. Zu beachten ist: Diese Abtreibungen wurden in denjenigen Staaten vorgenommen, in denen Abtreibung legal gestattet war, und zwar zusätzlich zu den dort schon überdurchschnittlich hohen (legalen) Abtreibungszahlen der eigenen Einwohner.[146] Die Zahlen lassen sich deshalb gut nachvollziehen, weil die Statistik festhält, aus welchem Staat die Frau stammt, die eine Abtreibung durchführen läßt!

Es besteht offenbar ein ursächlicher Zusammenhang zwischen Abtreibungsfreigabe (bzw. -erleichterung) und dem Anstieg der Abtreibungszahlen: *liberale Gesetze vervielfachen die Tötungsrate.*

Die weltweiten Erfahrungen mit der Abtreibungsliberalisierung bestätigen die amerikanischen Beobachtungen. So stellte die Weltgesundheitsorganisation für die skandinavischen Länder, die z. T. vor den genannten westlichen Demokratien Abtreibungsvereinfachungen durchführten, eine merkliche Zunahme der Abtreibungen fest, bei Verbleiben der illegalen Abtreibungsrate auf hohem Niveau.[147]

Was für andere Länder der Erde gilt, gilt auch für die Bundesrepublik, obgleich Politiker schon den Rückgang der Abtreibungszahlen feierten, nur weil die vom Bundesamt für Statistik erfaßten Zahlen rückläufige Tendenz anzeigten. Doch die Irreführung liegt am Erhebungsmodus des Bundesamtes und an der Vernachlässigung der Dienstaufsichtspflicht der für die Ärzte zuständigen Behörden. Denn, zwar ist von Gesetzes wegen jedem Arzt vorgeschrieben, eine von ihm durchgeführte Abtreibung zu melden, aber nur etwa jede vierte Abtreibung wird dem Amt ordnungsgemäß mitgeteilt, was den Aussagewert der deutschen Statistik schmälert.

Die tatsächliche Zahl der Abtreibungen geht hervor aus den Abrechnungen der Krankenkassen, zu denen noch die geschätzten, nicht über eine Kasse abgerechneten Abtreibungen hinzuzurechnen sind. So ergibt sich eine Zahl der durch die Kassen bezahlten Abtreibungen von etwa 230.000, insgesamt beläuft sich die Zahl bei vorsichtiger Schätzung auf etwa 300.000 Kindestötungen jährlich.

d. «Gute Neue Welt» – das Resultat der legalen Abtreibungslösung

Welche Auswirkungen haben die Tötungen im Mutterleib? Gibt es körperliche und seelische Verletzungen der Mütter, die ihr Kind auf dem Wege der Abtreibung haben umbringen lassen? Welche Folgen hat Abtreibung auf die Beziehung zwischen Mutter und Vater des eliminierten Kindes? Wie ist das soziale Klima, wenn Abtreibung als Hilfe angeboten wird, statt der Bereitschaft, Lasten und Sorgen mit der Mutter oder den Eltern zu teilen?

Die Abtreibungsbefürworter geben sich der Illusion hin, durch Abtreibung von unliebsamen Kindern Probleme lösen und sich ein besseres Leben ermöglichen zu können. Doch läßt sich die Lösung sozialer Probleme jemals durch die Aufgabe eines Menschenlebens erkaufen, wie es die Feministinnen suggerieren?[148]

In viel zu selten erfolgenden Informationsveranstaltungen äußern Mediziner, die nach Schädigungen der Frau durch «Schwangerschaftsabbruch» befragt werden, daß praktisch alle Frauen nach der Abtreibung ihres Kindes seelisch und/oder körperlich erkranken.[149] Die Forschungen und Berichte der Fachleute liegen nach nun bald zwei Jahrzehnten internationaler Erfahrungen mit der legalen Abtreibung ausgearbeitet vor, ohne auf öffentliche Beachtung zu stoßen.

Die psychischen Auswirkungen auf Frauen, die abtreiben ließen, sind katastrophal. Ihre Krankheitsbilder umfassen

Angstzustände, Schuldgefühle ihrem Kind gegenüber, Depressionen und eine weitere lange Reihe anderer Symptome psychischer Schädigung.[150] Unter dem Schlagwort der Frauenbefreiung werden heute regelrecht kranke Frauen «produziert».

Unter den möglichen körperlichen Folgeschäden seien nur einige wenige genannt: Nierenversagen, Entzündung von Gebärmutter und Eileitern und später ungewollte Fehlgeburten usw.[151]

Die psychischen Schädigungen werden von den Feministinnen genauso verschwiegen wie die körperlichen. Es sollen noch einige, diese Zustände illustrierende Fakten genannt werden. Aus dem Geschäftsbericht einer bundesdeutschen Krankenkasse geht hervor, daß 34 Prozent aller Frauen, die abtreiben, bereits kurz nach dem Geschehen psychotherapeutisch nachbehandelt werden müssen, weil sie an schwersten Neurosen leiden.[152]

Die Gefühlswelt der Frauen wird schwerwiegend geschädigt. Abtreibende Frauen stumpfen tendenziell ab und benötigen lange Zeit, um von dem verletzenden Eingriff zu gesunden, wenn dies überhaupt möglich ist.[153] Somit sind auch Frauen – neben ihren Kindern – Opfer der radikalfeministischen Rezepte für ein gelungenes Leben. Hier werden Brutalität und Frauenfeindlichkeit des neuen Feminismus am deutlichsten. Der Gipfel der Perversität ist, Frauen und Männern die Abtreibung ihres Kindes als ideales Mittel der Problemlösung unter dem Slogan der *Frauenbefreiung* anzubieten.

Die Beziehungen zwischen Frauen und Männern, die sich entschieden haben, ihr Kind umbringen zu lassen, sind dadurch in hohem Maß gefährdet und brechen meist auseinander.[154] Die Belastung der Kindestötung hinterläßt eine Wunde, hinterläßt Mißtrauen und Schuldvorwürfe, die nicht mehr verheilen.

Ein weiterer Effekt der legalisierten Tötung von Kindern ist, daß sich die Mitmenschen von Müttern (und Vätern) in sozialen Notlagen nicht mehr um sie kümmern müssen, da ihnen das Gesetz die Absolution erteilt, die Hände in den Schoß zu legen. Der Staat hat es ja eingerichtet, das Übel einer Notlage an der Wurzel zu beseitigen. Das Empfinden für die Sorgen der Mitmenschen ist so einer gefährlichen Erosion ausgesetzt. Die Menschen werden einander gleichgültig, da die gesetzliche Erlaubnis zur Eliminierung des Kindes ihr Versagen hinnimmt und festschreibt. Das zum auslöschbaren Problem herabgewürdigte Kind veranlaßt die Menschen nicht mehr, Gefühle der Fürsorge zu haben – weder für die Ungeborenen noch für die Geborenen. In einer auf Töten konditionierten Gesellschaft, die sich durch legale Abtreibung die Möglichkeit echter Humanität nimmt, sind Werte der Nächstenliebe nicht vorgesehen. Obwohl es wahrscheinlich keine größere Gleichgültigkeit und Gefühlskälte gibt, als eine Schwangere der Abtreibung ihres Kindes auszuliefern, wird dies heute ausgiebig praktiziert. Freilich ist es viel bequemer, sich die Probleme der Mitmenschen vom Leib zu halten.[155] Dies kommt dem Bedürfnis des Menschen entgegen, den Weg des geringsten Widerstandes zu gehen. Jeder sollte sich aber fragen, ob er für die zur Lebensphilosophie erhobene Unmenschlichkeit mitverantwortlich sein will oder nicht.

Was, so muß die unausweichliche Frage lauten, geschieht eigentlich mit den Leichen der Abgetriebenen? Wie geht unsere Gesellschaft mit den Überresten des Kindes um, das legal aus dem Leben befördert wurde?
So unglaublich es auch klingen mag, es hat sich nachweisbar ein Geschäftszweig entwickelt, der die menschlichen «Abfälle», die Kinderleichen, übernimmt und gewinnbringend an Unternehmen verkauft, die entweder Experimente an dem kindlichen «Material» durchführen oder es als Grundstoff für Kosmetika und medizinische Produkte verwenden.
Der Schweizer Arzt Dr. Samuel Stutz hat in seinem Buch «Embryohandel» ausgeführt, daß praktisch keine Hindernisse für den internationalen Handel mit lebendem wie mit totem menschlichem «Material»[156] bestehen. Sein Buch liest sich fast wie ein Kriminalroman und ist doch nur der

Erfahrungsbericht eines Arztes über die Zustände auf dem Gebiet des Embryonenhandels. Stutz beschreibt, wie ihm ein Frauenarzt «seine» eigenhändig abgetriebenen Föten zum Kauf anbot, und daß man sich schnell handelseinig wurde. Für die Körper von vier getöteten Kindern zahlte Stutz 1000 Schweizer Franken. Ein profitables Geschäft also, das Stutz ausprobierte, um nachzuprüfen, was an den Gerüchten dran sei, die von einem blühenden Handel mit Leichen abgetriebener Kinder wußten.

Für die Herstellung von Kosmetika und in der medizinischen Forschung und Produktion wird heute sehr viel menschliches «Material» benötigt, das durch die abgetriebenen Kinder zur Verfügung steht. Stutz geht so weit, zu fragen, «ob die heutige sehr liberale Praxis des Schwangerschaftsabbruchs der Medizin der Zukunft eine sichere und unversiegbare ‚Rohstoffquelle' gewährleisten soll».[157]

Wie das Beispiel zeigt, sind die ethischen Dämme mit Einführung der legalen Abtreibung gebrochen. Dies hat offenbar zu einer Eigendynamik der moralischen Zersetzung geführt, da nun auch nicht mehr davor zurückgeschreckt wird, menschliche Leichen in verschiedene Produkte umzuwandeln und auf den Märkten anzubieten. Pharmakonzerne, als die Hauptabnehmer menschlicher Leichen, betreiben verständlicherweise eine restriktive Informationspolitik, womit sowohl staatliche Aufsichtsbehörden als auch die Öffentlichkeit bedacht werden.

Es wäre aber geradezu erstaunlich, wenn noch irgendwelche Skrupel gegenüber der Verarbeitung von getöteten Kindern bestünden, denn, da es sogar straffrei erlaubt ist, ungeborene Kinder zu töten – welches ethische Hindernis sollte noch die geldbringende Verwendung des «Abfalles» verhindern? Die der Verarbeitung vorausgehende Tötungshandlung legitimiert die Verwender von menschlichen Leichen, weil die entscheidende Abkehr von der Ethik bereits im Akt des Tötens vollzogen wurde.

Gesetzlich straffrei erlaubte Abtreibung ist also Ursache für die Ausweitung und Übertragung der erbarmungslosen

Selbstbestimmungsideologie auf andere Lebensbereiche. So muß heute eine Negativ-Konditionierung der Gesellschaft beobachtet werden, die von der breiten Öffentlichkeit bisher nicht bewußt wahrgenommen wurde.

Daß legale Abtreibung unwillkürlich auf andere Gebiete menschlichen Lebens ausstrahlt, zeigen die Nachforschungen des hessischen Landtagsabgeordneten der CDU, Roland Rösler, der die deutschen Verhältnisse des Embryohandels untersuchte und aufdeckte, daß Handel und Verarbeitung menschlicher abgetriebener Kinder jede Vorstellung übersteigen.[158] An dieser Stelle sei sein erschütterndes Buch mit dem Titel «Rohstoff Mensch» empfohlen.

Ein weiteres Beispiel für die Negativ-Konditionierung der Menschen ist darin zu erkennen, daß sich viele Wissenschaftler nur noch Gedanken darüber machen, chemische Substanzen zu finden, die das Abtreiben von Babies immer noch einfacher und komfortabler machen.

Genannt sei hier nur ein Ergebnis der Suche nach bequemen Tötungssubstanzen: die Tötungspille RU 486, die in einzelnen Ländern bereits zur Abtreibung eingesetzt wird (nachweislich in Frankreich und China). Hersteller der sog. «Pille danach» ist die französische Firma Roussell-Uclaff, Tochtergesellschaft des deutschen Pharmakonzerns Höchst.[159] Auch die ständige Verfeinerung von Diagnosemethoden, um behinderte Kinder immer besser zu entdecken und das «unwerte Leben» dem Abtreibungsarzt zu denunzieren, gehört in diese Entwicklung auf dem Gebiet der Medizin-Wissenschaft.

Auch der Menschenzüchtung mit Hilfe der modernen Gentechnik stellt sich wegen erlaubter Kindertötung bisher kein ernstzunehmendes Hindernis in den Weg.

Es bleibt Unbehagen und die bange Frage, was die Hirne fehlgeleiteter Wissenschaftler wohl noch alles erfinden werden.

Da die gewaltsame Beseitigung von gewissen Menschen nicht mehr als Verbrechen erachtet und verfolgt, ja sogar mit Arzthonorar bedacht wird, ist das Bewußtsein der Mehrheit der Bevölkerung so sehr getrübt, daß sie das

Unrecht eines Kindermordes nicht mehr erkennen, geschweige denn die nachfolgenden, unausbleiblichen Auswirkungen bewältigen können. So setzt sich der Verlust des Wissens um Gut und Böse fort, und der Entfaltung von Bosheit und Destruktivität stellt sich nichts entgegen.

In der Guten Neuen Welt feministischer Schöpfung blüht das Gewerbe tötender Mediziner, floriert der Handel mit menschlichen Leichen, und Wissenschaftler erhalten destruktive Impulse zuhauf. Zerstörerischen Machenschaften, bisher besonders im Bereich des vorgeburtlichen Lebens, sind Tür und Tor geöffnet.

Auch die einfachen Bürger werden dem Einfluß ausgesetzt, sich den neuen «kulturellen» Umgangsformen mit Menschenleben anzupassen, denn zur Selbstbestimmungsideologie gehört, daß man heute wie selbstverständlich nach eigener Subjektivität den sehr erheblichen Unterschied macht zwischen *gewollten* und *unerwünschten* Babies. Als augenscheinliche Konsequenz dieser Geisteshaltung werden totgeborene Kinder oder gestorbene Frühgeburten bestattet wie jeder (geborene) Mensch. Ungewollte abgetriebene Kinder hingegen werden im Rahmen des Abfallbeseitigungsrechts weggeräumt oder dienen der Industrie bzw. der Wissenschaft als Rohstoff. Sogar durch Kaiserschnitt lebend aus ihren Müttern entnommene Kinder dienen als «Material», beispielsweise als Organlieferanten.[160]

Sind also nur *gewollte* Kinder Menschen?

Wie naiv muß man sein, um zu glauben, die straffrei erlaubte Abtreibung von Kindern und die sie bestimmenden geistigen Grundlagen würden nicht auch über uns Geborene kommen! Der Verlust des Wissens um Gut und Böse bedingt die Entfaltung von Bosheit und Destruktivität. Wie die skizzierten Machenschaften im Bereich des vorgeburtlichen Menschenlebens zeigen, tun sich im Gefolge der legalisierten Abtreibung Abgründe auf, die das Leben aller Menschen bedrohen. Die unsere Vorstellungskraft weit übersteigenden realen Gefährdungen können nicht mehr aufgehalten werden, wenn nicht die Moralvorstellungen der Völker das klare Empfinden für Recht und Unrecht wieder in sich aufnehmen. Realisieren wir nicht eine radikale geistige Umkehr und Revision der Zustände um das menschliche Lebensrecht, dürfen wir uns nicht wundern, wenn demnächst auch geborene Menschen der Logik menschlicher Anmaßung zum Opfer fallen.

Niemand wird eines Tages glaubwürdig behaupten können, er habe von alledem nichts gewußt.

Legale Abtreibung ist zum Stimulans lebensfeindlicher Entscheidungen und Handlungen geworden. Vor kurzem wiesen die Lebensschützer in Deutschland mit Eindringlichkeit darauf hin, daß seit geraumer Zeit versucht werde, das Thema Euthanasie, also die legale Tötung von alten und kranken Menschen, gesellschaftsfähig zu machen.[161] Der Mediziner Professor Hackethal, der kürzlich mit seinem Buch «Humanes Sterben, Mitleidstötung als Patientenrecht und Arztpflicht» an die Öffentlichkeit getreten ist, gehört nicht zu den ersten, welche ein Tötungsrecht auch an Geborenen einführen wollen.[162]

Führt man diese aktuelle Bedrohung mit den obigen Ausführungen konsequent weiter, so scheint sich tatsächlich die planmäßige Tötung geborener Menschen auf Wunsch oder auf Indikationenbasis anzubahnen. Dies entspräche lediglich der einfachen und stimmigen Logik, daß, wenn ungeborene Kinder auf Wunsch eliminiert werden dürfen, nicht einzusehen sei, weshalb Alte oder Behinderte, sprich «gewesenes und unwertes Leben», nicht auch liquidiert werden sollten!

Tatsächlich sind in den Niederlanden bereits Tausende geborener Menschen im Wege der Euthanasie aus dem Leben geschieden.[163]

4. Die Pervertierung des politischen Lebens durch die Abtreibungsgesellschaft

Ein Beispiel für die rücksichtslose Erniedrigung und Gefährdung des Menschen ist der radikale Slogan *«Mein*

Bauch gehört mir». Dieser Satz, der mit ungeheurer Drei-
stigkeit in letzter Konsequenz den planvollen Tod eines
Kindes fordert, konnte seine Wirkung kaum verfehlen. Er
machte einerseits Angst wegen seines aggressiven Impe-
tus', und andererseits half er, ein korrektes Realitätsver-
ständnis der Menschen zu beseitigen. Auch die unverhohlen destruktive Forderung nach dem *«Selbstbestimmungsrecht der Frau über ihren Körper»* trug dazu bei, das Tötungstabu zu brechen. Was man bisher ohne Schaudern
kaum zu denken wagte, wurde von feministischen Vorrei-
tern der Abtreibung in verdeckter Sprache aber doch un-
mißverständlich ausgesprochen.
Die psychologische Wirkung dieser Maßnahmen liegt im
Verdorren mitmenschlicher Anteilnahme am ungeborenen Kind und seiner Mutter. Somit entstand eine hohe
emotionale Barriere, welche die Menschen davor zurück-
hält, sich vernünftig mit dem Thema Abtreibung auseinan-
derzusetzen. Das lebenschützende Tötungstabu ist für den
Bereich ungeborener Menschen verschwunden. Neue
Umgangsformen anerkannten Tötens der schwächsten
Gesellschaftsglieder haben ihr eigenes Gesetz errichtet.
Die angeführten Slogans, die von großen Teilen der Bevölkerung akzeptiert werden, künden vom Kniefall der westlichen Gesellschaften vor unaufgeklärter Verblendung.
Mittlerweile zieht sich durch praktisch alle Bevölkerungs-
schichten und gesellschaftlichen Institutionen eine neue
Moral feministisch-atheistischer Herkunft. Von den Gewerkschaften über alle etablierten Parteien (in Deutschland) und den großen christlichen Kirchen bis hin zu den
speziellen Tötungsinstitutionen, wie sie z.B. von PRO
FAMILIA[163a] betrieben werden, wird der sog. «Schwangerschaftsabbruch» zum Teil tatenlos, zum Teil freudig akzeptiert.
Kennzeichen für die Degenerierung unserer Kulturen ist
die Tatsache, daß die realitätsnahe, vernünftige Beurteilung von Schwangerschaft einem Weltverständnis gewi-
chen ist, das die Unantastbarkeit menschlichen Lebens
preisgegeben hat. Dies drückt sich besonders klar aus in

der diffusen Sprache zahlreicher Politiker und Gelehrter, in der Wortwahl von Theologen und einfachen Bürgern, in der raffinierten Semantik radikaler Abtreibungsbefürworter ebenso wie in verführerischen Formulierungen von Lehrbüchern.

Gemeinsam ist ihnen, daß sie mit unscharfen und unrichtigen Begriffen vermeiden, das Kind und seine Tötung beim Namen zu nennen, und so das Bewußtsein der Menschen zu trüben verstehen. Ein Beispiel für die Begriffsverwirrung soll zitiert werden:

«In beratenden Institutionen sollten Möglichkeiten erörtert werden, das Kind, sei es durch die Mutter, die Familie, Adoptanten oder Heime, anzunehmen und im Falle der Unzumutbarkeit die entsprechende Klinik zu vermitteln.»[164]

Dieses Zitat ist die Quintessenz einer Stellungnahme von Hochschullehrern – der ordinierten Theologieprofessoren Moltmann, Jüngel und Käsemann. Es ist typisch für das modifizierte Verhältnis des modernen Menschen zu den Geboten Gottes. Das Wort «Töten» wird wie auch in vergleichbaren Stellungnahmen anderer Couleur durch Formulierungen ersetzt, die über den Kindermord hinwegtäuschen sollen: *«... im Falle der Unzumutbarkeit die entsprechende Klinik zu vermitteln.»*

Heute dürfen gewisse Gedanken nicht mehr gedacht werden, da sie, zu Ende gedacht, die Gewissenswunde «Abtreibung» aufreißen würden und eine couragierte Gegenwehr erforderten. Lieber kleidet man das Schreckliche in schöne Worte. Unterm salbungsvollen Deckmantel «christlicher» und humaner Diskretion verschwinden die Leichen der Ungeborenen.

Als Beweis der weiten Verbreitung und der gesellschaftlichen Akzeptanz radikal-feministischen Gedankenguts werte ich, daß alle etablierten Parteien die Wähler mit sog. liberalen Haltungen zur Abtreibung hofieren. Sie bilden damit keinen Unterschied zu der allgemeinen Zeitströmung. Somit fehlt auf parteipolitischer Ebene eine wirksame Gegenwehr zu menschenverschlingender Grausamkeit. Nur wenige unserer Zeitgenossen haben begriffen, daß die geistige Umweltverschmutzung materialistischer Philosophien viel schwerer wiegt als die Verschmutzung der Natur durch Industrieabfälle.

Die Grünen

Die Grünen haben eine ganze Reihe radikal-feministischer Ziele und Forderungen direkt in ihr Parteiprogramm übernommen. Hinsichtlich der Abtreibung streben sie die völlige Freigabe an, womit sie auch Wahlwerbung bei ihren potentiellen Wählern machen. In ihrem Bundestagswahlprogramm von 1987 steht unter der Überschrift «Weg mit dem § 218» unter anderem folgendes zu lesen:
«Erst wenn der § 218 ersatzlos gestrichen ist, können Frauen sich freier für oder gegen ein Kind entscheiden, ist ihr Selbstbestimmungsrecht in der Frage einer zunächst ungewollten Schwangerschaft gewährleistet...

Wir fordern: — *ersatzlose Streichung der § 218 und § 219 StGB*
— *Abschaffung der Stiftung ‚Mutter und Kind' und ähnlicher Pseudohilfen*
— *freie Wahl der Abbruchmethode, objektive Darstellung aller Methoden*
— *Anerkennung der ambulanten Absaugmethode bis zur 12. Schwangerschaftswoche als die schonendste Möglichkeit*
— *Möglichkeit zu ambulantem Abbruch in allen Kliniken und Praxen*
— *Volle Übernahme aller Kosten durch die Kassen*
— *Erlernen schonender Abbruchmethoden während der Ausbildung der Fachärzte und Fachärztinnen*
— *Einrichtung von Ambulatorien wie das Bremer Modell von Pro Familia*

– Sichere und unschädliche Verhütungsmittel für Mann und Frau auf Krankenschein
– Volle Absicherung und Erhalt der Pro-Familia-Beratungsstellen»[165]

SPD und FDP

Eine sozial-liberale Koalition unter der Regierung Schmidt/Scheel legalisierte die Abtreibung 1976 in Form des sogenannten Indikationenmodells, nachdem zuvor die von ihr beschlossene Fristenregelung vom Bundesverfassungsgericht verworfen worden war.

SPD wie auch FDP beziehen eine «liberale», letztlich radikal-feministische Haltung gegenüber der Abtreibung. Sehr deutlich ist dies entsprechenden Büchern von Brandt, Däubler-Gmelin und Merfeld sowie der SPD-Broschüre mit dem Titel: «Entscheidung in Verantwortung. Entscheidung ohne Angst. Zehn Jahre nach der Reform des § 218.» zu entnehmen.

Für die FDP gilt eine in der Sache identische Einstellung wie es die SPD, womit sie sich in demonstrativer Abgrenzung zum neuen Koalitionspartner CDU/CSU zusätzliche Wählerstimmen erhoffte.[166] Im allgemeinen gilt (mit wenigen rühmlichen Ausnahmen) als Meinung der FDP, was die FDP-Politikerin Adam-Schwaetzer wie folgt formuliert hat: Gesetze seien nicht in der Lage, «auch nur ein ungeborenes Leben zu retten».[167]

Aus Anlaß des ersten deutsch-deutschen Frauenkongresses Ende April 1990 pointierte Frau Adam-Schwaetzer die Haltung der FDP, indem die forderte, daß das Selbstbestimmungsrecht der Frau in der Frage der Abtreibung verteidigt werden müsse.

Nunmehr sollte deutlich geworden sein, daß es den linken Parteien einschließlich der FDP gar nicht um die Beseitigung von Notlagen geht, wie noch für die Gesetzentwürfe der 70er Jahre behauptet, sondern um die Durchsetzung eines anderen Menschenbildes, das die totale Verfügungsgewalt über das Kind erlaubt.

Kennzeichnend für Denkart und Verhalten der CDU ist das Bekenntnis von Heiner Geißler, dem langjährigen Generalsekretär der Partei, der die politische Strategie der CDU nachhaltig bestimmte. Dr. Geißler ließ während seiner Amtszeit keine Gelegenheit aus, das christliche Menschenbild seiner Partei hervorzuheben.

Hinsichtlich der Würde ungeborener Kinder betonte Dr. Geißler, daß sie genauso Menschen seien wie wir Geborenen. Doch zog er hieraus nicht die Konsequenz desselben Rechtsschutzes für ungeborene wie für geborene Menschen. Seine Begründung für diese unterschiedliche Behandlung gleichwertiger Menschenleben lautete, daß gesetzlicher Schutz für die Ungeborenen völlig nutzlos sei, ja, daß vor der Liberalisierung der Abtreibung 150.000 Abtreibungen pro Jahr mehr durchgeführt worden seien. Unter der Fülle der ethisch bedenklichen Falsch-Aussagen Geißlers sei eine zitiert, die er mir (ebenso wie diese vorangegangene) anläßlich einer CDU-Wahlveranstaltung auf meine Fragen zur Antwort gab:

«Wir wollen eine Frau nicht ins Gefängnis bringen, nur weil sie ihr behindertes Kind nicht haben will.»[168]

Geschickt verstand es der Generalsekretär der CDU, von der moralischen Verwerflichkeit der Mordtat[169] abzulenken, indem er einerseits ein Ressentiment gegenüber behinderten Menschen schürte und andererseits suggerierte, als ob ein Gesetz für den Menschenschutz gerade Frauen unbarmherzig hinter Gitter bringen wolle.

Neben dem ehemaligen Generalsekretär der CDU könnte man die Aufmerksamkeit noch auf verschiedene andere hochrangige Persönlichkeiten in der CDU lenken, wie z.B. auf die amtierende Bundestagspräsidentin, Frau Süssmuth, die in der CDU zunächst als Nachfolgerin Geißlers im Amt des Bundesministers für Gesundheit, Jugend und Familie Karriere machte.

An ihrem Bekenntnis wird deutlich, welche geistige Grundhaltung die CDU dominiert.

In einem Interview mit der Wochenzeitung «Die Zeit» erklärte Frau Süssmuth ihr Selbstverständnis:
«Simone de Beauvoir ist mein Vorbild.»[170]
So ist es nicht länger verwunderlich, daß sich Frau Süssmuth entschieden gegen alle innerparteilichen Forderungen einer Minderheitsgruppe wandte, Abtreibung wenigstens zu erschweren.

Frau Süssmuth[171], deren damaliges Ressort während ihrer Amtszeit mit der Zuständigkeit für Frauenfragen erweitert wurde, erlangte zusehends Einfluß in der CDU, nicht zuletzt durch ihre Wahl zur Vorsitzenden der CDU-Frauenvereinigung am 9. Juni 1986.

Die Strategie der CDU-Führung sticht nun deutlich hervor: Mit Hilfe des vielbeschworenen christlichen Menschenbildes ist es ihre Absicht, Wählerstimmen von Christen einzufangen, gleichzeitig aber nichts zu tun, was sich gegen den Zeitgeist richten würde.[172]

Eine vielversprechende, kaum noch erwartete Aktion ist jetzt von der bayerischen CSU gekommen. Nach 14 Jahren des Zuwartens ist nun eine CSU-Regierung vor das Verfassungsgericht gezogen, um den § 218 wenigstens in Teilen überprüfen zu lassen. Doch bleibt nach wie vor unbefriedigend, daß wiederum keine grundsätzliche Unantastbarkeit allen menschlichen Lebens erstrebt wird.

5. Fazit

Die ungeborenen Kinder haben weder außerhalb noch innerhalb der im Bundestag vertretenen Parteien eine wirkungsvolle Lobby. Die etablierten Parteien und besonders ihre Führungen haben sich an die lebensfeindlichen Strömungen angepaßt.

Allen Parteien gemeinsam ist das Fehlen eines konsequenten Einsatzes für die Kinder und die Würde ihrer Mütter. Während jedoch die Links-Parteien offen mit menschenverachtenden Konzepten werben, ist die CDU/CSU bemüht, ihrer Haltung der Heuchelei und des Abwartens treu zu bleiben.

143

Ihrer weltanschaulichen Grundhaltung gemäß gibt es bei den Parteien des linksliberalen Spektrums keine Rückbindung an göttliche Gebote. Deshalb ist ihr Versagen moralisch weniger streng zu beurteilen als das Versagen der sich christlich nennenden Parteien, deren Programme dem Anspruch nach durch die Beziehung zu Gott geprägt sind.

Vom Resultat der Menschenvernichtung her betrachtet, ist es jedoch unerheblich, wer das Töten legalisierte bzw. nichts dagegen unternimmt.

Angesichts der sich stetig ausbreitenden Informationen über die oben genannten Positionen der Parteien ist festzustellen, daß sich zur Zeit ein kritisches Bewußtsein in der Bevölkerung bildet, das sich auch in dem Zulauf der Mitte der 80er Jahre entstandenen Partei der CHRISTLICHEN LIGA äußerte, deren zentrales Anliegen der Schutz menschlichen Lebens von der Empfängnis an ist. Die bundesweite neue Partei konnte 1988 nach der Landtagswahl in Baden-Württemberg bei Analyse ihrer teilweise beachtlichen Erfolge feststellen, daß sie weniger den etablierten Parteien Stimmen abzog, als vielmehr das Votum von solchen Wählern erhielt, denen es seit Jahren nicht möglich war, die mehr oder weniger großen Übel der eingesessenen Parteien zu wählen, und deshalb früheren Wahlen regelmäßig ferngeblieben waren.

Eine Tragödie ist jedoch, daß die Lebensrechtsbewegung gespalten ist. Bis auf die ermutigende Ausnahme von Baden-Württemberg, wo 1989 die Fusion des weltanschaulich gleichgelagerten ZENTRUMS mit der CHRISTLICHEN LIGA gelang, herrscht tragische Uneinigkeit unter den deutschen Menschenrechts-Organisationen.

Heute tobt eine Art Krieg im Mutterschoß. Durch die Waffen des Arztes wurden seit der weltweiten Legalisierung der Abtreibung mehr Menschen vernichtet als durch alle bisherigen Kriege zusammen.[172a] Ein entscheidender Unterschied freilich besteht darin, daß das ungeborene Baby kein bewaffneter Angreifer ist, sondern ein wehrloses Kind.

V

Kinder als Opfer der Selbstbestimmungsideologie

Wenn das ungeborene Kind kein Mensch wäre, erübrigte es sich, überhaupt über das Thema Abtreibung zu reden. Deshalb ist es vordringlich, das Wesen des ungeborenen Menschen zu klären.

Es sei zuvor noch einmal betont, daß dieses Buch die Menschen nicht verurteilen, sondern informieren soll. Wenn im Anschließenden die ganze Menschenverachtung der Kinderabtreibungen ersichtlich wird, so muß man sich bewußt machen, daß die wenigsten der hoffnungslosen Mütter und Väter von Natur aus böswillig sind, sondern Destruktivität, die ihnen von geschickten Verführern empfohlen wurde, als Versuch der Problemlösung übernommen haben. Trotzdem kann man sie natürlich nicht von der Verantwortung am Tod ihres Kindes lossprechen, denn sie haben sich Zerstörungswut und Erbarmungslosigkeit *angeeignet* unter willentlicher Ausschaltung ihres Gewissens.

Die hohe Rate psychischer Erkrankung von Frauen, welche die eigene Kindestötung nicht verkraften konnten, weist aber darauf hin, daß sich das Wissen und die Verantwortung um das Kind nicht ausschalten lassen. Die Eltern, die eines ihrer Kinder den todbringenden Instrumenten des Arztes preisgeben, schädigen sich selbst dabei. Sie sind Opfer, die nicht ohne eigenes Zutun verführt wurden mit Versprechungen vom Selbstbestimmungsrecht und Glück der feministischen Heilslehre.

A. KINDSEIN

Kleine Kinder sind die schwächsten Gesellschaftsglieder. Werden sie nicht durch die Erwachsenen geliebt und umsorgt, müssen sie zugrunde gehen.

Häufig verstehen wir unter dem Kind nur das geborene Kind, weil unser Blick für das Wesen des Kindes verstellt ist. Schon das Wort Kind, das bekanntlich aus dem Indogermanischen stammt und übersetzt «Das Gezeugte» heißt, spricht von dem tiefen Verständnis des Kindes als einem nachkommenden Menschen. Kinder sind die Gezeugten ihrer menschlichen Eltern. Sie sind damit Zeugen der Liebe ihrer Eltern. Selbst wenn diese ihre Sexualität ohne Kinderwunsch ausübten, bleibt es auf jeden Fall bei der Tatsache, daß die hierbei entstandenen Kinder unwiderruflich da sind und nichts anderes sind als wir alle: Kinder ihrer Eltern. Keiner würde sich von seinen Eltern umbringen lassen wollen. Auch nicht als ungeborenes Kind.

Leider ist es heute zur Mentalität geworden, daß viele Menschen die Fürsorgebedürftigkeit ihres Kindes mit einem Verfügungsrecht über das Leben des Kindes verwechseln.

Doch selbst wenn Eltern sagen: «Das ist mein Kind», kann nie damit ein Besitzanspruch gemeint sein. Jeder Mensch gehört sich selbst (vor allem aber Gott). Genauso absurd wäre es, wenn erwachsene Kinder sagen würden: «Das sind meine Eltern» und sich damit das Recht zu deren Tötung herausnehmen würden.

Leider wissen wir nichts mehr bewußt aus unseren vorgeburtlichen Kindertagen. Trotzdem haben wir sie wahrhaft durchlebt und unsere ersten Eindrücke vom Sein erhalten. Unsere Mütter sind unser natürlicher Lebensraum gewesen. Schützend, bergend, nährend. Die pränatale Psychologie hat herausgefunden, daß die Mythen von einem wunderbaren Paradiesgarten, wie sie praktisch allen Völkern der Erde gemeinsam sind, mit dem Erleben des Kindes im Mutterschoß zusammenhängen.[173]

Im Paradiesgarten des Mutterschoßes war keine Sorge um Nahrung und Unterkunft. Für alles war gesorgt, es war eine Welt großer Geborgenheit, eine Wunderwelt der Eindrücke und Empfindungen.

Wenn heute der Mutterschoß der Ort ist, wo mehr Menschen gemordet werden als an irgendeinem anderen Ort dieser Welt, dann ist dies ein Zeichen dafür, in welch hohem Maße die Menschheit dem Bösen verfallen ist. In der Verwirrung unserer Zeit leugnen viele Menschen die Existenz des Bösen. Damit verfügen sie nicht mehr über die Gabe der Unterscheidung. Die Menschen töten ihre eigenen Nachkommen im Mutterschoß, in der Meinung, sie könnten Gutes damit bewirken. Problemlösung durch Morden?

Darf man von Mord sprechen? Viele unserer Zeitgenossen beziehen die Position, daß «werdendes Leben» eben noch im Begriff stehe, sich erst zum vollwertigen Leben zu entwickeln.

B. DAS WESEN DES MENSCHEN

«Zellklumpen», «Fischstadium», «Schwangerschaftsunterbrechung», «Mein Bauch gehört mir», «Schwangerschaftsgewebe», «werdendes Leben», «Abbruch» sind Worte zur Beschreibung dessen, was ein ungeborenes Kind sei und wie mit ihm umgegangen werden dürfe. Den Auffassungen, die dieser Art des Verständnisses vom Kind zugrunde liegen, werden im folgenden die Forschungsergebnisse der modernen Wissenschaft gegenübergestellt. Zuerst soll jedoch ein Blick auf Aussagen geworfen werden, welche die Abtreibungsdiskussion stets begleiteten und von den Abtreibungsbefürwortern als Quelle diffuser Abtreibungs-Rechtfertigungen benutzt wurden.

1. Der biologische Bestand

a. Meinungen und Spekulationen über das Wesen des Kindes

Der griechische Philosoph Aristoteles (384–322) ging davon aus, daß Ungeborene im Leib ihrer Mutter zunächst Vorstufen des Lebens durchlaufen würden. Zuerst eine vegetative, dann eine animalische Stufe, erst danach komme es zur Beseelung des menschlichen Keims.[174]
Seither ist ein unüberschaubares Spektrum an Auffassungen um das Wesen des Ungeborenen entstanden, welche die Frage nach der Richtigkeit ihrer Definitionen ungeklärt lassen mußten.
Erst im vorigen Jahrhundert schien diese Frage durch den Zoologen und Philosophen Ernst Haeckel[175] wissenschaftlich abschließend behandelt worden zu sein. Haeckel entdeckte bei mikroskopischen Vergleichen, daß tierische und menschliche Embryonen große Übereinstimmungen aufwiesen. Unter anderem entdeckte Haeckel die sog. Kiemenspalten beim menschlichen Embryo, was ihn dazu veranlaßte, für den menschlichen Embryo nichtmenschliche Frühstadien anzunehmen. Als materialistischer Philosoph und einer der bedeutendsten Wissenschaftler seiner Zeit beeinflußte er die Anschauungen vieler seiner Zeitgenossen. Sein Hauptwerk «Die Welträtsel. Gemeinverständliche Studien über biologische Philosophie» (1899) fand weiteste Verbreitung und Wirkung. Zu den Verehrern Haeckels gehörte auch Lenin.
Haeckel, der seine philosophisch-naturwissenschaftliche Lehre unter der Bezeichnung «Monismus» zusammenfaßte, gründete den «Deutschen Monistenbund», um die Vertiefung und Ausbreitung einer diesseitigen, materialistisch-naturwissenschaftlichen Weltanschauung voranzubringen.
Seine Auffassungen über das von ihm vermeintlich geklärte Wesen des Menschen wurden von der modernen Humanembryologie erschüttert und widerlegt (siehe unten b). Auf seine Lehren beziehen sich allerdings noch häufig

die Aussagen unserer Zeitgenossen, der Mensch durchlaufe als Embryo ein Fischstadium und andere Vorstufen, wofür die Kiemen und andere Beweise sprächen. Auch kann man dies noch heute in Schulbüchern[176] lesen.

Als weiterer Zeuge der Unwissenheit über das Wesen des ungeborenen Kindes mag das Bürgerliche Gesetzbuch (BGB) für die Bundesrepublik betrachtet werden.[176a] Das BGB läßt nämlich eine auffallende Unsicherheit über den Beginn menschlichen Lebens erkennen. Am deutlichsten sichtbar wird dies auf dem Gebiet des Erbrechts, wo der §1923 eine umständliche Fiktion in Kraft setzen muß, damit auch das Ungeborene erben kann.

§1923 Absatz 1 lautet demgemäß:

«Erbe kann nur werden, wer zur Zeit des Erbfalls lebt.»

§ 1923 Absatz 2 heißt: *«Wer zur Zeit des Erbfalls noch nicht l e b t e , aber bereits e r z e u g t war, gilt als vor dem Erbfalle g e b o r e n .»* (Hervorhebungen durch den Verf.)

In Anbetracht des hohen Alters des BGB (es trat im Jahre 1900 in Kraft) ist die von Unsicherheit über das Sein des ungeborenen Kindes geprägte Umständlichkeit dieses Gesetzes einsichtig. Seine kurios anmutende Behelfslösung ist aus dem zeitlichen Kontext heraus zu verstehen. Allerdings wäre es nützlich, das BGB auf den Stand heutigen Wissens zu bringen.

b. Die Erkenntnisse der modernen Humanembryologie

Gegenüber der Unsicherheit vergangener Zeiten befinden wir uns in einer privilegierten Lage. Der modernen Wissenschaft gelang es Mitte unseres Jahrhunderts, die große (und in der Abtreibungsdiskussion so entscheidende) Frage nach dem Menschsein des ungeborenen Kindes zu beantworten.

Einer der führenden Forscher auf dem Gebiet der Humanembryologie, Prof. Erich Blechschmidt, schreibt:

«Als einer der folgenreichsten Irrtümer muß das von Ernst Haeckel (1859) behauptete Biogenetische Grundgesetz genannt werden. Es besagt, daß der menschliche Keim wäh-

rend seiner Individualentwicklung, seiner Ontogenese, den Prozeß der Stammesentwicklung in abgekürzter Form rekapituliere, und lehrt damit konsequenterweise, daß der Mensch ontogenetisch zunächst noch kein Mensch sei. Diese Meinung konnte entstehen und Geltung haben, solange kompetente humanembryologische Befunde fehlten. Ohne die tatsächlich unzureichenden Präparate der damaligen Zeit hätte das Biogenetische Grundgesetz gar nicht aufgestellt und glaubhaft gemacht werden können. Wer der Hypothese Haeckels noch Glauben schenkt, nimmt an, der menschliche Keim durchlaufe zunächst nichtmenschliche Frühstadien, bevor er – nach Ausbildung eines vermeintlich allgemeinen Säugetierplans – charakteristische menschliche Differenzierungen zeigt».[177]

Da es nach wie vor das Ziel des radikalen Feminismus und seiner Anhänger ist, Abtreibung vollends freizustellen, also Kindestötung bis zur ff150Vollendung der Geburt (!) zu erlauben, muß an diesem Zeitpunkt jede Argumentation über das Wesen des ungeborenen Kindes ansetzen.

Die Geburt des Kindes als Zeitpunkt der Menschwerdung?[178]

Die Geburt ist zweifellos ein einschneidendes Erlebnis im Leben des Kindes wie der Eltern. Das Kind ist hernach «auf der Welt», seine Alterszählung beginnt mit der Geburt. Sprachgebrauch und Sitte der Alterszählung zeigen, wie hoch die Geburt im allgemeinen eingeschätzt wird. Doch an ihr die Menschwerdung festzumachen, ist gelinde gesagt übertrieben. Es gibt keinen Wesenswandel des Kindes durch die Geburt. Genausowenig, wie sich am Wesen der Mutter etwas geändert hat, so wenig hat das Kind sich geändert. Die Mutter ist dieselbe geblieben, obwohl sie nicht mehr schwanger genannt werden kann. Genauso ist das Kind dasselbe geblieben, obwohl es nicht mehr ungeboren ist. Auch die Abhängigkeit des Kindes von seiner Mutter hat nicht abgenommen. Die Geburt des Kindes als

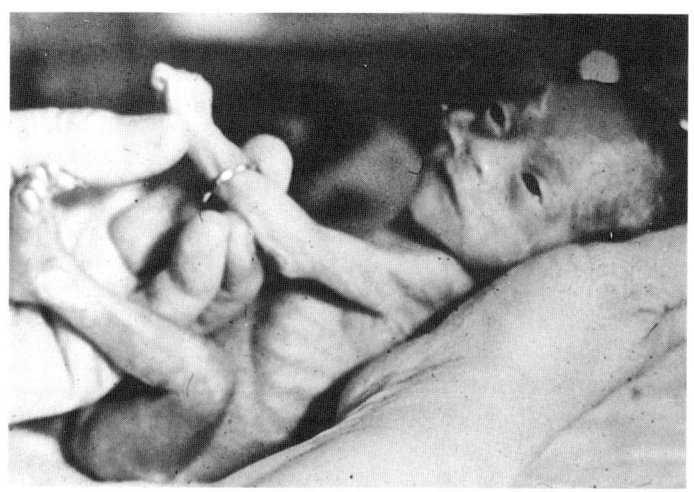

Ein in der 21. Schwangerschaftswoche lebend geborenes Baby. In der BRD dürfen behinderte Kinder bis zur 22. Lebenswoche straffrei getötet werden.

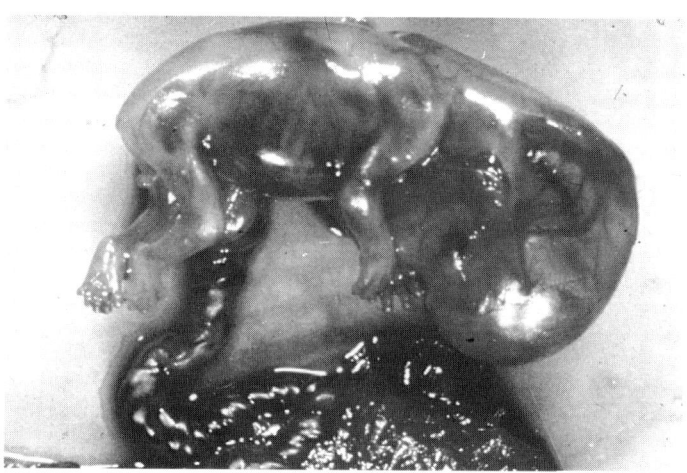

Leiche eines etwa in der 11. bis 12. Woche abgetriebenen Kindes.

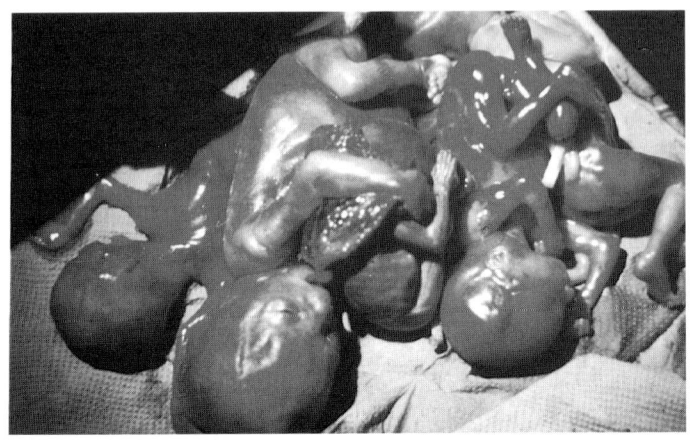

Abgetriebene Kinder im Abfalleimer – der Auswurf der Wohlstandsgesellschaft.

Zerstückelte Leiche eines abgetriebenen Kindes. Bei der Ansaugmethode werden die zarten Glieder auseinandergerissen.

152

Kriterium für die Verleihung menschlicher Würde zu werten, wird kein vernünftiger Mensch versuchen.

Je weiter die Technik fortschreitet, desto offensichtlicher ist die vollständige Unhaltbarkeit der Meinung, daß Kinder erst durch die Geburt zur Person «geadelt» würden und erst jetzt Anspruch auf alle Rechte haben sollen wie die übrigen Menschen. Es gelingt zunehmend, immer jüngere Kinder – im Alter zwischen 4 und 5 Lebensmonaten – mit Hilfe von Brutkästen aufzuziehen. Es ist wie erwartet keine qualitative Veränderung hinsichtlich ihres Menschseins an ihnen zu beobachten. Darf man sie umbringen?

Die Vollendung des dritten Schwangerschaftsmonats als Zeitpunkt der Menschwerdung?

Die durch die bundesdeutsche Strafnorm des § 218 suggerierte Annahme im Falle einer sog. «sozialen Indikation» lautet, daß der Mensch erst mit Vollendung des dritten Schwangerschaftsmonats die Wesenseigenschaft eines vollwertigen Menschen habe. Diese Meinung ist mir immer wieder in Diskussionen begegnet: «Im Gesetz steht, daß man bis zum dritten Monat abtreiben darf, also ist es bis dahin kein Mensch.»

Gesetzt den Fall, das Ungeborene ist schon vorher ein Mensch, wäre es staatliche Beihilfe zum Mord, wenn der Staat diese Tat nicht wie den Mord an Geborenen ahnden würde. Daneben wäre es verfassungswidrig, da doch jeder das Recht auf Leben und körperliche Unversehrtheit hat. Folglich muß es sich doch beim noch nicht drei Monate alten Kind um etwas vom Menschen grundsätzlich Verschiedenes handeln!

Die moderne Humanembryologie, die die Voraussetzungen für das Verständnis der Entwicklung und des Wesens ungeborener Kinder schuf, konnte keinen einzigen Beleg für die Behauptung finden, der dritte Lebensmonat sei die Grenze der Menschwerdung. Ganz im Gegenteil gelang es der Wissenschaft ab etwa der Mitte unseres Jahrhunderts zu beweisen, daß es eine wie auch immer geartete

Grenze der Menschwerdung nicht gibt, derzufolge ein Kind zuvor wesensmäßig unvollständiger Mensch gewesen sei.

Da noch immer vielen Menschen die Informationen hierüber vorenthalten bleiben, soll kurz auf die frühen Lebenstage eingegangen werden, wie sie jeder Mensch durchlebt.

Der junge, vorgeburtliche Mensch

Prof. Jerome Lejeune, der unter anderem als Entdecker der Trisomie 21 (= Mongoloismus) weltweite wissenschaftliche Autorität erlangte, beschreibt sehr anschaulich und humorvoll:

«Im Alter von zwei Monaten ist ein menschliches Wesen vom Kopf bis zum Rumpf kleiner als ein Daumen. Es würde mit Leichtigkeit in eine Nußschale passen, aber es ist schon alles vorhanden: Hände, Füße, Kopf, Organe, Gehirn. Sein Herz schlägt bereits seit einem Monat. Sähe man genauer hin, so könnte man die Linien in der Handfläche erkennen . . . Mit einem guten Vergrößerungsglas wäre es möglich, die Fingerabdrücke zu erkennen. Alle Unterlagen für einen Personalausweis sind vorhanden.

Der hohe Stand unserer Technologie hat es uns ermöglicht, in seine Privatsphäre einzudringen. Mit Hilfe spezieller Hydrophone können wir die ursprünglichste Musik der Welt vernehmen: ein tiefes, beruhigendes Hämmern mit etwa 60 − 70 Schlägen in der Minute, das Herz der Mutter, und eine rasche, hohe Kadenz von etwa 150 − 170 Schlägen in der Minute (das Herz des Fötus) − diese Nachahmung von Kontrabaß und Rumbakugeln, der Grundrhythmen aller Popmusik.

Wir wissen heute, was der Fötus empfindet, wir haben gehört, was er hört, gerochen, was er schmeckt, und wir haben ihn voller Grazie und Jugend tanzen sehen (Anm. d. Verf.: das ungeborene Kind macht in der Schwerelosigkeit der Fruchtblase Purzelbäume und andere Gebärden, die an Tanzbewegungen erinnern). *Die Wissenschaft hat das Märchen vom Däumling zu einer wahren Geschichte werden lassen, einer Geschichte, die jeder von uns im Schoß der Mutter selbst erlebt hat.*

Um Ihnen vor Augen zu führen, wie präzise diese Entdeckung sein kann: Würde man ganz zu Anfang, kurz nach der Empfängnis und Tage vor der Implantation, diesem winzigen, einer Beere ähnlichen Lebewesen eine einzige Zelle entnehmen, so könnte man diese Zelle kultivieren und ihre Chromosomen untersuchen. Wenn ein Student bei der Betrachtung dieser Zelle unter dem Mikroskop nicht in der Lage wäre, die Zahl, die Form und die Struktur dieser Chromosomen zu erkennen, wenn er nicht mit Sicherheit sagen könnte, ob sie von einem Schimpansen oder einem Menschen stammen, dann würde er die Prüfung nicht bestehen.

Zu akzeptieren, daß ein neues Lebewesen existiert, sobald eine Befruchtung stattgefunden hat, ist keine Auffassungs- oder Geschmackssache mehr. Die menschliche Natur des Menschen, von der Empfängnis bis ins hohe Alter, ist keine metaphysische Behauptung, sondern eine experimentell erwiesene Tatsache.»[179]

Doch wie steht es mit den sogenannten Kiemenspalten, die Ernst Haeckel veranlaßten, den jungen Menschen für mit Tieren vergleichbar zu halten? Der Humanembryologe Erich Blechschmidt, der die bahnbrechenden Entdeckungen auf diesem Wissensgebiet machte, beschreibt die frühe Lebensphase des Kindes:

«Bereits Ende der dritten Woche, wenn der Embryo etwa 3 mm groß ist, ist der (Blut-)Kreislauf geschlossen, und das Blut zirkuliert in ihm mit Hilfe des schlagenden embryonalen Herzens, denn mütterlicher und kindlicher Kreislauf sind voneinander getrennt. Wenn der Embryo etwa 3 mm groß ist, versorgt sein winziges Herz nicht nur den embryonalen Körperkreislauf, sondern auch die Hunderte von Zotten des Außeneis (Chorion), deren jede eine Kapillarschlinge enthält. Das ist eine ungeheure Leistung des kleinen Herzens.

In diesem Stadium, z.B. bei einem 3,4 mm großen Embryo, ist das Köpfchen über den Herzwulst gebeugt. Während der Beugung entstehen Beugefalten. Sie bilden die Anlage des Gesichts. Die Beugefalten sind voneinander durch tiefe Kerben getrennt. Beugefalten und Kerben sind keine Reste von Kiemen und Kiemenspalten und haben nichts mit einer Atmungstätigkeit zu tun! Die Beugefalten entstehen vielmehr mit konstruktiver Notwendigkeit: Das Gehirn wächst besonders intensiv in die Länge, intensiver als die mit ihm zusammenhängenden Blutgefäße an der «Bauchseite» des Embryo. Mit diesem ungleichen Längenwachstum wirken die Gefäße gleichsam als Zügel, als Halteapparat, so daß sich der Embryo an seinem freien Ende krümmt. Diese Krümmung führt notwendigerweise zur Bildung von Beugefalten. Es gibt normalerweise keine Spalten zwischen den Gesichtsbögen. Gelegentlich beobachtete Spalten sind immer anomal (krankhafte Zerreißungen als Grenzfall des Normalen). Die Beugefalten bilden im besonderen die Anlage des Unterkiefers, des Zungenbeins und des Kehlkopfes.»[180]

Soviel zu Leben und Gedeihen des Kindes in seinen ersten Lebenswochen. Obwohl diese Informationen schon in den 70er Jahren verfügbar waren, kam es zu der folgenschweren Reform des § 218, die unsere Gesellschaft auf die Tötungslösung einschwor.

Aus dem Vortrag des Nervenfacharztes Dr. med. Derbolowski vor dem Strafrechtsausschuß des Deutschen Bundestages am 10. 04. 1972 soll nun ein Blick auf die Lebensgemeinschaft von Kind und Mutter und beider Abhängigkeit von der Umwelt geworfen werden:

«Der Leib der Frau dient dem ungeborenen lebenden Menschen als Umwelt, in der er lebt. Die Frau ist infolgedessen von den mit der Fortpflanzung zusammenhängenden biologischen Prozessen sehr viel mehr in Anspruch genommen als der Mann. Der neue Mensch, der plötzlich ins Leben tritt, befindet sich dabei nicht irgendwo, sondern in einem der beiden Eileiter der Frau und wird zum Leibes-

ausgang geleitet. Dabei vollziehen sich seine Lebensvor-
gänge innerhalb eines Schutzpanzers, der jede Wechselwir-
kung zwischen ihm und dem mütterlichen Organismus
verhindert. In der Gebärmutterhöhle angekommen, wirft
er diesen Schutzpanzer ab, greift den mütterlichen Organismus an, verletzt ihn und nistet sich in ihm ein. Der mütterliche Organismus wehrt sich gegen diese Störung mit örtlicher Entzündung, Anschwellung, vermehrter Durchblu-
tung usw., aber, indem er sich gegen den Eindringling ab-
grenzt, erfüllt er die erforderlichen Lebensbedingungen des
neuen Menschen. Gelingt die gegnerische Balance nicht,
entsteht für den neuen Menschen oder für beide Lebensge-
fahr. Gelingt die Balance, wird sie als Schwangerschaft
bezeichnet. (Schwangerschaft beginnt mit der Befruchtung:
Anm. d. Verf.!)
Wenngleich die Frau auf die Irritation einer Schwangerschaft eingerichtet ist, bedeutet der Einnistungsvorgang
aufgrund der Umstellung des Organismus, aufgrund des
neuen Umgangs der Frau mit sich selbst, des Umganges
mit dem neuen Menschen und mit der veränderten sozialen Situation, einen erheblichen Streß.
... Erst nach einiger Zeit kann zwischen Mutter und Kind
die erwähnte Balance hergestellt werden, wobei der mütterliche Organismus von den jugendlich-vitalen Lebens-
vorgängen des neuen Menschen profitieren und sich ver-
jüngen kann. Ein Beispiel dafür liefert die mütterliche
Zuckerkrankheit, die der neue Mensch während der
Schwangerschaftszeit mit seinen Hormonen kompensiert.
Von großer Bedeutung ist es für die Frau, inwieweit ihr
Partner, ihre Familie und ihre Gesellschaft sie bei der Einrichtung der Balance gegen und mit dem neuen lebenden
Menschen unterstützen. Ist das nicht der Fall und wird die
Frau hierin von der Gesellschaft frustriert und alleingelas-
sen, wie es in unserer Gesellschaft häufig geschieht, dann
ist das das Zeichen einer sozial-psychiatrischen Krankheit,
durch welche die Frau überfordert wird. Selbst wenn die
Gesellschaft es zuläßt, den neuen lebenden Menschen zu
töten, bleibt die Last an der Frau hängen:

1. Die Umstellung des Organismus auf die Einnistung als den überwiegend negativen und belastenden Teil der Schwangerschaft wird mit allen hormonalen und psychischen Konsequenzen von der Frau durchgeführt.

2. Diese Umstellung muß als erneuter Streß von der Frau wieder rückgängig gemacht werden, und zwar unter Verzicht auf alle positiven und befriedigenden Seiten einer Schwangerschaft, insbesondere auf die Geburt des Kindes, die für die Frau leiblich und psychisch eine eminente lebensbereichernde Bedeutung hat (vgl. dazu insbes. Georg Groddeck).

3. Die Schwangere ist es, die den Tötungsentschluß fassen und auch späterhin vor ihrem Gewissen verantworten muß.

4. Sie muß einen geeigneten Täter auswählen und beauftragen.

5. Sie muß den keineswegs harmlosen Eingriff erleiden und seine Konsequenzen, insbesondere die Spätfolgen, auf leiblichem und psychischem Gebiet tragen.

6. Mit diesen Hypotheken belastet, soll sie weiterhin mit Hingabefähigkeit leben und lieben können, und zwar gerade auf diejenigen hin, die sie mit diesen Hypotheken belastet haben.»[181]

Im Verlaufe seines Vortrages zeigte Dr. Derbolowski die Unhaltbarkeit des durch die charakteristische Linguistik der Abtreibungsbefürworter entstandenen Bewußtseins. Begriffe wie «werdendes Leben» zur verschleiernden Bezeichnung des Kindes spielen dabei eine herausragende Rolle:

«Versuchen wir einmal, uns mit Hilfe eines solchen Sprachgebrauchs bewußt zu machen, um was es hier heute geht. Die Parole ‚Mein Bauch gehört mir!' mag richtig sein. Mir kann beispielsweise auch eine Wohnung oder ein Haus gehören. Darin kann sich ein fremder lebender Mensch aufhalten, der nicht ohne mein Zutun eingetreten ist.
Nach unserem herkömmlichen Brauch genießt dieser fremde Mensch Gastrecht auch dann, wenn er mein Geg-

ner ist. Wenn er aber mein Leben angreift und ich den Angriff auf mein Leben nur dadurch abwenden kann, daß ich ihn aus Notwehr töte, dann werde ich nicht bestraft. Dem entspricht die geltende Indikationslösung: Schwangerschaftsabbruch als ärztlich-therapeutische Maßnahme. Zur Diskussion steht unter dem Kennwort ‚Fristenlösung', ob ich den Fremden straflos töten darf, sofern er sich noch nicht länger als drei Monate bei mir aufgehalten hat. Eine andere Forderung geht dahin, daß ich ihn straflos töten darf, sofern er noch nicht in das für ihn vorgesehene Zimmer eingezogen ist. Hierbei handelt es sich um die pragmatische Fristensetzung: ‚Ende der Einnistung'...

Wenn der Fremde meinen Lebensstil, meine soziale Stellung, meine Planung, mein inneres Gleichgewicht voraussichtlich später ernsthaft und schwerwiegend beeinträchtigen wird..., wenn er infolge der Gewaltanwendung eines Dritten unter mein Dach gelangt ist, ... oder wenn er körperbehindert ist ..., dann soll ich ihn straflos töten dürfen.»[182]

Die meisten Menschen rechtfertigen die Tötungstat bewußt oder unbewußt durch die Inferiorität des vorgeburtlichen Menschen: «*Das ist doch noch gar kein Kind*» und ähnliche Aussprüche genügen offenbar, um die Gewissen zu beruhigen. Es werden damit nicht nur das Menschsein und die menschlichen Empfindungen des Kindes im Mutterschoß geleugnet, sondern auch, daß die Eltern des Babys fähig sind zu echter Menschlichkeit.

Heute ist ein Wissen vorhanden, das nicht mehr gewußt werden will. Es ist objektiv erwiesen, daß bei Abtreibung ein Mensch gemordet wird. Wenn trotzdem weiter im Körper der Frauen getötet wird, so liegt der Grund weniger in äußerer Not als vielmehr in der Fähigkeit des Menschen zum Bösen. Es wird getötet, weil der Mensch meint töten zu dürfen. Dies ist nichts Neues. In der Menschheitsgeschichte gab es immer wieder Massenmorde. Dieses Mal haben wir das Erbe des Bösen unter dem Ruf von Selbstbestimmung und Frauenbefreiung angetreten.

2. Der geistig-seelische Bestand

In atheistisch-materialistischen Philosophien, wie sie unsere moderne Zeit prägen, ist kein Platz für irgendeine Heiligkeit menschlichen Lebens. Auch eine Unantastbarkeit des Menschen ist schlichtweg nicht existent. Tatsächlich bietet der Materialismus, der seit dem 19. Jahrhundert bestimmenden Einfluß auf die europäische Philosophie gewann und in Marx, Engels, Feuerbach, Haeckel und anderen eine Blüte erfuhr, keine Lösung der ureigensten menschlichen Probleme. Fragen, die eigentümlich menschliche Wesensgegebenheiten repräsentieren, wie z.B. die Existenz von Bewußtsein, das Phänomen Dasein, Zweck und Ziel des Lebens, Gültigkeit von Freiheitswerten etc., kann der Materialismus nicht beantworten.[183] Auf der Grundlage materialistisch-atheistischer Philosophien konnte sich die Anschauung entwickeln und durchsetzen, der Mensch sei lediglich so etwas wie das höchste Tier auf Erden.

Demgegenüber schreibt der Forscher Professor Blechschmidt:

«Die naturwissenschaftlich-biologische Beschreibung genügt nicht, um das Einmalige des jungen Menschen deutlich zu machen. Die Entwicklung lebendiger Organismen läßt sich nicht auf Physik und Chemie reduzieren. Die Schönheit einer Rose, die Anmut eines jungen Tieres und die Unantastbarkeit menschlichen Lebens liegen nicht im Materiellen, sondern im ‚Lebendigen’, in dem, was das Materielle überschreitet. Insbesondere Menschsein ist mehr als nur materielle oder auch nur vegetative oder animale Realität – es ist geistig charakterisierte Existenz, Personalität.

Wir beschreiben den Menschen als Leib-Seele-Einheit und sehen dabei die Seele als Träger der Individualität an. Wenn der Mensch also charakterisiert ist durch seine Geist-Seele, und wenn sich die Entwicklung eines Menschen von der Befruchtung an als charakteristisch mensch-

lich vollzieht, dann ist diese Geist-Seele als von Anfang an existent anzusehen.»[184]

Und an anderer Stelle:

«Die Frage, wann der eigentliche, der volle Mensch entstünde, ist nach dem Gesagten im Ansatz verfehlt. Der Mensch wird nicht Mensch, sondern ist Mensch. Er entwickelt sich nicht zum Menschen, sondern als Mensch. Dem Wesen des Menschen, seiner Personalität, kann kein Mehr hinzugefügt werden. Es ist immer vollkommen im Sinne von ganzheitlich existent, wenn auch zunächst noch nicht wirkungsfähig. Es gibt keine halbe Person und keine prozentuale Individualität.»[185]

Der christliche Glaube beschreibt das Charakteristische des menschlichen Seins als Personsein durch den Besitz einer unsterblichen Seele, die dem Menschen von seinem Schöpfer «eingehaucht» wird. Seine Gottebenbildlichkeit, die er in der Seele hat, sollte den Menschen und sein Leben heiligen. Erst beim Tod des zum Leben bestimmten Menschen entweicht seine unsterbliche Seele und geht in die Ewigkeit Gottes ein.

Das Gebot «Du sollst nicht töten» soll Leben und besondere Würde jedes Menschen vor Grausamkeit und Vernichtung schützen, das Leben der Eltern wie ihrer Kinder.

Nach dem Gesagten läßt sich resümieren: Wird der Mensch durch entsprechend gelagerte Philosophien geistig seines Wesens beraubt, wird also ignoriert, daß jeder durch sein Personsein eine unantastbare Würde besitzt, werden Grausamkeit und Morden möglich. Die Gesetze der Menschen, welche dieselben Ziele wie die Gebote Gottes verfolgen müssen – sollen sie nicht nur Bemäntelung von Unrecht sein –, wurden im Zuge der Abtreibungsreformen entweder aufgehoben oder weitgehend eingeschränkt, wobei die Begründung für dieses Tun stets mit den Versprechungen einer besseren Zukunft verknüpft war. Das Vertrauen in die Gebote des Schöpfers wurde ersetzt durch das Vertrauen in menschengemachte Gesetze.

VI

Liebe und Leben

Leben und Tod leg' ich dir vor,
Segen und Fluch.
So wähle denn das Leben,
Damit du lebst,
Du und deine Nachkommen.

Dtn 30,19

«Du verdirbst Dir die Zukunft!»
«Laß es doch wegmachen!»
«Dieses Kind ist nicht zumutbar!»
«Wozu hast Du dann studiert!»
«Sei doch nicht blöd, laß'es doch abtreiben!»

Es gibt viele Frauen, wie Annemarie S., die glaubhaft versichern, keine positive Stimme zu ihrem Kind gehört zu haben, und deshalb schwach wurden und ihr Kind preisgaben. Ihre Wahl zwischen Leben und Tod, zwischen Liebe und Gleichgültigkeit erfolgte unter dem Einfluß der Gesellschaft. Deren Druck lastet schwer auf allen hilfsbedürftigen Schwangeren.

In Städten mit Abtreibungskliniken würden sich heute Leichenberge türmen. Zum Beispiel in Bremen und Saarbrücken. Es würden sich weite neuangelegte Friedhöfe ausdehnen überall, wo in Frauenkliniken getötet wird. In München, in Berlin und Essen. Doch die Körper der Kinder werden verbrannt, werden in Konsumgüter und andere Produkte verarbeitet.

Offenbar ist das Töten in einer Gesellschaft nicht mehr aufzuhalten, wenn sie sich anmaßt, den Menschen das

«Recht» zum Töten zu verleihen. Offenbar ist es mit Fluch behaftet, wenn das Wort des Schöpfers ersetzt wird durch eine gott-feindliche Ideologie. Denn verloren geht das Gespür, daß wir als Geschöpfe nur Heil erwerben können, wenn wir die von Gott geschenkte Freiheit zum Guten, zur Wahl des klar gezeigten Weges nutzen.

Wer den Dialog mit Gott abbricht, wer sich statt dessen zum Herrn über Leben und Tod erhebt, der geht in die Irre, dem ist alles erlaubt.
Wer nicht mehr Geschöpf sein will, sondern sich selbst zum Maß aller Dinge macht, zum Ziel aller Werte, der macht sich zum Gott und seine Mitmenschen zum Objekt.

Wie Simone de Beauvoir und Sartre keine höchste Instanz kannten, der sie sich verpflichtet fühlten, so kennen die Abtreibungsbefürworter sie ebensowenig. Jeder, der für Abtreibung eingestellt ist, hat Anteil an der Leugnung des Schöpfers und seiner Gebote, oft ohne sich dessen bewußt zu sein.

Die Außerkraftsetzung der Gebote drückt sich in ihrer Übertretung aus. Dies ist die unausbleibliche Folge der neuen Herrlichkeit des Menschen. Das an «modernen» Maßstäben ausgerichtete Verhalten wird nicht länger als Unrecht wahrgenommen, da die natürliche Verpflichtung zur Nächstenliebe nicht länger empfunden wird, da die Liebe Gottes nicht mehr bewußt erfahren wird, weil es Gott nicht gibt.

Wie sollte noch sein Ruf zu den Menschen dringen, wenn sie sich ihn so verstellen? Wer sich taub macht, hört nichts. Wer sich zum Gott macht, liebt nicht.
Kann sein Angebot der Liebe, das Leben bringt, nicht mehr in die Herzen der Menschen dringen, wie sollte es dem Menschen möglich sein, aus seiner eigenen Leere Liebe zu verströmen?

Wenn Unrecht zu Recht erhoben wird, wird die Atmosphäre menschlicher Beziehungen vergiftet. Wir atmen die Gleichgültigkeit und Brutalität der Tötungsgesellschaft.

Zweifellos ist jeder Mensch Irrtum und Sünde ausgesetzt. Doch die gezielte und gewollte weltanschauliche Leugnung des Schöpfers liefert die Menschen gezielt und systematisch dem Unrecht und der Gewalt aus.

Letztlich ist Abtreibung von Kindern also Ausfluß der Ablehnung gegenüber unserem Schöpfer und seinen Geboten. Seine Gebote – das haben viele vergessen – dienen dem Schutz der Menschen und künden von seiner großen Liebe zu ihnen.
Ihre Nichteinhaltung muß in Chaos und Leid enden.
Das diesem Kapitel vorangestellte Bibelwort fährt fort:

> *Liebe den Herrn deinen Gott,*
> *Hör auf seine Stimme*
> *Und halte dich fest an ihm,*
> *Denn daran hängt dein Leben.*
> *Dtn 30,20*

Führt man sich vor Augen, daß man Kinder tötet, um sich Gutes zu erwerben – denn ohne den Beweggrund, etwas Wünschenswertes zu gewinnen, würde nicht gemordet werden –, so wirkt dies eigenartig, ganz verkehrt, weil es so vergeblich ist. Noch immer glauben viele an die vom Menschen gemachte Zukunft. Doch die geschichtliche Erfahrung lehrt, daß es nie zum Guten führte, wenn mit Wunsch und Willen Menschen abgeschlachtet wurden.

Das Beispiel der Abtreibungsgesellschaft zeigt, daß die Abkehr von Gott die Hinwendung zum Bösen ist.
Der gottabgewandte Mensch kennt keine Liebe gegenüber seinem Schöpfer, kennt keine Liebe gegenüber seinem Lebensgefährten, kennt keine Liebe gegenüber seinem Kind, kennt keine Liebe gegenüber irgend jemandem.

Eine Volksweisheit, die die Lieblosigkeit und den eigenen Schaden der Menschen treffend kommentiert, lautet: «Der Teufel ist der Verwirrer.»

In der «Guten Neuen Welt» diesseitiger Erlösungsphilosophie herrscht der Mensch als unumschränkter Machthaber. Um seiner Verwirklichung willen erklärt er als erstes seinen Herrn als nichtexistent. In der so entgöttlichten Welt gilt ihm als oberste Kraft das materielle Prinzip, da es nun ja voraussetzungsgemäß keinen Schöpfergeist mehr gibt. Auch das Bild vom Menschen ändert er entsprechend, da ja niemand länger da ist, uns unsre Seele einzuhauchen. So nimmt sich dann der neue Mensch das selbstgeschaffene Recht und tötet, was und wen er will. Das Lebendige hat nun keine Würde mehr, selbst der Mensch nicht, weil doch die Materie die einzig wahre Wahrheit ist. Dem Herrscher eigener Gnaden steht nun keine Grenze mehr entgegen. Die Erfüllung seines Willens hält blutige Ernte.

Regt sich ab und an die Stimme des Gewissens, so wird sie schnell erdrückt von der Stimmung der Gesellschaft. Immerfort werden Kinder ihrem Henker hingetragen. Unschuldig, im Schoße ihrer Mütter werden sie gemetzelt. Unsere Gesellschaft will es so, aus allerlei selbstgesetzten Gründen, aus Gründen des Wohlstands, der Familienplanung und der Emanzipation.

Liebe und Leben sind untrennbar miteinander verbunden. Wo die Liebe schwindet, gibt es keine Verantwortung für den Partner, für die Kinder, für die Nächsten. Unser Schöpfer ist die Liebe und das Leben. Deshalb nimmt er uns mit Güte an. Er kann uns um Christi Willen unsere Schuld vergeben, wenn wir ehrlich umkehren. Er ermöglicht uns den Neubeginn. Nur er ist die Hoffnung angesichts des menschenverschlingenden Bösen. Er ist die Liebe und das Leben.

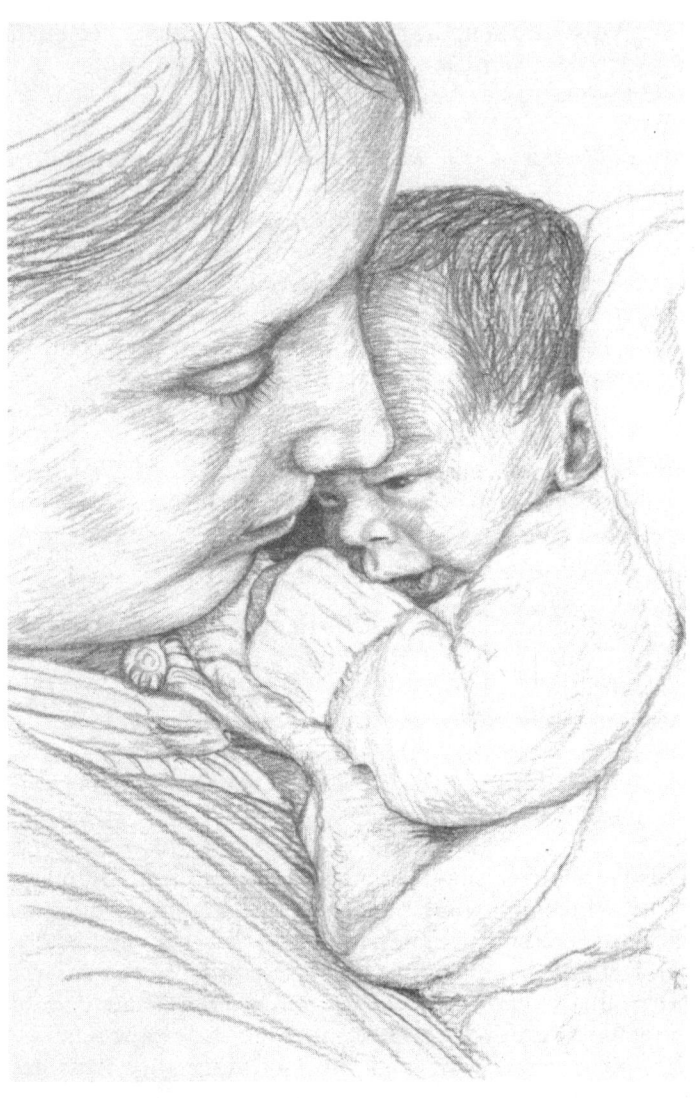

Junge Mutter mit Kind. (Portrait, gezeichnet von Säug-lingsschwester Alfredis Uhl O.P. im Marienkrankenhaus in Karlsruhe.)

Zeittafel

1908 Geburt von Simone de Beauvoir
1926/27 Beginn des Philosophiestudiums an der Sorbonne

Pakt Beauvoir–Sartre
1929 Bekanntschaft mit Sartre; Tod der Jugendfreundin
      Zaza; Beginn der Liaison mit Sartre; Prüfung an der
      Ecole Normale Supérieure (Aggrégation); Pakt mit
      Sartre
1929–31 Militärzeit Sartres; 2 Jahre Urlaub in der Nähe
      Sartres
1931–32 Philosophielehrerin in Marseille

Trio Beauvoir–Sartre–Olga
1932–36 Lehrerin in Rouen; Sartre 1933/34 in Berlin; ab
      1934 «Trio» Beauvoir–Sartre–Olga; nach Italienrei-
      se Fortsetzung des «Trios»
1937 Beendigung des Trios durch Olga
1938–41 Arbeit an «Sie kam und blieb»

Zwischenphase
1939 Sartre an der Front und Kriegsgefangener
1941 Sartre kehrt aus Gefangenschaft zurück
1943 Erscheinen von «Sie kam und blieb»

Affäre Sartre–M.
1944/45 Ende der Besatzung; Sartre geht Beziehung zu
      M. ein; erster Höhenflug des Sartreschen Existentia-
      lismus; Beauvoir widmet sich ganz der Schrift-
      stellerei
1946 Beginn der Arbeit an «Das andere Geschlecht»

Liaison Beauvoir–Algren

1947/48 Erste Reise Beauvoirs in die USA und Begegnung mit M.; Begegnung und Liebesbeziehung mit Algren; Abbruch der Beziehung zu Algren; Fortsetzen der Arbeit an «Das andere Geschlecht»

1949 Erscheinen von «Das andere Geschlecht»; Aufflackern der Beziehung zu Algren

1951 Endgültiger Bruch mit Algren

Affären Sartre–Vian, Beauvoir–Lanzmann

1952 Beginn der Beziehung zu dem 25jährigen Claude Lanzmann, während Sartre mit Michèle Vian liiert ist

1954 Prix Goncourt für «Les Mandarins»

1958 Erscheinen von «Memoiren einer Tochter aus gutem Hause»; Trennung von Lanzmann

1960 Erscheinen von «In den besten Jahren»

1963 Erscheinen von «Der Lauf der Dinge»

1971 Teilnahme an der Selbstbezichtigungskampagne für freie Abtreibung; Präsidentin der «association choisir», deren Ziel die freie Abtreibung ist

1972 Erscheinen von «Alles in allem»

1980 Tod Sartres

1981 Erscheinen von «Die Zeremonie des Abschieds»

1986 Simone de Beauvoir stirbt in Paris

ANHANG

Der tödliche Betrug

Vortrag von Dr. med. gyn. Bernard Nathanson in Dublin.[186]
Ins Deutsche übertragen von Dorothea Oettinger

Anläßlich der Verfassungsänderung in der Irischen Republik durch Volksentscheid warb der amerikanische ehemalige Abtreibungsmediziner Dr. med. gyn. Bernard Nathanson in Dublin für die Verankerung der Unantastbarkeit des menschlichen Lebens in der Verfassung. Wie bekannt, stimmten die Iren mit $^2/_3$-Mehrheit für diese Sicherung.

Ich spreche seit drei Jahren, seit mein Buch in Amerika herauskam, überall in der Welt offen über dieses Thema, und in den USA und in Kanada arbeitete ich dabei oft mit dem Kongreßabgeordneten Henry Hyde zusammen, der, wie einige von Ihnen wohl wissen werden, vielleicht der hervorragendste Vertreter der Pro-Liver im Kongreß ist. Ich möchte nun zu Ihnen allgemein über *Abtreibungspolitik* und -chirurgie sprechen. Ich möchte aber auch einen Teil meiner Zeit darauf verwenden, die Frage des Verfassungszusatzes mit Ihnen zu diskutieren. Wie Sie wissen, sind Sie ja hier gerade mitten in einer *Kampagne für eine Verfassungsänderung,* um die Abtreibung endgültig und unwiderruflich strafbar zu machen. Für diejenigen unter Ihnen, die Zweifel an der Klugheit dieser Taktik haben, d. h. für diejenigen unter Ihnen, die gegen Abtreibung, aber auch gegen einen Verfassungszusatz sind und die vielleicht das Gefühl haben, daß eine solche Verfassungsänderung eine zu drastische und unnötige Maßnahme wäre, für Sie möchte ich hier etwas Geschichte anführen, amerikani-

169

sche Geschichte, Rechtsgeschichte, um Sie von der Klugheit dieser Taktik zu überzeugen.

Viele von Ihnen werden von mir gehört haben als von dem *Direktor der größten Abtreibungsklinik der Welt*. Unsere Klinik war bekannt unter dem schönen Namen «Zentrum für reproduktive und sexuelle Gesundheit» in New York. Sie lag an der Ostseite von New York, und in meinen zwei Jahren dort als Gründer und Direktor dieser Klinik führten wir 60.000 Abtreibungen durch. Es gab 35 Ärzte, die unter meiner Führung arbeiteten. Die Klinik war täglich von 8 Uhr morgens bis Mitternacht in Betrieb, an jedem Tag der Woche, einschließlich sonntags, und wir machten 120 Abtreibungen an jedem Tag des Jahres außer am ersten Weihnachtsfeiertag. Ich persönlich habe noch etwa 15.000 weitere Abtreibungen eigenhändig in meiner privaten Praxis gemacht, so daß ich also für 75.000 Abtreibungen persönlich verantwortlich bin. Das ist eine Statistik, auf die ich nicht gerade stolz bin, aber ich denke, mein Vortrag über dieses Thema erhält dadurch doch eine gewisse Autorität und Glaubwürdigkeit.

Ich war einer der Gründer der nationalen Vereinigung für die Aufhebung des Abtreibungsgesetzes NARAL (National Association for Repeal of Abortion Law), die später in Aktionsliga für das Recht auf Abtreibung (Abortion Rights Action League) umbenannt wurde. Dies war die erste politische Aktionsgruppe für die Abtreibung in den USA. Gegründet wurde sie von Laurence Lader, von mir, von Betty Friedan – der Feministin – und von Carol Brightcer, die damals Politikerin in New York City war. Die Gründung erfolgte 1968. Es war unglaublich kühn, eine solche Bewegung, eine solche politische Aktionsgruppe zu gründen. Wir waren eine winzige Gruppe mit einem Budget von 7.500 Dollar für das erste Jahr unserer Tätigkeit; und wie ich schon sagte, es gehörte damals ein beträchtliches Maß an Unverfrorenheit dazu, von einer Reform der Abtreibungsgesetze auch nur zu reden. Wenn man damals eine repräsentative Meinungsumfrage gemacht hätte, wären die Amerikaner vielleicht zu 99,5 Prozent gegen uneingeschränkte legale Abtreibung gewesen. Aber wir, diese kleine Gruppe mit einem winzigen Budget und nur vier engagierten Mitgliedern, brachten es in der kurzen Zeitspanne von zwei Jahren fertig, daß das 140 Jahre alte einschränkende Abtreibungsgesetz im Staat New York umgeworfen wurde, und machten damit New York zur Hauptstadt der Abtreibungen in Amerika. Drei Jahre später überzeugten wir den Obersten Gerichtshof, so daß der schändliche Gerichtsentscheid erlassen wurde, der Abtreibung in allen 50 Staaten legalisierte.

Nun, wie machten wir das? Es ist sehr wichtig für meine Zuhörer hier, zu verstehen, *welche Taktiken* dabei angewandt wurden, weil diese Taktiken in der ganzen westlichen Welt, mit der einen oder anderen kleinen Abänderung, verwendet werden. Dies gilt für Italien, wo ich gesprochen habe, für Kanada und für zahlreiche andere Länder, einschließlich Großbritannien. Jetzt geht der Kampf in Spanien weiter, im streng katholischen Spanien. Keine westliche Gesellschaft ist immun gegen diese Seuche. *Unsere Gruppe, NARAL, wußte im Jahre 1968, daß, wenn man eine sorgfältige, ehrliche Umfrage über die Meinung der Amerikaner zur Abtreibung gemacht hätte, wir eine klare, vernichtende Niederlage erlitten hätten. Was wir nun aber taten, war folgendes: Wir gaben Zahlen an die Medien und an die Öffentlichkeit weiter mit der Erklärung, wir hätten Umfragen gemacht, und tatsächlich seien 50 oder 60 Prozent der Amerikaner für eine Legalisierung der Abtreibung. Das war natürlich die sehr einträgliche und sehr erfolgreiche Taktik der sich selbst erfüllenden Prophezeiungen.* Denn wenn man der amerikanischen Öffentlichkeit lange genug sagte, daß jeder für die Legalisierung der Abtreibung war, dann würde automatisch mit der Zeit wirklich jeder für die Abtreibung sein. Nur sehr wenige Leute sind gern in der Minderheit. Dies war eine unserer sehr nützlichen Taktiken, die Verwendung von erfundenen, unehrlichen, doppeldeutigen Umfragen, und ich möchte meinen Zuhörern dringend raten, sehr vorsichtig und sehr kritisch zu sein gegenüber allen Umfragen, von denen Sie in der Presse lesen und von denen Sie in den Nachrichten im Fernsehen hören. Das ist, wie ich schon sagte, eine auch heute noch verwendete Taktik in der Bewegung für die Abtreibung. Wir wußten ebenfalls, daß wir, wenn wir die Situation genügend dramatisieren, genug Sympathie erwecken würden, um unser Programm der Legalisierung der Abtreibung zu verkaufen.

Wir taten darum folgendes: *Wir fälschten die Zahl der illegalen Abtreibungen, die jährlich in den USA gemacht wurden.* Wir wußten, daß die Gesamtzahl der illegalen Abtreibungen in den USA jährlich etwa 100.000 betrug. Die Anzahl aber, die wir wiederholt – wiederholt! – an die Öffentlichkeit und an die Medien weitergaben, war 1 Million. Und wenn man die große Lüge oft genug wiederholt, wird man die Öffentlichkeit überzeugen, wie unser Freund, *Herr Hitler, in Deutschland bewiesen hat.* Wir wußten ebenfalls, daß die Zahl der Frauen, die in den USA jährlich bei illegalen Abtreibungen starben, zwischen 200 und 250 lag. Die Anzahl, die wir beständig wiederholten und an die Medien weitergaben, war 10.000. *Diese Zahlen begannen das öffentliche Bewußtsein in Amerika zu prägen,* und diese Zahlen waren das beste Mittel, Amerika zu überzeugen, daß wir die Abtreibungsgesetze beseitigen mußten. Wenn man weiß, daß wir diese Zahlen gefälscht haben, besonders die Zahl der jährlichen illegalen Abtreibungen in den USA (100.000 pro Jahr), drängen sich einige Schlußfolgerungen auf. Wenn man daran denkt, daß 1973, im ersten Jahr nach dem Entscheid des Obersten Gerichtshofs, die Zahl der Abtreibungen in den USA 750.000 betrug, ist diese Ziffer sehr niedrig. Im Jahr 1980, für das wir vollständige Angaben haben, waren es 1,55 Millionen Abtreibungen. Wenn man die Zahl von 100.000 Abtreibungen vor der Legalisierung mit 1,55 Millionen vergleicht (einem 15fachen Anstieg), werden gewisse Mythen, Erfindungen und Lügen, die wir in der amerikanischen Öffentlichkeit verbreiteten, durchschaubar. Zum Beispiel war eine Taktik, die wir benutzten, um die Öffentlichkeit zu überzeugen, die Behauptung, daß, *wenn man die Abtrei-bung verbot, immer noch genausoviele Abtreibungen gemacht werden, nur eben illegal. Das stimmt einfach nicht!* Aus diesen Zahlen ist deutlich ersichtlich, daß wir, bevor Abtreibung erlaubt war, 100.000 Abtreibungen jährlich hatten, heute dagegen 1,55 Millionen. Und auch umgekehrt: Wenn wir heute die Abtreibung verbieten würden, hätten wir keine 1,55 Millionen mehr, wir würden wieder auf 100.000 kommen. Zweitens beweisen diese Zahlen, daß seit der Legalisierung der Abtreibung in Amerika das Verantwortungsgefühl auf sexuellem Gebiet abgenommen hat. Der Sprung von 100.000 auf 1,55 Millionen zeigt klar, daß Abtreibung in den USA als Hauptmittel der Geburtenkontrolle eingesetzt wird. Und schließlich: Der uneingeschränkte Exzeß der Abtreibung führt zu noch mehr Abtreibungen.

Die wichtigste und wirkungsvollste Taktik, die wir (NARAL) zwischen 1968 und 1973 benutzten, war die *katholische Karte.* Dies ist eine Taktik, die für meine Zuhörer hier und für dieses Land von immensem Interesse ist. Lassen Sie mich die Umstände von damals beschreiben. 1968 war die Krise, der Höhepunkt des Vietnamkrieges. Es war der Höhepunkt des völligen Widerstands in den USA gegen diesen Krieg. Die Anti-Kriegs-Strömung hatte die Medien eingenommen. Die Medien waren durchwegs gegen Vietnam. Sie hatte die Jugend und die Collegestudenten erfaßt. Sie hatte die Intellektuellen Amerikas eingenommen. Jeder war wie alle. Jeder war intellektuell, hatte Beziehungen zu den Universitäten und den Akademien und war gegen den Krieg. Wir griffen nun die eine größere Organisation in den USA an, die diesen unpopulären Krieg immer noch unterstützte; es war *die katholische Kirche und besonders die katholische Hierarchie.* Und so identifizierten wir die katholische Kirche mit der Unterstützung des Vietnamkrieges und *stellten gleichzeitig die katholische Kirche als Hauptgegner der Abtreibungsreform heraus.* Auf diese Weise gewannen wir alle jene Gruppen, die gegen den Vietnamkrieg waren. Wir gewannen die Studenten, die Intellektuellen und, *was am wichtigsten war, die Medien.* Diese katholische Karte war äußerst wichtig. Was wir ferner taten, war: Wir vermieden es, alle Katholiken über einen Kamm zu scheren, denn das hätte uns geschadet. Wir brauchten eine gewisse Unterstützung von – unserer Meinung nach – *aufgeklärten, intellektuellen Katholiken.* Wir griffen auch nicht den Papst an, denn das hätte zu viele Sympathien in einer Gegenbewegung erweckt.

Statt dessen nahmen wir die katholische Kirchenhierarchie, ein hübscher, nebulöser, verschwommener Sammelbegriff mit genug Unklarheit, um alle diese liberalen, intellektuellen Kriegsgegner und auch alle anderen, die wir brauchten, *besonders die Medien,* zu überzeugen, daß die katholische Kirche, *und besonders die katholische Hierarchie,* der Schuldige beim Widerstand gegen die Abtreibung war. Diese Platte wurde nun endlos gespielt. *Verstehen Sie, was wir hier machten, war, wir trennten die intellektuellen, fortschrittlichen, liberalen Katholiken von der Kirchenhierarchie und trieben damit einen Keil in den katholischen Widerstand gegen die Abtreibung.* «Umfragen bestätigen immer wieder» – das ist nun die gefälschte Umfrage –, «daß die Mehrheit der Katholiken eine Reform der Abtreibung befürwortet.» Das war 1968, als eine solche Einstellung bei Katholiken unvorstellbar war. Wir behaupteten weiter: *«Bei Frauen, die den Abtreibungs-Beratungs-Service in Anspruch nehmen, entspricht der Anteil der katholischen Frauen, die abtreiben lassen, dem katholischen Anteil an der US-Gesamtbevölkerung.» Eine faustdicke, unverschämte Lüge!*

In New York spielten die katholischen Frauen für eine Revision der Abtreibungsgesetze (weiter im Dokument) «eine einflußreiche Rolle in unserer Kampagne. Es ist keineswegs so, daß alle gläubigen Katholiken Abtreibung für sich selbst für richtig halten. Aber viele glauben, daß Frauen freie Wahl haben sollten bei etwas, was im Grunde eine private Entscheidung ist. Ein Weg, die Polarisierung an der religiösen Front, die durch die heftige Opposition der römisch-katholischen Kirche gegen die Abtreibung entsteht, zu mildern, ist, die Teilnahme der Katholiken, die die offizielle Position ihrer Kirche nicht übernehmen, bei der Bewegung für die Revision zu unterstützen. *Organisiert Katholiken für die Änderung der Abtreibungsgesetze!»* Sie können hier die Klugheit dieser Taktik sehen, wie wir versuchten, die Katholiken, die über das Thema noch im Zweifel waren, zu überzeugen, daß *die Kirchenhierarchie reaktionär, unliberal und unaufgeklärt war und daß sie, die aufgeklärten Katholiken, wenn sie liberal erscheinen wollten, auf unsere Seite überwechseln mußten.*

…

Was war der Zweck dieser ganzen Hetzkampagne und Propaganda?

1. Sie überzeugte die Medien, daß jeder, der gegen Zulassung der Abtreibung war, ein Katholik oder ein heimlicher Katholik sein mußte oder unter dem Einfluß der katholischen Hierarchie stand.

2. Sie überzeugte mit der Erklärung, daß Katholiken, die für Abtreibung waren, laut Definition liberale, aufgeklärte, intellektuelle, fortschrittliche Menschen sein mußten. *Wir brauchten eine Belohnung für alle Katholiken, die auf unsere Seite überwechselten. Wir machten den Standpunkt der Abtreibungsbefürworter dazu, aufgeklärt, sexy und kultiviert zu sein.*

…

Ich möchte den Pro-Life-Gruppen in dieser Republik dringend raten, von unseren Erfahrungen zu lernen und den Verfassungszusatz zu beschließen, ehe sie von ihrem Obersten Gerichtshof die Abtreibung aufgebürdet bekommen; denn wenn sie das nicht tun, werden sie sich vor dieselbe, praktisch unmögliche Aufgabe gestellt sehen, vor der wir stehen, nämlich nicht nur einen Verfassungszusatz zu beschließen, *sondern auch die Entscheidung von Leuten der vielleicht am meisten respektierten Instanz in den USA für richtig zu erklären – eine Entscheidung des Obersten Gerichtshofes.*

Ich möchte Ihnen jetzt noch ein paar Dinge mit Hilfe von Lichtbildern zeigen.

Die katholische Karte war eine der Methoden, wie wir der amerikanischen Öffentlichkeit die Abtreibung schmackhaft machten. Es gab noch zwei andere Schlüsselmethoden, die wir bei unserer Werbung für die Abtreibung verwendeten. Eine davon war das Abstreiten und Unterdrücken aller wissenschaftlichen Beweise dafür, daß das Leben bei der Empfängnis beginnt; dass das, was sich in der Gebärmutter befindet, ein Mensch ist; eine Person, die all den Schutz und die Sicherheit verlangt, die *wir* genießen. *Die dritte Taktik war, die Medien für uns einzunehmen. Dies war vermutlich die wichtigste Schlüsselmethode in der ganzen Kampagne.*

Ich werde oft gefragt: «Doktor, was brachte Sie dazu, Ihre Meinung zu ändern? Wie kam es, daß Sie von einem Organisator und politischen Aktivisten aus der ersten Liga für die Abtreibung, von einem Direktor der größten Abtreibungsklinik der Welt zu einem Vertreter der Pro Life wurden?»

Die Antwort ist, daß ich, nachdem ich die Klinik verließ, von meinem Amt zurücktrat, Direktor der Geburtshilfeabteilung eines anderen Krankenhauses in New York City wurde, welche die größte und beste Geburtenhilfeabteilung der Stadt war und zu der Columbia University Medical School gehört. Ich war als Direktor für eine pränatale oder Fetologie-Abteilung zuständig. 1973, als ich diesen Posten übernahm, kamen wir gerade in den Besitz der neuen großartigen Technologie, die wir heute täglich benutzen, um den Fetus zu untersuchen, seine Gesundheit festzustellen, uns zu überzeugen, daß das, was in der Gebärmutter ist, ein vollwertiges menschliches Wesen ist. Die Technologien, auf die ich mich hier beziehe, sind Dinge wie Ultraschall, Fruchtwasseruntersuchungen und elektronische Herzmessungen mit Licht.

Die zweite Taktik (nach der katholischen Karte) besteht darin, *daß wir den wissenschaftlichen Beweis, der unwiderlegbar zeigt, daß das Leben bei der Empfängnis beginnt, abstreiten müssen. Wir müssen darauf bestehen, daß die Frage, wann das Leben beginnt, eine theologische,*

*rechtliche, ethische oder auch philosophische Frage ist –
nur keine wissenschaftliche. Dies ist wieder eine Lieblings-
taktik der Abtreibungsbefürworter: Sie bestehen darauf,
daß eine Definition, wann das Leben beginnt, unmöglich
ist; daß wir das nicht wissen können; daß das zum Rechts-
bereich, zur Theologie oder zu was auch immer gehört.
Wie lächerlich diese Behauptung in Wirklichkeit ist, kann
man zeigen, indem man anstelle von «Leben» das Wort
«Tod» einsetzt. Wenn – wie es die Gruppen für die Abtreibung gerne hätten – das Eintreten des Todes etwas Konti-
nuierliches ist, wenn das eine theologische, moralische
oder rechtliche Frage ist, aber keine wissenschaftliche,
dann wäre es unmöglich, jemand für tot zu erklären, und
wir würden dann die Toten von den Friedhöfen an den
Wahlen teilnehmen lassen. Das Fehlen einer Definition
für den Tod als Gegensatz zum Leben würde ein völliges
Chaos entstehen lassen.* Tatsächlich setzte Präsident Carter
1976 eine Kommission ein, die die Frage untersuchen und
dem amerikanischen Kongreß eine Definition für den Tod
vorlegen sollte, damit Ärzte, Rechtsanwälte, Richter und
andere, die damit zu tun haben, feste Richtlinien bekommen, nach denen ein Mensch für tot erklärt werden kann.
*Es ist ausgesprochen lächerlich, daß wir einerseits so viel
Zeit darauf verschwenden, den Tod zu definieren und andererseits die Abtreibungsbefürworter erklären, das Leben
könne nicht definiert werden.*

*Wir müssen das Leben sogar definieren. Es ist eine Not-
wendigkeit sowohl für wissenschaftliche Zwecke als auch
für rechtliche und moralische! Tatsächlich läßt sich das
Leben klar definieren. Es beginnt bei der Empfängnis, der
Befruchtung, und von da ab ist die empfangene Person ein
menschliches Wesen. Es gibt keinen Punkt in der Gebärmutter, an dem ein Wechsel stattfinden würde; von einem
Nichts zu einem Etwas; von einer Unperson zu einer Person. Es gibt keinen plötzlichen Umschlag bei der Entwicklung im Uterus, und deshalb ist das Leben ein kontinuierli-
ches Spektrum von seinem Anfang bis zu seinem Ende.*

Schlußwort:

Ich glaube, daß die Zulassung der Abtreibung die planmäßige Zerstörung dessen bedeutet, was unbestreitbar und eindeutig menschliches Leben ist. Ich glaube, daß es ein unentschuldbarer Akt tödlicher Gewalt ist. Man muß zugeben, daß eine ungewollte Schwangerschaft ein sehr schwieriges Dilemma ist. Aber die Lösung in der vorsätzlichen, aktiven Zerstörung zu suchen heißt, den großen Erfindungsreichtum menschlichen Geistes wegzuwerfen – und schlimmer noch: Es bedeutet die Kapitulation des öffentlichen Handelns vor der klassischen Antwort des Zweckdenkens auf unangenehme soziale Probleme. Ein schändliches Hinnehmen der Gewalt. *Als Wissenschaftler weiß ich – ich glaube nicht, ich weiß –, daß das menschliche Leben bei der Empfängnis beginnt. Obwohl ich formal nicht religiös bin, glaube ich von ganzem Herzen, daß es ein göttliches Wesen gibt, das von uns verlangt, diesem unendlich traurigen Verbrechen gegen die Menschlichkeit ein endgültiges und unwiderrufliches «Halt» zu gebieten.*

Wenn wir in unserer Sache mutlos werden oder versagen sollten, wenn wir zögern oder unsicher werden sollten, wenn wir nur einen Augenblick unseren Auftrag zu diesem äußerst selbstlosen, äußerst wichtigen Kampf verlieren sollten, wird uns die Geschichte nicht vergeben.

Nachwort

Mit großem Gewinn liest man dieses Buch, das umfassend über die entsetzliche Tatsache informiert, daß jährlich in der Welt nicht nur Tausende, sondern viele Millionen von Kindern im Mutterschoß getötet werden. Gerade auch die Bundesrepublik Deutschland ist von dieser Abtreibungsflut überschwemmt. Der Verfasser unterrichtet aus großem Wissen heraus über die biologischen, medizinischen, politischen, gesellschaftlichen, staats- und verfassungsrechtlichen Gesichtspunkte auf nationaler und internationaler Ebene. Man erfährt viele zu wenig oder gar nicht bekannte oder auch bewußt verschwiegene Einzelheiten.

Der ganz besondere Wert des Buches liegt darin, daß der Verfasser die tiefen Wurzeln der Abtreibungsmentalität und -praxis aufzeigt, die zumal im extrem-existentialistischen, atheistischen Denken liegen. Die Linien führen vor allem von Sartre über seine Freundin Simone de Beauvoir und den weithin auf sie zurückgehenden radikalen Feminismus zur Mißachtung jeder verantwortungsvollen Liebe. Wir stehen vor einem totalen Umsturz der Werte. Der Verlust wahrer Liebe zerstört nicht allein das Verhältnis zwischen Mann und Frau, zwischen Eltern und Kindern, sondern lähmt die gesamte menschliche Gesellschaft. An die Stelle von Verantwortung und praktischer Hilfe tritt die Tötung der Schwachen und Hilfsbedürftigen, des unschuldigen Kindes im Mutterschoß.

Es ist ein Zeichen der Hoffnung, daß ein junger Mensch ein solches Buch geschrieben hat, um Zeugnis abzulegen für die Würde des Menschen, gerade auch des ungeborenen Menschen im Mutterschoß. Möge das Buch weite Verbreitung und die dringend notwendige Beachtung finden.

P. Anselm Günthör OSB, em. Professor für Moraltheologie

Literaturverzeichnis

Quellen

Arndt, Claus u.a.(Hg.): Der § 218 StGB vor dem Bundesverfassungsgericht, Dokumentation zum Normenkontrollverfahren (zum 5. Strafrechtsreformgesetz); Heidelberg und Karlsruhe, 1979; C.F. Müller

Beauvoir, Simone de: Alles in allem; Reinbek 1976; Rowohlt

Beauvoir, Simone de (Hg.): Avortement: une loi en procès. L'affaire de bobigny (Association choisir); Paris 1973; Gallimard

Beauvoir, Simone de: Das andere Geschlecht, Sitte und Sexus der Frau; Reinbek 1951; Rowohlt

Beauvoir, Simone de: Der Lauf der Dinge; Reinbek 1970; Rowohlt

Beauvoir, Simone de: Die Mandarins von Paris; Reinbek 1965; Rowohlt

Beauvoir, Simone de: Die Zeremonie des Abschieds; Reinbek 1983; Rowohlt

Beauvoir, Simone de: In den besten Jahren; Reinbek 1969; Rowohlt

Beauvoir, Simone de: Memoiren einer Tochter aus gutem Hause; Reinbek 1968.

Beauvoir, Simone de: Sie kam und blieb; Reinbek 1972; Rowohlt

Bürgerliches Gesetzbuch von 1896 (im Jahre 1900 in Kraft getreten), zuletzt geändert 27.1.1983

Bürgerliches Gesetzbuch nebst Einführungsgesetz, mit den Motiven und sonstigen gesetzgeberischen Vorarbeiten, hg. von Dr. Haidlen, Landrichter; Berlin, Stuttgart, Leipzig 1897; Verlag von W. Kohlhammer

Bundesamt für Statistik: Statistisches Jahrbuch 1986.

Bundessozialgericht: Gerichtsurteil 8 RK 8/85; (Revisionsverfahren gegen die Fin. von «Schwangerschaftsabbrüchen» durch die Krankenkassenbeiträge der Versicherten)

Europäische Ärzteaktion: Alarm um die Abtreibung, Teil 1 u. 2; Stuttgart 1980; Hänssler

Fünfzehntes Strafrechtsänderungsgesetz vom 18. Mai 1976: Bundesgesetzblatt Teil I, ausgegeben zu Bonn am 21. Mai 1976; Nr.56

Grundgesetz der Bundesrepublik Deutschland von 1949, zuletzt geändert 21.12.1983

Reichsversicherungsordnung: (hier §§ 200f, 200g, Stand 1982?)

Sartre, Jean-Paul: Ist der Existentialismus ein Humanismus?; Zürich 1947; Europa

Strafgesetzbuch in der Fassung der Bekanntmachung von 1975, zuletzt geändert 8.12.1981

U.S. Department of Health, Education and Welfare: Abortion Surveillance, Center for Disease Control, Annual Summary 1972.

Wilkens, Erwin: § 218 – Dokumente und Meinungen zur Frage des Schwangerschaftsabbruchs; Gütersloh 1973; Gütersloher Verlag
World Health Organisation: Abortion Laws; Genf 1971

Literatur

a) Die zitierten Werke

Baumann, Jürgen (Hg.): Das Abtreibungsverbot des § 218; Neuwied und Berlin 1971; Luchterhand

Die Grünen (Hg.): Bundestagswahlprogramm 1987; Köln 1987; Farbo Druck

Erler, Ursula: Zerstörung und Selbstzerstörung der Frau. Emanzipationskampf der Geschlechter auf Kosten des Kindes; Stuttgart 1977; Seewald

Evans, Mary: Simone de Beauvoir, ein feministischer Mandarin; Rheda-Wiedenbrück 1986; Joachim Herbst Verlag

Friedan, Betty: Das hat mein Leben verändert. Beiträge und Reflexionen zur Frauenbewegung; Reinbek 1977; Rowohlt

Hoffacker, Steinschulte, Fietz (Hg.): Auf Leben und Tod. Abtreibung in der Diskussion; Bergisch Gladbach 1985; Gustav Lübbe

Menschik, Jutta: Grundlagentexte zur Emanzipation der Frau; Köln 1976; Pahl-Rugenstein

Moeller, Charles: Simone de Beauvoir und die Situation der Frau; Dortmunder Vorträge, 23; 1960

Paczensky, Susanne von; Sadrozinski, Renate: Die Neuen Moralisten; Reinbek 1985; Rowohlt

Schischkoff, Georgi (Hg.): Philosophisches Wörterbuch; Stuttgart 1978; Alfred Kröner Verlag

Schwarzer, Alice: Simone de Beauvoir heute; Reinbek 1983; Rowohlt

Schwarzer, Alice: So fing es an! Die neue Frauenbewegung; München 1983; Deutscher Taschenbuchverlag

Straelen, Henri van: Abtreibung. Die Große Entscheidung; Regensburg 1974, Josef Habbel

Stutz, Samuel: Embryohandel; Bern 1988; Zytglogge

Thürkauf, Max: Endzeit des Marxismus; Stein am Rhein 1987; Christiana

Zehl-Romero, Ch.: Simone de Beauvoir; Reinbek 1978; Rowohlt

b) Die benutzten Werke

Aktion Leben Vorarlberg (Hg.): Abtreibung die fragwürdige Entscheidung; Bregenz 1982?; Eugen Russ

181

Algermissen, Konrad: Das werdende Menschenleben im Schutze der christlichen Ethik; Celle 1947; Verlagsbuchhandlung Joseph Giesel

Alt, Franz: Liebe ist möglich. Die Bergpredigt im Atomzeitalter; München 1985; R. Piper

Arbeitsgemeinschaft Artikel 1 Grundgesetz: Dokumente zu Abtreibung, Embryohandel, Gentechnik, Euthanasie; Eichstätt

Association «choisir» (Hg.): Avortement: une loi en procès, l'affaire de bobigny; Paris 1973; Gallimard

Backhaus, Elisabeth: Recht und Gesetz, § 218 Strafgesetzbuch

Balkenohl, Gentechnologie und Humangenetik; Stein am Rhein 1989; Christiana

Banks, Olive: Faces of Feminism. A Study of Feminism as a Social Movement; Oxford 1981; Martin Robertson

Baumann, Jürgen: Einführung in die Rechtswissenschaft; München 1984; Beck

Beyer, Johanna u.a.: Frauenhandlexikon. Stichworte zur Selbstbestimmung; München 1983; Beck

Beyerhaus, Peter (Hg.): Frauen im theologischen Aufstand; Neuhausen-Stuttgart 1983; Hänssler

Bibliographisches Institut Mannheim (Hg): Das Neue DudenLexikon; Mannheim 1984; Bibliographisches Institut AG

Blechschmidt, Erich: Das Wunder des Kleinen. Die frühen Verhaltensweisen des ungeborenen Kindes; Vellmar-Kassel 1985; Weißes Kreuz

Blechschmidt, Erich: Die Erhaltung der Individualität; Neuhausen-Stuttgart 1982, Hänssler

Blechschmidt, Erich: Wie beginnt das menschliche Leben? Vom Ei zum Embryo; Stein am Rhein 1968/1984; Christiana

Böckle, Franz: Schwangerschaftsabbruch; Düsseldorf 1981; Patmos

Bochenski, I.M.: Europäische Philosophie der Gegenwart; Bern, 2. Auflg. 1951; Francke

Brandt, Willy (Hg.): Frauen heute; Reinbek 1981; Rowohlt

Buytendijk, F.J.J.: Die Frau. Natur, Erscheinung, Dasein; Köln. J.P. Bachem

Chaunu, Pierre: Die verhütete Zukunft; Stuttgart 1981; Seewald

Cohen-Solal, Annie: Sartre 1905–1980; Reinbek 1988; Rowohlt

Commonwealth Secretariat: Abortion Laws in the Commonwealth, three studies; Commonwealth Secretariat, Marlborough House, Pall Mall, London S.W.1, United Kingdom; 1977

Cooper, John l.: The seventh Decade. A Study of the Women's Liberation Movement; Duluque (Iowa) 1980; Kendall/Hunt Publishing Company

Däubler-Gmelin, Herta: § 218 Der tägliche Kampf um die Reform; Bonn 1987; Neue Gesellschaft

Dertinger Antje: Die bessere Hälfte kämpft um ihr Recht; Köln 1980; Bund

Die Grünen (Hg.): Bundesprogramm 1987; 2. Auflage; Köln 1987; Druck und Graphik Team

Die Grünen (Hg.): Das Programm zur Landtagswahl Baden-Württemberg 1988

Doormann, Lottemi: Kinder in der BRD; Köln 1977; Pahl-Rugenstein

Doormann, Lottemi: Keiner schiebt uns weg. Zwischenbilanz der Frauenbewegung in der Bundesrepublik; Weinheim und Basel; Beltz

Doutiné, Antje (Hg.): «Ich habe abgetrieben», Der § 218 und seine Folgen; Darmstadt und Neuwied 1976; Hermann Luchterhand

Ehmke, Horst: Die Fristenlösung und das Grundgesetz (Theorie und Praxis der deutschen Sozialdemokratie); Bonn-Bad Godesberg 1975; Neue Gesellschaft

Eibach, Ulrich: Experimentierfeld werdendes Leben; Göttingen 1983; Vandenhoeck & Ruprecht

Ernst, Siegfried: «Bescheinigungsbüro» oder Rat und Hilfe; Biberach; Höhn-Druck

Eser, Albin; Koch, Hans-Georg (Hg.): Schwangerschaftsabbruch im internationalen Vergleich. Rechtliche Regelungen – Soziale Rahmenbedingungen – Empirische Grunddaten, Teil1: Europa; Baden-Baden 1988; Nomos Verlagsgesellschaft

Evangelische Akademie von Kurhessen-Waldeck Hofgeismar: § 218 – zwei Jahre Neuregelung; 1978

Evangelische Kirche in Deutschland: Gerechtigkeit, Frieden und die Bewahrung der Schöpfung, Nr. 17

Evangelische Kirche in Deutschland: Stellungnahme zum Thema Schwangerschaftsabbruch, Nr. 14

Evangelische Kirche in Deutschland: Von der Würde werdenden Lebens, Nr. 11

Evdokimov: La Femme et le salut du monde; Tournai und Paris 1958; Casterman

Feinberg, Joel (ed.): The Problem of Abortion; Belmont (California) 1984; Wadsworth Publishing Company

Firestone, Shulamith: Frauenbefreiung und sexuelle Revolution; Frankfurt 1975; Fischer

Flanagan, Geraldine Lux: Die ersten 9 Monate des Lebens; Reinbek 1984; Rowohlt

Forster, Karl (Hg.): Aktuelle Probleme des Lebensschutzes; Würzburg 1964; Echter

Frank, W: Psychiatrie; Neckarsulm 1980; Verlag Jungjohann

Frauenaktion Dortmund (Hg.): Schwangerschaft und der neue § 218; Köln 1976; Pahl-Rugenstein

Freeman, Jo: The Politics of Women's Liberation; New York 1975?; Longman

Friedan, Betty: Der Weiblichkeitswahn; Reinbek 1966; Rowohlt

Friedan, Betty: Der zweite Schritt; Reinbek 1982; Rowohlt

Fromm, Erich: Anatomie der menschlichen Destruktivität; Stuttgart 1974; Deutsche Verlagsanstalt GmbH

Furch, W.: Abtreiben – eine Lösung?; Asslar 1986; Schulte & Gerth

Garaudy, Roger: Der letzte Ausweg. Feminisierung der Gesellschaft; Olten 1982; Verlag Walter

Gassmann, Lothar: Abtreiben? Fragen und Entscheidungshilfen; Stein am Rhein 1985; Christiana

Geißler, Heiner: Zugluft. Politik in stürmischer Zeit; München 1990; Bertelsmann

Greer, Germaine: Der weibliche Eunuch; Frankfurt/M. 1971/ 1974; Fischer

Greer, Germaine: Die heimliche Kastration, engl. Originaltitel: Sex and Destiny, The Politics of Human Fertility; Frankfurt/M., Berlin, Wien 1984; Ullstein

Gross, Werner: Was erlebt ein Kind im Mutterleib? Ergebnisse und Folgen der pränatalen Psychologie; Freiburg 1982; Herder

Guadilla, Naty Garcia: Libération des femmes: le M.L.F. Mouvement de Libération des Femmes; Paris 1981; Presses Universitaires

Guardini, Romano: Das Recht des werdenden Menschenlebens. Zur Diskussion um den § 218 StGB; Stuttgart und Tübingen 1949; Rainer Wunderlich

Guttmacher, Alan F. u.a.: The Complete Book of Birth Control; New York 1961; Ballantine Books Inc.

Hackethal, Julius: Humanes Sterben. Mitleidstötung als Patientenrecht und Arztpflicht; München 1988; F.A. Herbig Verlagsbuchhandlung GmbH

Hahn, Viktor; Jockwig, Klemens: Das Leben bestehen – christliche Grundhaltungen; Limburg 1975; Lahn-Verlag

Hassauer, Werner: Die Geburt der Individualität, Menschwerdung und moderne Geburtshilfe; Stuttgart 1984; Urachhaus Johannes Mayer GmbH

Hauer, J.W.(Hg.): § 218 – Eine sachliche Aussprache; Leipzig 1931; C.L.Hirschfeld

Häussler, Alfred: Die Pille, Das drohende Unheil; Jestetten; Miriam

Häussler, M.; Helferich, C.; u.a.: Bauchlandungen. Abtreibung – Sexualität – Kinderwunsch; München 1983; Frauenbuchverlag

Havemann, Ernest: Die Geburtenkontrolle. Vom Ursprung des Lebens zu den Methoden der Familienplanung; produziert 1967 in Holland als «Life international» Sonderdruck; Time INC.

Helwig, Gisela: Frau und Familie, Bundesrepublik Deutschland – DDR; Köln, 2.Auflg. 1987; Verlag Wissenschaft und Politik Berend von Nottbeck

Hilgers, Th. W., Horan, D.J. (eds.): Abortion and social Justice; New York 1972; Sheed & Ward Inc.

Hirsch, G., Weissauer, W. (Hg.): Rechtliche Probleme des Schwangerschaftsabbruchs; Erlangen 1977; Dr.med. Straube

Hofmann, Dietrich: Schwangerschaftsunterbrechung; Frankfurt/M. 1974; Suhrkamp

Hornung, Klaus: Der faszinierende Irrtum. Karl Marx und die Folgen; 1978; Herder

Horowitz, Irving Louis: Taking lives. Genocide and state power; New Brunswick, New Jersey 1980; Transaction Inc.

Human Life Research Institute of Ottawa: Abortion's Aftermath, a) The Psychological Effects of Induced Abortion, b) Physical Complications of Abortion; Toronto, Ont. 1985; Human Life Research

Idea-Sonderdokumentation (Informationsdienst der Evangelischen Allianz), Nr. 11/90, Postfach 1820, 6330 Wetzlar

I-Gellé, Frederic: Différer la vie, les églises et les états facent a l'avortement et a la contraception; Paris 1975; Europe International

Jacquinot, Claude; Delaye, Jacques: Handel mit ungeborenem Leben; Altstätten 1984/85; Panorama Verlag AG

Jaggar, Alison M.: Feminist Politics and Human Nature; Totowa (New Jersey) 1983; Rowman & Allanheld

Jochimsen, Lukretia: § 218 – Dokumentation eines 100-jährigen Elends; Hamburg 1971; Konkret

Jörger, Gerhard: Leitfaden der Schwangerschaftsverhütung; Stuttgart 1974; Gustav Fischer

Juristen-Vereinigung Lebensrecht e. V. – Schriftenreihe: Nr. 4 und 5 Köln 1987 u.1988; Kölner Universitätsverlag

Justice, B., Pore, R. (eds.): Toward the second Decade: The Impact of the Women's Movement on American Institutions; Westport (Con)/London (Engl.) 1981; Greenwood Press

Klingmüller, Walter: Erbforschung heute; Weinheim 1982; Verlag Chemie GmbH

Koepcke, Cordula: Geschichte der deutschen Frauenbewegung; Freiburg u.a. 1979; Herder

König, Uta: § 218 – Gewalt über Frauen; Hamburg 1980; Stern Magazin im Verlag Gruner & Jahr

Koschorke, Martin, Sandberger, Jörg F.: Schwangerschafts-Konflikt-Beratung; Göttingen 1978; Vandenhoeck & Ruprecht

Kraiker, Gerhard: § 218 Zwei Schritte vorwärts, einen Schritt zurück; Frankfurt/M. 1983; Fischer

Krechel, Ursula: Selbsterfahrung und Fremdbestimmung. Bericht aus der Neuen Frauenbewegung; Darmstadt und Neuwied 1983(1975); Luchterhand

Krieger, Verena: Entscheiden, Was Frauen (und Männer) über den § 218 wissen sollten; Hamburg 1987; Konkret Literatur-Verlag

Kunstmann, Antje u.a.: Frau. Ein Handbuch über Sexualität, Verhütung und Abtreibung, Schwangerschaft und Geburt; München 1978; Frauenbuchverlag

Kunstmann, Antje: Frauenemanzipation und Erziehung; Starnberg 1971; Werner Raith

Kuper, Leo: Genocide. Its political Use in the 20th Century; New Haven and London 1981; Yale University Press

Linnhoff, Ursula: Zur Freiheit; Köln 1979; Kiepenheuer & Witsch

Linnhoff, Ursula: Die Neue Frauenbewegung, USA – Europa seit 1968; Köln 1974; Kiepenheuer & Witsch

Löw, R.: Philosophie des Lebendigen; Frankfurt/M. 1980; Suhrkamp

Lüthi, Kurt: Gottes neue Eva. Wandlungen des Weiblichen; Stuttgart 1978; Kreuz Verlag

Mandle, Joan D.: Women & Social Change in America; Princeton (New Jersey) 1979; Princeton Book Company

Maurach, Reinhart, Rosenthal, Walter (Hg.): Abtreibung und Schwangerschaftsunterbrechung in den osteur. Ländern; Herrenalb 1962; Verlag für Int. Kulturaustausch

Menschik, Jutta: Feminismus. Geschichte, Theorie, Praxis; Köln 1977; Pahl-Rugenstein

Merfeld, M.: Die Emanzipation der Frau in der sozialistischen Theorie und Praxis; Reinbek 1972; Rowohlt

Meulenbelt, Anja: Aufsätze zur Frauenbefreiung; München 1982; Frauenoffensive

Mikich, Sonja: Simone de Beauvoir Lesebuch, der Wille zum Glück; Reinbek 1986; Rowohlt

Millet, Kate: Sexus und Herrschaft. Die Tyrannei des Mannes in unserer Gesellschaft; Rowohlt

Nathanson, Bernard: Aborting America; Garden City/ New York 1979; Doubleday & Co

Nestle, Wilhelm: Aristoteles Hauptwerke. Ausgewählt, übersetzt und eingeleitet von Wilhelm Nestle; Stuttgart 1977; Kröner

Neuer, Werner: Mann und Frau in christlicher Sicht; Gießen, 4. Auflg. 1988; Brunnen Verlag

Nilsson, Lennart: Ein Kind entsteht; München 1984; Mosaik

Osofsky, Howard J., Osofsky Joy D. (eds.): The Abortion Experience: Psychological and Medical Impact; Hagerstown 1973?; Harper & Row

Packard, Vance: Die sexuelle Verwirrung, Wien 1969; Econ

Paczensky, Susanne von: Wir sind keine Mörderinnen!; Reinbek 1980; Rowohlt

Padberg, Lutz von: Feminismus – eine ideologische und theologische Herausforderung; Wuppertal 1985; Verlag der Evangelischen Gesellschaft

Padberg, Lutz von: New Age und Feminismus; Asslar 1987; Schulte und Gerth

Perkins, Robert L. (ed.): Abortion: Pro and Con; Cambridge (Massachusetts) 1974; Schenkmann Publishing Company

Powell, John: Abortion: the Silent Holocaust; Allen, Texas 1981; Argus Communications

Pro Familia Bremen (Hg.): Wir wollen nicht mehr nach Holland fahren; Reinbek 1978: Rowohlt

Pro Familia Bremen: Betr. § 218, Bundesstiftung «Schutz des ungeborenen Lebens»; 1984?

Pross, Helge: Abtreibung, Motive und Bedenken; Stuttgart, Berlin, Köln, Mainz 1971; W. Kohlhammer

Rabaut, Jean: Histoire du féminisme français; 1978; Stock

Randzio-Plath, Christa: Europa – eine Chance für Frauen. Der Kampf um die Gleichstellung ist nicht verloren; Baden-Baden 1978; Nomos

Rau, Wolfgang: Konservativer Widerstand und soziale Bewegung; Frankfurt/M. 1985; Peter Lang

Retzlaff, K. u.a. (Hg.): Wir klagen an: § 218, Tribunal gegen § 218, Dokumentation; Hamburg 1981? ; buntbuch-Verlag

Ringeling, Hermann; Ruh, Hans: Zur Frage des Schwangerschaftsabbruchs, Theologische und Kirchliche Stellungnahmen; Basel 1974; Friedrich Reinhardt

Rockefeller Foundation (ed.): Annual Report 1973 a.74

Rösler, Roland: Rohstoff Mensch, Embryohandel und Genmanipulation; Stein am Rhein 1986; Christiana

Rösler, Roland: Der Menschen Zahl oder: Das zerstörte Sodom ist euer Land! (Jes 1,7); Stein am Rhein 1989; Christiana

Rötzer, Josef: Natürliche Geburtenregelung; Wien 1985; Herder

Rowbotham, Sheila: Im Dunkel der Geschichte; Frankfurt/New York 1980; Campus

Rüpke, Giselher: Schwangerschaftsabbruch und Grundgesetz; Frankfurt/M. 1975; Suhrkamp

Ruth, Sheila: Issues in Feminism. A First Course in Women's Studies; Boston 1980?; Houghton Mifflin Company

Saeger, Joni; Olson, Ann: Der Frauenatlas. Daten , Fakten und Informationen zur Lage der Frauen auf unserer Erde; Frankfurt/M. 1986; Fischer Taschenbuch

Sanger, Margaret: Zwangsmutterschaft; Stuttgart, Berlin u. Leipzig 1929; Deutsche Verlagsanstalt

Sauter-Bailliet, Theresia; Hessische Landeszentrale für politische Bildung (Hg.): Frauen in Bewegung; 1982?

Schaeffer, Francis: Bitte laß mich leben!; Neuhausen-Stuttgart 1979?, Hänssler

Schaeffer, Francis: Preisgabe der Vernunft. Kurze Analyse der Ursprünge und Tendenzen des modernen Denkens; Wuppertal 1970; R. Brockhaus

Schenk, Herrad: Die feministische Herausforderung; 1980; C.H. Beck

Scherer,Maria: Das Fiasko; Zürich 1974; Schweizer Verlagshaus AG

Schlei, Marie; Brück, Dorothea: Wege zur Selbstbestimmung. Sozialpolitik als Mittel der Emanzipation; 1976; Europäische Verlagsanstalt

Schneider, Marianne: Praxis der ärztlichen Beratung vor dem legalen Schwangerschaftsabbruch (§ 218b, I, Nr.2); Dissertation; Tübingen 1985

Schwarzer, Alice: Das Emma-Buch; 1981; Deutscher Taschenbuchverlag

Schwarzer, Alice: Der «kleine Unterschied» und seine großen Folgen. Frauen über sich – Beginn einer Befreiung; Frankfurt/M. 1975; S. Fischer Verlag

Schwarzer, Alice: Mit Leidenschaft; Reinbek 1985; Rowohlt

Schwarzer, Alice: Weg mit dem § 218. Wir fordern eine Verfassungsklage! Gehen SPD/FDP/Grüne nach Karlsruhe?; Köln 1986; EMMA-Frauenverlags-GmbH

Shettles, Landrum: Ovum humanum; München und Berlin 1960; Urban & Schwarzenberg

Sölle, Dorothee: Atheistisch an Gott glauben; Olten und Freiburg/Breisgau 1968; Walter

Stanford, Susan M.: Will I Cry Tomorrow? Healing Post-Abortion Trauma; Old Tappan, New Jersey 1986; Fleming H. Revell Co

Stassinopoulos, Arianna: Die weibliche Frau; München 1974; R. Piper & Co

Stern, Carola: Was haben die Parteien für die Frauen getan?; Reinbek 1976; Rowohlt

Süssmuth, R.; Lissner, A.; Walter, K. (Hg): Frauenlexikon; Freiburg/B., Basel, Wien 1988; Herder

Tarnesby, H.P.: Ungewollte Schwangerschaft; München 1976; Kindler

Thielscher-Noll, Helma: Wenn Mütter töten, stirbt die Welt. Plädoyer für das Leben; Neunkirchen-Vluyn 1986; Schriftenmissionsverlag

Verny, Thomas; Kelly, John: Das Seelenleben des Ungeborenen. Wie Mütter und Väter schon vor der Geburt Persönlichkeit und Glück ihres Kindes fördern können; Frankfurt/M., Berlin 1983; Ullstein

Vogt-Hägerbäumer, Barbara: Ein bißchen schwanger gibt es nicht. Das Buch zum Thema Abtreibung; Reinbek 1982; Rowohlt

Vorstand der SPD (Hg.): Entscheidung in Verantwortung. Entscheidung ohne Angst. (Zehn Jahre nach der Reform des § 218); Broschüre

Wagner, Cornelia: Simone de Beauvoirs Weg zum Feminismus; Rheinfelden 1984; Schäuble

Wallimann, Isidor; Dobkowski, Michael N.: Genocide and the Modern Age; New York, Westport, Connecticut, London 1987; Greenwood Press

Wasmund, Dagny: Der «Skandal» der Simone de Beauvoir; München 1963; Max Hueber Verlag

Weiland, Daniela: Geschichte der Frauenemanzipation in Deutschland und Österreich, Hermes Handlexikon; Düsseldorf 1983; ECON

Whitehead, K.D.: Respectable Killing, the new Abortion Imperative; New Rochelle, New York 1972(73); Catholic United for the Faith

Wiggershaus, Renate: Geschichte der Frauen und der Frauenbewegung; 1979; Peter Hammer

Wilder Smith, Arthur E.: Die Demission des wissenschaftlichen Materialismus; 3. Auflg. 1979; Telos

Wilkitzki/Lauritzen: Schwangerschaftsabbruch in der Bundesrepublik Deutschland; Heidelberg 1981; Kriminalistikverlag

World Federation of Doctors who respect Human Life (Hg.): Medizin und Ideologie; Bern 1980; Kommissionsverlag Bargezzi AG

Yates, G.G.: What Women Want. The ideals of The Movement; Cambridge (Massachusetts)/London (England) 1975; Harvard University Press

Zimmer, Katharina (Hg.): Bundesminister für Jugend, Familie, Frauen und Gesundheit: Das Leben vor der Geburt; München (1987); Kösel

c) Zeitschriftenartikel und sonstiges Schriftgut

Aktion Leben e. V., Abtsteinach: So klein fängt jeder Mensch an (Faltblatt)

Aktion Leben e. V.: Pro Familia – Für die Familie? (Faltbl.)

Alfa (Aktion Lebensrecht für alle), Augsburg e. V. (Hg.): Tagebuch eines Ungeborenen (Broschüre); Text Dr. med. Götz.

Alfa: Alfa-Rundbrief; 4. Quartal 1987

Alfa: Handreichung: Themen und Inhalte des Arbeitskreises «PRO FAMILIA»

Algren, Nelson: The Question of Simone de Beauvoir; in: Harper's Magazine; May 1965

Ärzte-Zeitung: «Frauen betrachten Schwangerschaftsabbruch als Kontrazeptivum». Studie des Regionalkrankenhauses Trondheim, Norwegen; Ärzte-Zeitung vom 30.3.1988

Bannas, Günter: Beratung auf Leben hin; i. V. m. Neue Kritik aus der CDU am Beratungsgesetz; in: Frankfurter Allgemeine Zeitung v. 24.3.1988

Barth, Ariane: Gefahr einer Notlage; in: Der Spiegel Nr.24 1988

Berger, Heribert: Die Problematik der Amniozentese aus der Sicht des Pädiaters; Vortrag Prof. Berger: Universitätskinderklinik Innsbruck

Bewegung für das Leben e. V.: Interview von Bewegung für das Leben e. V. mit Nancy-Jo Mann, der Gründerin von «WEBA» (Women Exploited By Abortion)

Bewegung für das Leben e. V.: Leben in unserer Hand (Faltbl.)

Blechschmidt: Der Irrtum Haeckels; Hg.: Europäische Ärzteaktion

Brugger, Winfried: Abtreibung – ein Grundrecht oder ein Verbrechen?; in: Neue Juristische Wochenschriften Heft 14, 1986

Christ und Zukunft 1/83, 1/84, 1/85, 2/86, 3/86, 4/88, 2/89 (Hg.: Bewegung für das Leben e. V.); (Periodicum)

Daalmann, Ursula: Die Macht der falschen Bilder; in: Demokratisches Gesundheitswesen, Nr.3, März 1989

Diakonisches Werk der evangelischen Kirche in Württemberg e. V. (Hg.): Beratung in Schwangerschaftskonflikten. Aus evangelischer Sicht und Verantwortung. Mitarbeiterinnen und Mitarbeiter der Diakonie stellen ihr Beratungsverständnis dar; Stuttgart 1986; J.F. Steinkopf

Die Zeit: Der Streit um RU 486; in: Die Zeit vom 7.12.1989

Ehrhorn, Elisabeth: Gesundes Kind, ja – krankes Kind, nein?; in: Südwest Presse vom 31. Mai 1989

Eltern-Magazin: Ein Baby im Mutterleib: ist es auch gesund?; Sept. 1987

Evangelisches Gemeindeblatt Ulm: Ehe und Kinderzahl; Nr.4, 1. April 1950

Europäische Ärzteaktion: Leben oder Tod (Faltbl.)

Europäische Ärzteaktion: Von A bis Z unwahr! (Faltbl.)

Franke-Gricksch, Ekkehard: Die Affäre Rockefeller; in: Diagnosen, Nr. 3, März 1984

Frankfurter Allgemeine Zeitung: Ausgaben vom 2.11.1988 (Abtreibungspille RU 486) und 24.3.1988 (Adam-Schwaetzer)

Furch, Magdalene: «Über die psychischen Folgen der Abtreibung»; in: Hessisches Ärzteblatt 8/88

Götz; Norris Peggy: Amniozentese oder die moderne Selektion; Vortrag auf dem internationalen Kongreß der Europäischen Ärzteaktion in Speyer 1982

Hauke, Manfred: Zielbild: «Androgyn»; in: Forum Katholische Theologie, 5.Jg. 1989, Heft 1

Hebisch, Sylvia (V. i. S. d. P.): Was denn noch, Rita?! (Flugbl.1988)

Industriegewerkschaft Metall: § 218 Strafgesetzbuch, Antrag 570, (der auf dem 15. ordentlichen Gewerkschaftstag im Januar 1987 angenommen wurde)

Industriegewerkschaft Metall: «§ 218 und Gewissensfreiheit»; in: Frankfurter Rundschau vom 10.1.1987

Interview mit dem Abtreibungsarzt Stapf: «Parolen – kein Ersatz für Abtreibung». Der hessische Arzt Andreas Stapf über die Folgen des Memminger §-218-Prozesses; in: Der Spiegel Nr.5 vom 30.1.1989

Interview mit Rita Süssmuth: Simone de Beauvoir ist mein Vorbild; in: Die Zeit Nr. 37, 6. Sept. 1985

Jusos in der SPD: Wer die Lust hat, soll die Last nicht tragen; (Flugbl. 1988)

Kronenberger, Ursula: Gegen Menschlichkeit und Vernunft § 218; in: Eltern Nr. 6, 1988

Kühnert, Hanno: Am Pranger wegen Abtreibung. In Memmingen wird ein rigoroses Gesinnungsstrafrecht praktiziert; in: Die Zeit 29.7.1988

Lawrence, Jill: «Abtreibungsurteil löst Wehklagen aus». Der Oberste Gerichtshof der USA gibt den Einzelstaaten freie Hand gegen liberale Praktiken; in: Südwest Presse 5.7.1989

Lenzen, Karl: Teilweise verfassungswidrig; in: Theologisches; Heft 6, Juni 1988; Verlag Josef Kral, Abensberg

Lietzmann, Sabina: Das Oberste Gericht billigt den Staaten weitgehende Eingriffsrechte zu; in: Frankfurter Allgemeine Zeitung vom 5.7.1989

Lietzmann, Sabina: Länderkapitole rechnen mit Belagerung; in: Frankfurter Allgemeine Zeitung vom 11.7.1989

Mauz, Gerhard: «Hätten Sie es nicht in Pflege geben können?»; in: Der Spiegel Nr. 11/1989

medizin heute: Das ungeborene Leben; Sonderdruck aus Heft 11/1985; Hg.: Deutscher Ärzteverlag, Köln

Medizin und Ideologie 7/80, 12/83, 8/85, 10/85, 12/86, 4/89 (Periodicum, Hg. v. Europäischeärzteaktion)

Munzinger Archiv/Internationales Biographisches Archiv: Band 38/87: Rita Süssmuth, deutsche Erziehungswissenschaftlerin, Bundesministerin, Prof. Dr. phil.

Mutter Teresa: Hunger nach Liebe; Ansprache am 10. Dezember 1979 bei der Verleihung des Friedensnobelpreises in Oslo

Nathanson, Bernard: Rede von Dublin anläßlich der Diskussion um die Verankerung des Lebensrechts ungeborener Kinder in der irischen Verfassung; Hg.: Europ. ÄrzteaAktion, Ulm; siehe Anhang

Neuer, Werner: Brachte die Pille den Tod der Liebe?; in: Idea-Spektrum Nr. 29 vom 17.6.1986

Neuer, Werner: Die frühabtreibende Wirkung der Pille; in: Medizin und Ideologie, Aug. 1985

Neumaier, Richard: Wenn der § 218 fällt; Evangelischer Diakonissenring Metzingen (Faltbl.)

Niemes, Brigitte: Gesundheitliche Folgen eines Schwangerschaftsabbruchs; (Flugbl., Alfa)

Oesterle-Schwerin, Jutta: Positionspapier zur Diskussion um den § 218

Oßwald, Hildegund: «Wenn ich abgetrieben hätte, wäre alles viel leichter»; in: Stuttgarter Zeitung 16.3.1988

Papsthart, Alexander: Zur rechtlichen Frage im Abtreibungsfeld; Hg.: Europäische Ärzteaktion

Perez, Martine: des cellules de foetus contre la maladie de Parkinson; in Le Figaro 16.1.1987

Pfeifer, Samuel: Abtreibung aus der Sicht eines Mediziners; Hg.: Bewegung für das Leben e. V. (Flugbl.)

PRO FAMILIA: Sexualpädagogik und Familienplanung; Jahrgänge 8, 10, 11 (1980, 82, 83; enthalten als Beilage: PRO FAMILIA-Informationen)

pur-magazin: Rubrik «Persönliches»: Susan Stanford; 2.Jahrgang, Nr. 24/ 3. Dez. 1988

Rettet das ungeborene Leben e. V. Königheim-Pülfringen: Der Mensch ist Mensch von Anfang an!; (Flugbl.)

Rühle, Heide (V. i. S. d. P.): § 218 genug herumgedoktert. Aufruf zur Demonstration gegen das «Beratungsgesetz» in Baden-Württemberg; 2.11.1987

Schatten, Volker: Abtreibung im Schulbuch; Wissenschaftliche Hausarbeit; Hg.: Alfa

Schuh, Hans: Läßt sich Euthanasie ethisch begründen?; in Die Zeit Nr. 25 vom 16.6.1989

Seelentag, Hedwig: Laßt mich leben ! (Flugbl., Alfa)

Südwest Presse: Abtreibung mißglückt: Frau verlangt Unterhalt. SP vom 2.6.1989

Spiecker, Manfred: Die Reform des Paragraphen § 218 ist gescheitert; in: Frankfurter Allgemeine Zeitung vom 10.8.1989

Vorwärts: Frauen unter Druck, Koalition will Schwangere entmündigen; in: Vorwärts Nr.25, 18.Juni 1988

Wagener, Wolfgang: «Ein Mensch entwickelt sich nicht zum Menschen, sondern als Mensch»; in: Die Neue Ärztliche, 13./14. Jan. 89

Weißes Kreuz e. V. (Vellmar-Kassel): Helfen statt töten (Faltbl.)

Westphalen, Friedrich Graf von: Konsequent gegen die Abtreibung; in: Rheinischer Merkur vom 5.12.1988

Zell, Rolf Andreas: Der Mensch als Material; in: Bild der Wissenschaft Nr. 6., 1988

d) Weiterführende Literatur

Augstein; Koch: Was man über den Schwangerschaftsabbruch wissen sollte; München 1984; C.H. Beck

Barrett, Michèle: Das unterstellte Geschlecht. Umrisse eines materialistischen Feminismus; Berlin 1983; ArgumentVerlag

Bendowski, Halina; Weisshaupt, Brigitte: Was Philosophinnen denken; Eine Dokumentation; (Jahr?)

Cyran, Wolfgang: Verantwortete Elternschaft. Kritische Anmerkungen zur Enzyklika «Humanae vitae»; Frankfurt/M. 1981; Knecht

Daly, Mary: Jenseits von Gottvater, Sohn & Co; München 1978; Frauenoffensive

Dietze, Gabriele: Die Überwindung der Sprachlosigkeit. Texte aus der neuen Frauenbewegung; Darmstadt und Neuwied 1979; Luchterhand

Eser, Albin; Hirsch Hans A.(Hg.): Sterilisation und Schwangerschaftsabbruch; Stuttgart 1980; Ferdinand Enke

Hauke, Manfred: Die Problematik um das Frauenpriestertum vor dem Hintergrund der Schöpfungs- und Erlösungsordnung; Paderborn 1982; Verlag Bonifatius-Druckerei

Janssen-Jurreit, Marieluise: Sexismus; München, Wien 1976; Carl Hanser

Kuper, Leo: The Prevention of Genocide; New Haven and London 1985; Yale University Press

Lamprecht, Rolf: Evas Töchter werden mündig. Die Rolle der Frau in unserer Gesellschaft; Stuttgart 1972; Deutsche Verlags Anstalt

Noll, Hans-Gerhard: Ohne Vater geht es nicht; Neuhausen-Stuttgart 1988; Hänssler

Paczensky, Susanne von: Gemischte Gefühle. Von Frauen, die ungewollt schwanger sind; München 1987; Beck

Shettles, Landrum; Rorvik, David: Die wunderbare Welt des Ungeborenen; Kehl 1987; Editions Trobisch

Stassinopoulos, Arianna: The other Revolution; London 1978; Michael Joseph Ltd.

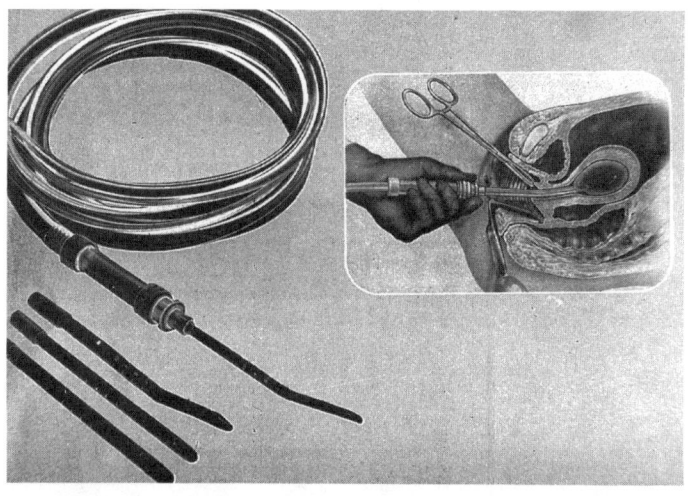

Die Waffen des Abtreibungsarztes. Durch diese Waffen sind mehr Menschen umgebracht worden als in allen Kriegen der Menschheitsgeschichte zusammengenommen: Etwa 50 Millionen pro Jahr; in vielen Ländern wie z. B. Österreich wird jedes zweite Kind abgetrieben.

Anmerkungen

[1] Die Zeit, Nr. 37 vom 6.9.1985.

[2] Zitat bei Erler, Ursula: Zerstörung und Selbstzerstörung der Frau. Emanzipationskampf der Geschlechter auf Kosten des Kindes; Stuttgart 1977, S. 70.

[3] a.a.O., S. 70.

[4] vgl. Wasmund, Dagny: Der «Skandal» der Simone de Beauvoir; München 1963, Vorwort.

[5] Menschik, Jutta: Grundlagentexte zur Emanzipation der Frau, Köln 1976, S. 320 (Text: Simone de Beauvoir: «Ich bezeichne mich selbst als Feministin»).

[6] Beauvoir, Simone de: Das andere Geschlecht. Sitte und Sexus der Frau; Reinbek 1951, S. 265.

[7] Evans, Mary: Simone de Beauvoir. Ein feministischer Mandarin; Rheda-Wiedenbrück, 1986, S. 100.

[8] Zitat bei Schwarzer, Alice: Simone de Beauvoir heute; Reinbek 1983, S. 46.

[9] Schwarzer: a.a.O., S. 97

[10] a.a.O., S. 112.

[11] Beauvoir: In den besten Jahren; Reinbek 1969, S. 24.

[12] Bei Evans zitiert: a.a.O., S. 45. Der Kosename Sartres für Beauvoir: Castor.

[13] Vgl. Evans, a.a.O., S. 185. Simone de Beauvoir hat in ihren Memoiren verschiedentlich vermerkt, daß ihre Mutter eine gläubige praktizierende Katholikin war. In ihrem Buch «Ein sanfter Tod» (rororo 580) läßt sie durchblicken, daß sie von der Echtheit der religiösen Einstellung ihrer Mutter überzeugt war. So schreibt sie auf Seite 101: «Für sie aber war die Religion Angelpunkt und eigentlicher Kern ihres Lebens: die Schriftstücke, die sich in ihren Schubladen fanden, haben uns das bestätigt.» Auf Seite 118 bekennt sie: «...Ich weiß wohl, was meine Mutter in diesen Schriftstücken suchte: sie wollte über mich beruhigt werden; doch sie hätte dieses Bedürfnis nicht gehabt, wenn sie nicht um mein Seelenheil in brennender Sorge gewesen wäre. ‚Freilich möchte ich in den Himmel kommen, aber nicht ganz allein, nicht ohne meine Töchter.'»

[14] Schwarzer: «Simone de Beauvoir heute», S. 113.

[15] Vgl. hierzu besonders Schwarzer: «Simone de Beauvoir heute».

[16] a.a.O., S. 48.

[17] Vgl. Beauvoir: In den besten Jahren, S. 208: Sartre, Beauvoir und Olga «arbeiteten ein System von Zweiertreffen und Vollversammlungen aus». So konnten die Rendezvous in verschiedener Beset-

zung ungestört vonstatten gehen. Häufig kam ein Stelldichein aufgrund der Rivalität zwischen den Frauen zustande; Vgl. im Falle Olgas S. 221. Auch wurde zeitweise die Beziehung Sartres zu seiner ehemaligen Geliebten, Camille, wiederbelebt; Vgl. S. 60ff.

[18] a. a. O., S. 48f.

[19] a. a. O., S. 47.

[20] Die folgende Darstellung beruht im wesentlichen auf: «Memoiren einer Tochter aus gutem Hause» von Simone de Beauvoir; Reinbek 1968.

[21] Beauvoir, a. a. O., S. 326.

[22] a. a. O., S. 327.

[23] Vgl. Cohen-Solal: Sartre 1905–1980; Reinbek 1986, S. 138.

[24] Beauvoir: In den besten Jahren; Reinbek 1969, S. 13.

[25] a. a. O., S. 15.

[26] a. a. O., S. 23.

[27] a. a. O., S. 23.

[28] a. a. O., S. 24.

[29] Vgl. z.B. Beauvoir: In den besten Jahren, S. 196–198.

[30] a. a. O., S. 207.

[31] a. a. O., S. 182.

[32] a. a. O., S. 206.

[33] a. a. O., S. 223.

[34] Vgl. Beauvoir: Alles in allem; Reinbek 1976, S. 30.

[35] Vgl. Beauvoir: In den besten Jahren, S. 221.

[36] Vgl. Cohen-Solal, a. a. O., S. 786; (offenbar waren die Entlassungspapiere Sartres gefälscht).

[37] Beauvoir: «Der Lauf der Dinge»; Reinbek 1970, S. 74.

[38] a. a. O.

[39] a. a. O., S. 124.

[40] a. a. O., S. 127.

[41] a. a. O., S. 127.

[42] Vgl. Beauvoir: Alles in allem, S. 73ff. Wie sich Simone de Beauvoir am geistigen und physischen Niedergang ihrer Rivalin Camille ausführlichst weidet, erregt Abscheu.

[43] Algren: The Question of Simone de Beauvoir; in: Harper's Magazine, May 1965-Volume, S. 136.

[44] Beauvoir: Der Lauf der Dinge, S. 154.

[45] a. a. O., S 160.

[46] s. Bibliographisches Institut (Hg): Dudenlexikon, Stichwort «Existentialismus».

[47] Schwarzer: Simone de Beauvoir heute, S. 48.

[48] Sowohl die zeitliche und emotionale Distanz als auch eine möglicherweise verblaßte Erinnerung an die frühesten Kindheitstage lassen es angebracht erscheinen, sich ohne weitere exakte Informationen von dritter Seite in der Interpretation zurückzuhalten.

[49] Beauvoir: Memoiren einer Tochter aus gutem Hause, S. 326.

[50] a. a. O., S. 329.
[51] Die Tatsache, daß Beauvoir dort längere Zeit lebte, weist auf eine Gewöhnung hin.
[52] Vgl. hierzu die Ausführungen in Kapitel III.
[53] Vgl. Beauvoir: In den besten Jahren, S. 207.
[54] Bei Evans a. a. O. zitiert, S. 72.
[55] Vgl. Ursula Erler: a. a. O.; sie spricht von der «Frauenfeindlichkeit» des «Anderen Geschlechts».
[56] Vgl. Schwarzer: «Simone de Beauvoir heute», S. 11.
[57] Eine genauere Untersuchung muß Psychiatern und anderen Fachleuten überlassen bleiben.
[58] Vgl. Buytendijk: Die Frau. Natur, Erscheinung, Dasein; Köln?, S. 33.
[59] Vgl. zum Inhalt feministisch-Beauvoirscher Weltanschauung Kap. III; zur Übernahme vieler dieser Gedanken in die Gesellschaft Kap. IV.
[60] Vgl. hierzu die Ausführungen in Kapitel III und IV.
[61] Vgl. zum Thema Abtreibung Beauvoir: «Das andere Geschlecht», S. 130ff.
[62] Vgl. Beauvoir: Der Lauf der Dinge, S. 28 u.29.
[63] Vgl. Beauvoir: Die Zeremonie des Abschieds; Reinbek, 1983, S. 156.
[64] Vgl. a. a. O., S. 160.
[65] a. a. O., S. 162.
[66] Beauvoir: a. a. O., Schluß.
[67] Beauvoir: Das andere Geschlecht, S.21.
[68] a.a.O., S. 265.
[69] a.a.O., S. 142.
[70] a.a.O., S. 21.
[71] a.a.O., S. 21.
[72] a.a.O., S. 23.
[73] a.a.O., S. 37.
[74] a.a.O., S. 363.
[75] a.a.O., S. 669.
[76] s. vorangegangenes Kapitel.
[77] a.a.O., S. 675.
[78] Sartre: Ist der Existentialismus ein Humanismus? Zürich 1947, S. 14.
[79] Vgl. für die entsprechenden Punkte Beauvoir: Das andere Geschlecht. (3), (7) S. 71, 23; (11) S. 478; (10), (13) S. 508 und S. 477.
[80] Vgl. «Das andere Geschlecht».
[81] Als ein Beispiel unter vielen vgl. Beauvoir, a.a.O., S. 41ff.
[82] Vgl. Beauvoir a.a.O. S. 567ff als ein Beispiel unter vielen, wie Beauvoir Realität geschickt uminterpretiert.
[83] Beachtung verdient in diesem Zusammenhang besonders die Tatsache, daß gerade Frauen und Frauenorganisationen die Ideologie

der Gleichstellung mittels Abtreibungsrecht vorantrieben. So spielten neben radikal-feministischen Aktionsgruppen Frauenverbände innerhalb größerer Organisationen wie z.B. der Evangelischen Kirche und den Gewerkschaften eine wesentliche Rolle bei der Einführung liberaler Kindestötung. Vgl. hierzu Kraiker, G.: § 218 Zwei Schritte vorwärts einen Schritt zurück. Frankfurt 1983, S. 67ff. Vgl. auch das erschütternde Zeugnis von Betty Friedan, Kap. IV B 1. c) dieses Buches.

[84] Vgl. Beauvoir: a.a.O., S. 131.

[85] Vgl. Aktion Lebensrecht für alle e.V.(Hg): Tagebuch eines Ungeborenen (Broschüre), S. 6.

[86] Vgl. die Ausführungen in Kapitel V.

[87] Vgl. Beauvoir, a.a.O., S. 568.

[88] Vgl. Moeller: Simone de Beauvoir und die Situation der Frau; Dortmunder Vorträge, Nr.23; 1960, S. 11.

[89] a.a.O.

[90] Vgl. Banks: Faces of Feminism, A Study of Feminism as a Social Movement; Oxford 1981, S. 185.

[91] Vgl. Padberg: Feminismus – eine ideologische und theologische Herausforderung; Wuppertal 1985, S. 55ff.

[92] Vgl. Banks: a. a. O., S. 186. In England spielte der Sozialist Havelock Ellis eine herausragende Rolle, daneben Stella Brown und Margaret Sanger.

[93] Vgl. Däubler-Gmelin: § 218 Der tägliche Kampf um die Reform; Bonn 1987, S. 45f. Die Sozialdemokratin streicht stolz die Führungsrolle ihrer Partei in den Anfängen der Abtreibungsdiskussion heraus.

[94] Vgl. Guadilla: Libération des Femmes: Le M.L.F. Mouvement de Libération des Femmes; Paris 1981, z.B. S. 51; Sauter-Bailliet: Frauen in Bewegung. Hg. von der Hessischen Landeszentrale für politische Bildung, z.B. S. 70 und weitere Stellen: Frankreich; Cooper: The seventh Decade, A Study of the Women's Liberation Movement; Duluque 1980, z.B. S. 103/4; Sauter-Bailliet: a. a. O., z.B. S. 38 und weitere Stellen: für die USA; aus diesen Belegstellen geht die Dominanz radikaler Ideen hervor.

[95] Hierbei hebe ich auf das ihnen je zugrundeliegende Paradigma ab.

[96] Vgl. Padberg: New Age und Feminismus; Asslar 1987. Padberg betont die völlige Andersartigkeit der beiden Erscheinungen.

[97] Vgl. Sauter-Bailliet, a. a. O., S. 17 (einschließlich ihre Fußnote Nr. 10). Die Aufnahme der Ziele: Durchsetzung des Equal Rights Amendment (ERA) und die sog. Entkriminalisierung der Abtreibung, führte zum Austritt von Mitgliedern und zur Gründung einer eigenen Organisation.

[98] Es gibt übrigens Hinweise darauf, daß «unerwünschte» Kinder vor allem beim unsorgfältigen Gebrauch der Pille entstehen, Vgl. Schneider: Praxis der ärztlichen Beratung vor dem legalen Schwan-

gerschaftsabbruch (§ 218b, I, Nr. 2) Dissertation, Tübingen 1985. Außerdem darf nicht unerwähnt bleiben, daß die Pille zu einem gewissen Prozentsatz nicht als Ovulations-, sondern als Nidationshemmer funktioniert, d.h. frühabtreibende Wirkung hat. Auch auf die möglichen negativen Auswirkungen der Pille auf die Gesundheit der Frau ist hinzuweisen.

[99] Vgl. die Aufsätze von Neuer: Brachte die Pille den Tod der Liebe?, in: Idea-Spektrum Nr. 29 vom 17. 6. 1986. Sowie: Die frühabtreibende Wirkung der Pille, in: Medizin und Ideologie, 8/1985.

[100] vgl. Guadilla, a. a. O., S. 28ff.

[101] a. a. O., S. 33.

[102] Schwarzer: So fing es an! Die neue Frauenbewegung; München 1983, S. 128.

[103] Vgl. Beauvoir (Hg): Avortement: une loi en procès; L'affaire de bobigny; Paris 1973.

[104] Vgl. Schwarzer: So fing es an!, S. 22.

[105] Vgl. Sauter-Bailliet, a. a. O., S. 70. Sie ist der gleichen Ansicht.

[106] Vgl. Menschik: Grundlagentexte zur Emanzipation der Frau, (Beitrag Beauvoir); Wilkens: § 218 – Dokumente und Meinungen zur Frage des Schwangerschaftsabbruchs (Beitrag Schultze); Gütersloh 1973. Nathanson: Rede von Dublin; Kraiker: § 218 Zwei Schritte vorwärts, einen Schritt zurück; Frankfurt 1983, hier: Aufruf zur Selbstanzeige durch die «Aktion 218» vom 3. Juni 1971.

[107] Vgl. zum Nachfolgenden insbesondere: Munzinger Archiv/Internationales Biographisches Archiv, Band 38/83, Betty Friedan, US-amerikanische Schriftstellerin; Feministin.

[108] Menschik, a. a. O., Aufsatz Beauvoir.

[109] Vgl. Yates: What Women Want. The ideals of The Movement; Cambridge/Mass. und London/GB 1975, S. 44.

[110] Vgl. Friedan: Der Weiblichkeitswahn; Reinbek 1966, S. 10.

[111] Friedan: Das hat mein Leben verändert. Beiträge und Reflexionen zur Frauenbewegung; Reinbek 1977, S. 223.

[112] a. a. O., S. 200.

[113] Nathanson: Rede von Dublin, S. 2.

[114] a. a. O.

[115] Zitat bei Zehl-Romero, in ihrem Anhang.

[116] Juristen, die behaupten, es bestehe kein gesetzliches Recht auf Tötung des ungeborenen Kindes, müssen sich vorwerfen lassen, unrealistisch und spitzfindig zu sein, da sich die Menschen durch die bestehende Rechtslage berechtigt fühlen können, zu töten! Denn ein Staat, der weitgehend auf die Strafverfolgung von Abtreibungen verzichtet und den gesetzlichen Krankenkassen vorschreibt, diese auch noch zu finanzieren, kann nicht mehr glaubhaft machen, daß er Abtreibung als rechtswidrige Tötung ansieht. Wie sehr den Ungeborenen staatlich legalisiertes Unrecht geschieht, wird allein schon darin deutlich, daß auf sie eigentümli-

cherweise der Gleichheitsgrundsatz unserer Verfassung nicht angewandt wird. Die Entrechtung der Ungeborenen, die ihrer Tötung vorausgeht, erhebt ihre Eltern und deren Ärzte zu absolut Verfügungsberechtigten.

[117] Vgl. Pross: Abtreibung, Motive und Bedenken; Stuttgart, Berlin, Köln, Mainz 1971; statistischer Anhang.

[118] Vgl. in diesem Zusammenhang die weltweiten Bestrebungen, die menschliche Fruchtbarkeit mit allen Mitteln (!) in den Griff zu bekommen. Diese dem Machbarkeitsdenken in besonders eindeutiger Weise verpflichteten Aktivitäten der sog. Familienplaner (ihre Organisationen: IPPF und PRO FAMILIA) sind in dem kürzlich erschienenen Buch von Roland Rösler sehr sorgfältig analysiert: Vgl.: Der Menschen Zahl oder: Das zerstörte Sodom ist euer Land! (Jes 1,7); Schmallenberg 1989.Vgl. auch: Havemann: die Geburtenkontrolle, Vom Ursprung des Lebens zu den Methoden der Familienplanung; LIFE international Sonderdruck 1967. Mit einer Fülle von Informationen ist dieser «Aufklärungsband» ein besonders wichtiges Zeugnis für den Zeitgeist, der etwa seit Mitte der 60er Jahre in den westlichen Gesellschaften Platz gegriffen hat. Charakteristisch ist, daß jede Art der Geburtenkontrolle moralisch als letztendlich gleichwertig vorgestellt wird. Dies gilt nicht nur für die frühabtreibende Spirale, sondern auch für die Abtreibung. Vgl. S. 37ff und S. 99ff.

[119] Vgl. Commonwealth Secretariat: Abortion Laws in the Commonwealth, three studies; London 1977. Part I, P. 3; die Bedeutung der modernen Wissenschaft wird deutlich erkannt.

[120] Vgl. zur Ablösung des materialistischen Weltbildes und des weitverbreiteten Positivismus Wilder Smith: Die Demission des wissenschaftlichen Materialismus; 1979; und Thürkauf: Endzeit des Marxismus; Stein am Rhein, 1987.

[121] Vgl.: Firestone: Frauenbefreiung und sexuelle Revolution, Frankfurt 1975.

[122] Vgl. zur Radikalisierung des Feminismus und zu seinen vielfältigen Bezügen zu anderen Strömungen neuerer Zeit: Padberg: Feminismus – eine ideologische und theologische Herausforderung; Wuppertal 1985, S. 55ff.

[123] Vgl. Schaeffer: Bitte laß mich leben!; Neuhausen-Stuttgart, 1979?.

[124] In der Bundesrepublik etwa jedes 3. Kind, vgl. Spiecker: Die Reform des § 218 ist gescheitert, in: Frankfurter Allgemeine Zeitung vom 10. 8. 1989; weltweit etwa 50 Millionen Kinder bei vorsichtiger Schätzung! Die Europäische Ärzteaktion geht von über 50 Millionen Kindertötungen pro Jahr aus, vgl. Medizin und Ideologie 7. Jg, Oktober 1985; In Christ und Zukunft 3/86 wird die weltweite Abtreibung mit 60 bis 80 Millionen beziffert.

[125] Vgl. insbesondere Eser: Schwangerschaftsabbruch im internationalen Vergleich. Beachtung verdient, daß hier auch die besondere

Bedeutung der atheistischen Staatsphilosophien für die Abtreibung erkannt wird, z.B. Ungarn, S. 1675ff.

[126] Vgl. World Health Organisation: Abortion Laws; Genf, 1971.

[127] Thürkauf: Endzeit des Marxismus, S. 8.

[128] Zitat bei Straelen: Abtreibung. Die Große Entscheidung; Regensburg 1974, S. 139.

[129] Vgl. Eser: Schwangerschaftsabbruch im internationalen Vergleich: Sowjetunion, S. 1587.

[130] Vgl. PRO FAMILIA Bremen (Hg): Wir wollen nicht mehr nach Holland fahren; Reinbek, 1978. Ein besonders eindrückliches Beispiel für die radikal-feministische Rhetorik.

[131] Vgl. Schwarzer: Weg mit dem § 218, wir fordern eine Verfassungsklage! Gehen SPD/FDP/Grüne nach Karlsruhe? Köln 1986, S. 43ff.

[132] So z.B. am 13. 10. 1988 in Stuttgart. Mit den Stimmen von SPD, FDP und Grünen wurde im Stadtparlament in offener Abstimmung entschieden, entsprechende Kapazitäten einzurichten. (Während der Debatte und der Abstimmung war der Verfasser persönlich zugegen.)

[133] Vgl. Kapitel IV C 3 e), dort werden einige Untersuchungen genannt.

[134] Der letzte Ausdruck fand sich bei Sauter-Bailliet, a. a. O. S. 82; In dem «Positionspapier zur Diskussion um den § 218» von Frau Jutta Oesterle-Schwerin, Mitglied des Deutschen Bundestages für die Grünen, kann man zur Beschreibung des Kindes auch lesen «Urschleim» oder «Unerwünschtes Zellgewebe im Körper der Frau».

[135] Vgl. die Literaturliste.

[136] Vgl. Brugger: Abtreibung – ein Grundrecht oder ein Verbrechen?, in: Neue Juristische Wochenschriften; Heft 14, 1986, S. 896ff.

[137] Vgl. Frankfurter Allgemeine Zeitung vom 28. 4. 1989. Das Oberste Bundesgericht der USA hat inzwischen einen Teilrückzug von seinem Präzedenzfall Roe v. Wade von 1973 insofern gemacht, als es den einzelnen Bundesstaaten weitgehende Eingriffsrechte einräumte; vgl. Frankfurter Allgemeine vom 5. u. 11. 7. 1989.

[138] Vgl. Arndt u.a. (Hg): Der § 218 StGB vor dem Bundesverfassungsgericht, Dokumentation zum Normenkontrollverfahren (zum 5. Strafrechtsreformgesetz), Heidelberg und Karlsruhe 1979.

[139] Vgl. Ärzte-Zeitung: Frauen betrachten Schwangerschaftsabbruch als Kontrazeptivum, Studie des Regionalkrankenhauses Trondheim, Norwegen; Ärzte-Zeitung vom 30. 3. 1988.

[140] Vgl. Lothar Gassmann, Abtreiben? 2. Auflage, Stein am Rhein, 1989.

[141] Vgl. Südwest Presse vom 2.6.1989, «Abtreibung mißglückt: Frau verlangt Unterhalt»; und Christ und Zukunft 1/83.

[142] Paczensky; Sadrozinski: Die Neuen Moralisten, Reinbek, 1985, S. 118.

[143] a. a. O.

[144] Vgl. Wilkens: § 218 – Dokumente und Meinungen zur Frage des Schwangerschaftsabbruchs. Gütersloh, 1973, S. 18.

[145] Vgl. U.S. Department of Health, Education and Welfare: Abortion Surveillance, Center for Disease Control, Annual Summary 1972.

[146] a. a. O., Figure 1 i. V. m. Table 22.

[147] Vgl. World Health Organisation; vgl. auch Eser: «Schwangerschaftsabbruch im internationalen Vergleich», Beitrag Savgulidze S. 1569, der klar zum Ausdruck bringt, daß auch in der Sowjetunion nach der Abtreibungsfreigabe von 1920 die Abtreibung stark zunahm.

[148] Vgl. Bewegung für das Leben e. V.: Interview von Bewegung für das Leben mit Nancy-Jo Mann, der Gründerin von «WEBA» (einer Organisation, die die Ausbeutung von Frauen durch die Abtreibungsideologie aufzeigen und abschaffen will, «Women exploitet by abortion»).

[149] Vgl. beispielsweise die Fernsehsendung «Die Sprechstunde» des Südwestfunks 3 vom 9.12.1988.

[150] Vgl. z.B. Human Life Institute of Ottawa: Abortion's Aftermath. Reports - No. 2; vgl. auch Stanfords Buch: Will I Cry Tomorrow? Healing Post-Abortion Trauma, Old Tappan/NJ, 1986.

[151] Es darf nicht übersehen werden, daß auch die legale Abtreibung das Risiko der Todesgefahr für die Mutter mit sich bringt. Vgl. hierzu Die Zeit vom 7.12.1989; in dem Artikel, der sich unter dem Titel «Der Streit um RU 486» mit der neuen Tötungspille befaßt, wird die Sterberate bei der legalen Abtreibung mit acht gestorbenen Müttern auf 100.000 Abtreibungen beziffert.

[152] Vgl. Niemes: Gesundheitliche Folgen eines Schwangerschaftsabbruches. Flugblatt von Dr. med. Brigitte Niemes, Fachärztin für Frauenkrankheiten.

[153] Vgl. pur-magazin: Rubrik «Persönliches»: Susan Stanford, Dez. 1988, S. 12; die Psychotherapeutin Susan Stanford warnte davor, Abtreibungen durchführen zu lassen; Frauen würden nach Abtreibung an einem «Post-Abortion-Syndrom» leiden; Stanford sagte: «Ich weiß, wovon ich spreche, da ich vor einigen Jahren selbst die schlimmste Entscheidung meines Lebens getroffen habe, ein Kind abzutreiben. Damals habe ich die Erfahrung gemacht, daß alle jene die Unwahrheit sagen, die behaupten, eine Abtreibung sei keine schlimme Sache.»

[154] Eigene Erfahrung: Keine der unverheirateten Frauen, von denen ich weiß, daß sie ihr Kind abtreiben ließen, hat die Beziehung fortgesetzt.

[155] Frauen, die in ihrer seelischen Not nach der Kindestötung Trost suchen, tun dies nicht beim Abtreibungsarzt. Ihn betrachten sie

meist als Mit-, wenn nicht gar Hauptschuldigen am Tod ihres Kindes. So sind es oft gerade diejenigen Ärzte und Menschen, die strikt gegen Abtreibung sind, bei denen sie schließlich Zuspruch und Anteilnahme finden. Vgl. hierzu die Ausführungen der Psychotherapeutin Magdalene Furch: Über die psychischen Folgen der Abtreibung, in: Hessisches Ärzteblatt 8/88, S. 434-437.

[156] Vgl. Stutz: Embryohandel; Bern, 1988.

[157] a. a. O., S. 106.

[158] Vgl. Rösler: Rohstoff Mensch, Embryohandel und Genmanipulation; Stein am Rhein, 1986.

[159] Vgl. «Frankfurter Allgemeine Zeitung» vom 2.11.1988.

[160] Jacquinot; Delaye: Handel mit ungeborenem Leben. Altstätten, 1984/85; S. 50. Die ungeheuerlichen Machenschaften sind, wie die Autoren betonen, der Öffentlichkeit unbekannt. Es bleibt zu fragen, ob sie überhaupt davon wissen will!

[161] Vgl. Medizin und Ideologie, 8. Jg., Dez. 1986, S. 25.

[162] Vgl. den interessanten Artikel von Hans Schuh in: «Die Zeit» vom 16.6.1989.

[163] Vgl. Christ und Zukunft, 2. Quartal 1989, Nr. 35, S. 587ff; Bericht von Dr. med. Gunning über die Verhältnisse in seinem Land.

[163a] Wie mittlerweile gerichtlich feststeht, nutzt PRO FAMILIA die Dunkelzone eines vertraulichen Beratungsgesprächs, um Frauen zur Abtreibung ihres Kindes zu drängen(!). In dem Gerichtsverfahren «PRO FAMILIA gegen Christen für das Leben, Tübingen e. V.» stellte das Oberlandesgericht Stuttgart letztinstanzlich fest, daß dies mindestens in Einzelfällen bis hin zur *rechtswidrigen* «Beratung» ausartet. Vgl. Idea-Sonderdokumentation Nr. 11/90

[164] Baumann (Hg): Das Abtreibungsverbot des § 218, S. 141 (Beitrag Moltmann, Jüngel u. Käsemann).

[165] Die Grünen: Bundestagswahlprogramm, S. 19f.

[166] vgl. «Frankfurter Allgemeine Zeitung» vom 24.3.1988

[167] a. a. O.

[168] Geißler, am 17.3.1988 in Burladingen.

[169] Im folgenden Kapitel wird geklärt, ob es sich beim ungeborenen Kind nachweisbar um einen Menschen handelt. Hier sei aber vorab betont, daß die Morddefinition unseres Strafgesetzbuches aus der Nazi-Zeit stammt und zweckbetont diese Form hat. Beispielsweise ist hiernach eine Voraussetzung, um die Tötung eines Menschen als Mord einzustufen, daß der Täter niedere Motive habe. Eine von den Nazis unter ideologischen Gesichtspunkten durchgeführte Vernichtung von Menschenleben fiel damit nicht mehr unter den Tatbestand Mord, da diese Handlungen als von hohen Idealen getragen (scheinbar) rechtfertigbar wurden. Wegen dieser Tatsache verwende ich den Begriff des Mordes anders, als gemeinhin deutsche Juristen es tun.

[170] Siehe Fußnote 1 auf Seite 1 dieses Buches.

[171] Vgl. die Biographie von Frau Süssmuth des Munzinger Archivs. Vgl. zu ihrer Haltung in der Abtreibungsfrage auch Büchner in: Schriftenreihe der Juristen-Vereinigung Lebensrecht e.V. Nr.4, S. 9ff.

[172] Dies wird bestätigt durch die Alibi-Aktionen der CDU. In Baden-Württemberg z.B. sollte eine Anti-Abtreibungskampagne der christlichen Regierung unter Beweis stellen, daß die CDU für den Lebensschutz sei. Peinlicher Ausgang der 6,2 Millionen DM teuren Aktion: Die beauftragte Werbefirma schrieb ganze Passagen unerlaubt aus einem Buch ab. Und zwar bei: Abtreibungsbefürwortern. Die Autoren, darunter die ehemalige Bundesvorsitzende von PRO FAMILIA, Melitta Walter, legten Klage ein. Vgl. Ärzte-Zeitung vom 20.7.1989

[172a] Vgl. Chaunu, Pierre: Die verhütete Zukunft, S. 210: Nach den Berechnungen der französischen Historiker Bouthoul und Carrère forderten die Kriege zwischen 1740 und 1974 weltweit etwa 88 Millionen Tote. Laut UN-Statistik werden jährlich etwa 50 Millionen Kinder im Mutterleib getötet.

[173] Vgl. Gross: Was erlebt ein Kind im Mutterleib? Ergebnisse und Folgen der pränatalen Psychologie, Freiburg 1982, (Einführung). Heute wird versucht, durch die Analyse dieser Volksweisheiten Rückschlüsse zu ziehen auf das Erleben des ganz jungen, ungeborenen Kindes.

[174] Vgl. Alfa: Tagebuch eines Ungeborenen, S. 6.; Vgl. auch Löw, Reinhard: Philosophie des Lebendigen; Frankfurt/M. 1980; S. 41 ff.; vgl. auch Nestle: Aristoteles Hauptwerke; S. 391. Dort steht zu lesen: «Aber hat dies auch noch nicht unsere Natur (gemeint ist der Mensch in seiner Frühentwicklung: Anm. d. Verf.), so liegt doch wenigstens von dieser so viel darin, daß es dazu veranlagt ist, daß aus ihm ein solches Wesen, wie wir, wird.»

[175] Schischkoff (Hg): Philosophisches Wörterbuch Stuttgart 1978, Stichwort Haeckel.

[176] Vgl. den Aufsatz von Schatten: Abtreibung im Schulbuch; Wissenschaftliche Hausarbeit, herausgegeben von Alfa.

[176a] Zwar verfolgt dieses Gesetzeswerk nicht die Absicht, die eigentliche Natur des Kindes zu ergründen (das ist Aufgabe anderer Disziplinen), doch versucht das BGB sehr wohl mit seinen juristischen Regelungen in geeigneter Weise an der Realität anzuknüpfen, was in diesem Zusammenhang die Frage nach dem Lebensbeginn des Kindes impliziert.

[177] Blechschmidt: «Der Irrtum Haeckels»; Traktat, herausgegeben von der Europäischen Ärzteaktion.

[178] Vgl. als Realitätsbezug z.B. das Programm der «Grünen».

[179] Hoffacker u.a.: Auf Leben und Tod. Abtreibung in der Diskussion; Bergisch Gladbach 1985; (Beitrag Lejeune), S. 29.

[180] a. a. O., S. 35 (Beitrag Blechschmidt).

[181] Wilkens: a.a.O., (Beitrag Derbolowski), S.102.
[182] a.a.O. S.105.
[183] Vgl. Schischkoff: a.a.O., Stichwort «Materialismus».
[184] Hoffacker u.a.: a.a.O. (Beitrag Blechschmidt), S.45.
[185] a.a.O. S.49.
[186] Zitiert aus der Dokumentation «Der tödliche Betrug», Europäische
Ärzteaktion. Postfach 1123, D-7900 Ulm. Der Vortrag fand 1984
statt.

Deine Botschaft

*Wer in deine Augen schaut, die klar bis zum Grund wie
Quellwasser sind, der muß spüren, ob er will oder nicht,
daß Tagore recht hat, der indische Dichter, der sagt, daß
du selber die Botschaft zu uns bringst, daß Gott, der dich
schuf, die Lust am Menschen noch nicht verloren hat.*

204

PROF. DR. ERICH BLECHSCHMIDT

Wie beginnt das menschliche Leben?

6. Auflage: 60. Tausend. 173 Seiten, 55 Abbildungen

Gestützt auf umfassende Forschungsergebnisse, schildert Professor Blechschmidt den Werdegang des Menschen vom befruchteten Ei zum Neugeborenen. Die klaren, in ihrer Qualität einmaligen Abbildungen geben eine vollständige Übersicht über die entscheidenden Vorgänge der Individualentwicklung. Die Differenzierungen, die früher als Wiederholung der Stammesgeschichte gedeutet wurden, werden als Teilgeschehen dieser Individualentwicklung erkannt. Auf jeder Seite findet der Leser die erstaunlichsten Feststellungen, so zum Beispiel, daß die vermeintlichen menschlichen Kiemenanlagen in Wirklichkeit Beugefalten sind, daß die späteren Leistungen des Erwachsenen durch frühembryonale Elementarfunktionen des Organismus vorentschieden sind. Erstmals hat hier der Mensch die Möglichkeit, mit den Röntgenaugen der Wissenschaft einen Blick in die geheimnisvollste aller Werkstätten zu werfen.

Welches Ansehen Prof. E. Blechschmidt in der internationalen Fachwelt genießt, geht allein schon aus der Tatsache hervor, daß die berühmte humanembryologische Forschungssammlung der Universität Göttingen nach ihm benannt ist. Diese «Sammlung Blechschmidt» enthält 50 Modelle von menschlichen Embryonen. Jede Modellmontage zeigt das Embryo in einem anderen Altersstadium. Die Modelle sind in langen Reihen unter Glasboxen ausgestellt und können von allen Seiten her besichtigt werden. An diesen Modellen verschieden alter Embryonen können die entsprechenden Entwicklungsbewegungen festgestellt werden. Diesem Dokumentationsmaterial liegen über 200 000 mikroskopische Einzelpräparate besonders ausgesuchter menschlicher Embryonen zugrunde.

CHRISTIANA-VERLAG CH-8260 STEIN AM RHEIN

MANFRED BALKENOHL

Gentechnologie und Humangenetik

132 Seiten, 20 Abbildungen, DM 14,–, Fr. 12.–

Auf keinem Gebiet menschlicher Forschung herrscht eine solche Unsicherheit, aber auch Hybris wie auf dem Gebiet der Genforschung, die heute schon in der Lage ist, bei fahrlässiger Manipulation Weltkatastrophen größten Ausmaßes auszulösen. Im vorliegenden Buch befaßt sich ein Moraltheologe ausführlich mit diesem virulenten Thema und bietet sowohl eine gültige ethische Grundlegung als auch eine fundierte Darstellung der Gentechnologie und der Humangenetik. Im einzelnen werden Gentechnologie bei Mikroorganismen und Gentechnik in der Pflanzen- und Tierzüchtung behandelt. Hinsichtlich der Humangenetik werden vor allem In-vitro-Fertilisation, Ersatzmutterschaft, Forschung an und mit menschlichen Embryonen, Kryo-Konservierung, Klonen, Erzeugung von Chimären- und Hybridwesen, die pränatale Diagnostik, Gentransfer und Gentherapie sowie die Genomanalyse erörtert. Bei der Darstellung der Einzel- und Gesamtaspekte wird die kirchlich-lehramtliche Sicht eingebracht.

Vorgeburtliche Diagnostik, Extrakorporale Befruchtung, Forschungen an menschlichen Embryonen, aber auch die schwierigen Probleme der Gentechnologie werden hier klar und verständlich offengelegt. «Pflichtlektüre» eines jeden, der die Probleme durchschauen und ethisch begründete Antworten finden möchte. Manfred Balkenohl ist seit 1976 Professor für systematische Theologie: Moraltheologie im Fachbereich Katholische Theologie der Universität Osnabrück. Balkenohl ist bereits durch zahlreiche moraltheologische und anthropologische Veröffentlichungen bekanntgeworden. Sein Buch behandelt Themen von außerordentlicher Aktualität und Brisanz.

CHRISTIANA-VERLAG CH-8260 STEIN AM RHEIN

KAREL CLAEYS
Die Bibel bestätigt das Weltbild der Naturwissenschaft
715 Seiten, Leinen, 4 Fotos, 3 Tabellen, DM 55,–, Fr. 50.–

«Dem Autor gelingen geradezu sensationelle Hinweise, wie die Bibel – oft bis ins kleinste Detail hinein – Dinge offenbart, die von der Naturwissenschaft entdeckt wurden: die Expansion des Weltalls, die Konvektionsströmungen des Erdmantels, die elektrischen Vorgänge bei einem Gewitter, das Polarlicht, die Funktion der Ionosphäre, die innerozeanischen Schwellen, die Evolution des Lebens, die Abstammung des Menschen und die Kugelgestalt der Erde. Nicht nur werden viele vermeintliche Widersprüche zwischen Glauben und Wissen aus der Welt geschafft, es zeigt sich sogar, dass die Bibel bis hin zu neuesten wissenschaftlichen Erkenntnissen up to date ist. Die göttliche Inspiration der Bibel wird durch dieses Werk durch viele neue Fakten belegt.»

Physikprofessor Dr. Hans Rohrbach, Mainz

DR. SIEGFRIED ERNST
Dein ist das Reich
Vom Plan Gottes mit den Menschen und den Ideologien
2. Auflage, A 5, 200 Seiten, 22 Diagramme, DM 20,–, Fr. 18.–

Das Buch von Siegfried Ernst enthält im Text und in seinen Diagrammen geradezu revolutionäre Erkenntnisse und eine verblüffende Zeitdiagnose und eröffnet damit neue Perspektiven zur Überwindung der materialistischen Ideologien und für eine Wiedervereinigung der Christen.

BRUNO VONARBURG
Gottes Segen in der Natur
Ein Handbuch der Naturheilkunde
5. Auflage: 30. Tsd., A 5, 384 Seiten, 151 Abbildungen, davon 15 farbig, DM 28,–, Fr. 25.–

Bruno Vonarburg ist es gelungen, die fundamentalen Erkenntnisse der grossen Pioniere der Naturheilkunde allgemein verständlich darzustellen.

CHRISTIANA-VERLAG CH-8260 STEIN AM RHEIN